最高裁判所
と憲法

最高裁判所と憲法

私が考える司法の役割

泉 徳治

岩波書店

はしがき

私は、最高裁調査官として、最高裁昭和60年3月27日大法廷判決（サラリーマン税金訴訟）の調査を担当しました。この大法廷判決は、給与所得の金額の計算につき必要経費の実額控除を認めない所得税法の規定は憲法14条1項の平等原則に違反しないとするものですが、私は、裁判所が国会の立法裁量にどこまで介入すべきかを調査する過程で読んだ芦部信喜教授の『憲法訴訟の現代的展開』で、米連邦最高裁のカロリーヌ判決に出会いました。カロリーヌ判決は、普通の商業取引に影響を与える規制立法には合憲性が推定されるとしつつ、その「脚注4」で、①憲法が明確に保障している人権を脅かすような立法、②政治過程を制約する立法（選挙権の制限、情報を広めることの制限、政治団体に対する干渉、平和的集会の禁止などの立法）、③特定の宗教的、民族的、人種的少数者、すなわち社会的に分離し孤立した少数者に向けられた立法は、より厳格な司法審査に服するとしています。

「脚注4」は、以後、私が裁判に携わっていく上での指針となりました。私は、2002年11月から約6年3か月、最高裁判事を務め、選挙権の投票価値不平等（3件）、在外日本人選挙権の制限、地方自治体の情報非開示（6件）、婚外子相続分差別（2件）、国籍法の婚外子差別、特別永住者の東京都管理職選考受験資格否定に関する判決の中で、これらを違憲・違法とする意見を述べました。これも、「脚注4」が指針となったものです。これらの中で、在外日本人の国政選挙における選挙権の行使を制限することは違憲である、国籍法が婚外子の国籍取得につき父母の婚姻による婚内子たる身分の取得を要件とすることは違憲であるとの意見は、判決でも多数意見となり、関係者の権利を救済することができました。他は少数意見にとどまりましたが、私の定年退官後に、最高裁は、民法の婚外子相続分差別規定を違憲と判断し、また、国政選挙の選挙権の投票価値の不平等が違憲状態であるとの判決を5件出しております。私の少数意見の一部が多数意見に変わったのであり、正直なところうれしく思っております。

最高裁判事退官後のことになりますが、私は、外国人事件を扱っている弁護士の方々から、退去強制関係処分の取消しを訴えても、最高裁昭和53年10月4日大法廷判決(マクリーン判決)が大きく立ちはだかって、ほとんどの請求が退けられる、マクリーン判決は本当に正しいのだろうかとの疑問を投げかけられました。マクリーン判決は、「外国人に対する憲法の基本的人権の保障は、……在留の許否を決する国の裁量を拘束するまでの保障、すなわち、在留期間中の憲法の基本的人権の保障を受ける行為を在留期間の更新の際に消極的な事情としてしんしやくされないことまでの保障が与えられているものと解することはできない。在留中の外国人の行為が合憲合法な場合でも、法務大臣がその行為を当不当の面から日本国にとつて好ましいものとはいえないと評価し、また、右行為から将来当該外国人が日本国の利益を害する行為を行うおそれがある者であると推認することは、右行為が上記のような意味において憲法の保障を受けるものであるからといつてなんら妨げられるものではない。」と判示しております。これは、法務大臣は憲法の拘束を受けずに外国人に対する退去強制関係の処分を行うことができるというものですが、国の行政は憲法の枠の中で執行すべきもので、法務大臣が退去強制関係の処分を行うについても、憲法による拘束を受けます。マクリーン判決は、明らかに間違いです。

そこで、私は、マクリーン判決に関するいくつかの小論を書くことになりました。

マクリーン判決は、法務大臣に対し憲法にも拘束されないような裁量権を認める前提として、「国際慣習法上、国家は外国人を受け入れる義務を負うものではなく、特別の条約がない限り、外国人を自国内に受け入れるかどうか、また、これを受け入れる場合にいかなる条件を付するかを、当該国家が自由に決定することができるものとされている」と述べております。マクリーン判決も「特別の条約がない限り」という断りを入れております。すなわち、日本が特別の条約を批准すれば、国及び法務大臣は退去強制関係の処分を行うについても当該条約による拘束を受けるという前提に立っております。

日本は、マクリーン判決後に、市民的及び政治的権利に関する国際規約や児童の権利に関する条約などの国際人権条約を批准しております。日本が批准した国際人権条約は、国内的な効力を有し、マクリーン判決にいう「特別の条約」に当たります。特別法は一般法を破るという原則に基づき、国際人権条約はマクリーン判決が掲げる国際慣習法に優先します。そして、国際人権条約の条項の多くは、そのままの形で国内において適用可能です。したがって、法務大臣等は、退去強制関係の処分を行うについて、国際人権条約による拘束を受けます。

ところが、多くの裁判所は、法務大臣等は退去強制関係の処分を行うにつき国際人権条約による拘束を受けないとしております。これは、マクリーン判決の「特別の条約がない限り」との断りを無視する判断です。しかも、多くの裁判所は、国際人権条約には国際慣習法を排除する規定がないというのですが、国際慣習法を排除する規定を置く条約としていかなる例を想定しているのか不明であり、わざわざそのような規定を置かなくても、特別法である国際人権条約は一般法である国際慣習法に優先します。また、多くの裁判所は、市民的及び政治的権利に関する国際規約13条が、外国人について法律に基づく退去強制手続をとることを容認し、児童の権利に関する条約9条4項が、締約国がとった退去強制の措置に基づいて児童が父母の一方又は双方から分離されることがあることを予定していることからすると、これらの条約は退去強制関係の処分に関する法務大臣等の裁量権を拘束するものではない、と説明しております。しかし、これらの条項は、国に一定の義務を課し、個人に一定の権利を付与する規定ですから、これらの条項から当該条約が法務大臣等の裁量権を拘束しないとするのは、明らかに非論理的な説明です。

このように、退去強制手続における国際人権条約の適用に関し、多くの裁判所が、長年にわたり、非論理的な説明を続けているため、この問題に関する私の考えを小論にまとめることにしました。これが、本書の第1部に収録した「退去強制手続における国際人権条約の適用問題」です。第1部には、そのほか、私がこれまでにマクリーン判決に関して書いた小論や、最高裁と国際人権条約や外国判例との関わりについて書いた小論を収録しました。

ところで、冒頭で紹介したカロリーヌ判決の「脚注4」は、裁判所は選挙権の制限については厳格に審査しなければならないと述べております。憲法は、国民に対し、投票価値の平等な選挙権を保障しております。各選挙区に対する議員定数の配分が人口に比例していない場合には、一定の地域の住民が選挙権の投票価値において他の地域の住民より差別されているということになります。この問題については、裁判所は、憲法が保障する選挙権の制限の一種として、当該差別が許されるか否かを厳格に審査すべきです。この議員定数配分不均衡の問題は、国会議員の選挙のみならず、地方議会議員の選挙においても生じます。

東京都議会議員の定数配分規定について、定数配分が各選挙区の人口に比例しておらず、公職選挙法に違反すると判断した最初の最高裁判決は、昭和59年5月17日第一小法廷判決で、私は最高裁調査官として関与しました。その後も最高裁の違法判断が2件続き、都議会は、違法判断が出る都度、議員定数配分規定を少しずつ改正しました。しかし、最高裁が、平成7年3月24日第二小法廷判決から、「議員定数の配分に当たり人口比例の原則を修正するかどうかについては、東京都議会にこれらを決定する裁量権が原則として与えられている」として、定数配分の不均衡があるにもかかわらずそれを適法とする判断に転じるに及び、都議会は定数配分規定の改正を行わなくなりました。ただ、平成11年1月22日第二小法廷判決、平成27年1月15日第一小法廷判決、平成31年2月5日第三小法廷判決も適法判断であったものの、それぞれ1人の裁判官が都議会に検討を促す少数意見を付したため、都議会はその都度定数配分規定に若干の修正を加えました。しかし、令和4年10月31日第二小法廷判決の適法判断には少数意見も付されなかったため、都議会は定数配分規定の見直しに動かず、昭和59年5月17日第一小法廷判決から約40年を経た今日でも、人口比例の定数に比して、新宿区、墨田区及び杉並区の3区で各1人多く、江東区、世田谷区及び江戸川区の3区で各1人少ないという定数配分の不均衡が続いております。

以上のような経緯は、議員定数配分に関する不均衡の是正を議会の裁量権に委ねていてはいつまでも差別が解消されないこと、住民の投票価値の平等な選挙権を回復するのは裁判所の役割であることを明確に物語っております。「悪い議員配分は、立法的な医薬によっては治らない病気である。」と語られているとおりです。私は、この問題について小論をまとめました。これが本書の第2部に収録した「東京都議会議員定数是正訴訟の最高裁判決の問題点」です。第2部には、そのほか、憲法が保障する個人の権利自由に対する国側の制約につき、その合憲・違憲をどのように審査すべきかという最高裁の違憲審査の在り方について、私がこれまで書いてきた小論を収録しました。

私は、神田の古本屋街をよく訪れてまいりました。そして、古本屋の軒下で、風にさらされ並んでいる廃棄寸前の古本の中に、司法関係者の随筆などを見つけると、これを買い求めて救出しておりました。古本を通じて先輩たちの生きざまに触れたのが切っ掛けで、心に残る先輩たちの姿をエッセイの形でいくつか書き残してきました。これも、コラムとして本書に収録させていただきました。先輩たちが残していった裁判への思いを、少しでも次の世へ引き継ぐことができればと念じております。

本書の出版にあたっては、岩波書店編集部の山下由里子さんのお世話になりました。「はしがき」末尾のイラストは、田中香苗さん（カルモ・パサール）の作品です。お二人のご協力に心より感謝申し上げます。

２０２５年４月

泉　徳　治

目次

注

第1部　国際人権条約の適用

第1章　退去強制手続における国際人権条約の適用問題

Ⅰ　国際人権条約の適用

1　国際人権条約

我が国が批准し我が国で効力を発生している国際人権条約の主要なものは，次のとおりである。[1]

① 経済的，社会的及び文化的権利に関する国際規約（昭和54年9月21日発効。以下「社会権規約」という。）
② 市民的及び政治的権利に関する国際規約（昭和54年9月21日発効。以下「自由権規約」という。）
③ 難民の地位に関する条約（昭和57年1月1日発効。以下「難民条約」という。）
④ 女子に対するあらゆる形態の差別の撤廃に関する条約（昭和60年7月25日発効）
⑤ 児童の権利に関する条約（平成6年5月22日発効。以下「子どもの権利条約」という。）
⑥ あらゆる形態の人種差別の撤廃に関する国際条約（平成8年1月14日発効）
⑦ 拷問及び他の残虐な，非人道的な又は品位を傷つける取扱い又は刑罰に関する条約（平成11年7月29日発効。以下「拷問禁止条約」という。）
⑧ 強制失踪からのすべての者の保護に関する国際条約（平成22年12月23日発効）

⑨障害者の権利に関する条約（平成26年２月19日発効）

２　国際人権条約の国内的効力

我が国が締結した国際人権条約等の条約は、条約及び国際法規の遵守義務を規定する憲法98条２項により、公布をもって、それ以上の特段の国内的措置を採るまでもなく、国内で法としての効力を有する。そして、条約は、法として、憲法より下位、法律より上位に位置する。以上は、憲法学上の通説であり、政府の立場でもある。なお、条約法に関するウィーン条約（昭和56年８月１日発効）の４条本文は、「この条約は、自国についてこの条約の効力が生じている国によりその効力発生の後に締結される条約についてのみ適用する。」と規定し、その26条は、「効力を有するすべての条約は、当事国を拘束し、当事国は、これらの条約を誠実に履行しなければならない。」と規定しており、我が国は昭和56年８月１日後に批准した国際人権条約については、前記の26条による義務としてもこれを誠実に履行しなければならない。

３　国際人権条約の直接適用

⑴　国際人権条約が国内において法として効力を有するとしても、条約の規定が国内において裁判所や行政府によってそれ以上の措置（法律や命令による具体化）の必要なしに直接適用され得るかという問題がある。条約の規定がそのままの形で国内において適用される（直接適用される）ためには、当該条約の規定がそのような内容と形式を備えていなければならない。すなわち自動執行的でなければならない。条約の規定が自動執行的な性格を有するというためには、当該規定が国内で適用される規範の内容を明確に定めており、当該規定を実施するための法令の制定を行うまでもないことが必要である。裁判所は、当事者の援用する国際人権条約の規定の目的、内容、文言等を勘

案し、当該事案において関係者の権利義務関係を明確に規律しており、かつ、当該規定を適用することに憲法上その他の障害がない場合は、当該規定を直接適用して、行政行為等が当該規定に違反しないか否かを判断すべきである(2)。

(2)　出入国管理及び難民認定法(以下「入管法」という。)に基づき法務大臣等が外国人に対する退去強制に向けて行う同法39条の収容令書の発付処分、同法47条5項の退去強制令書発付処分、同法49条3項の異議の申出は理由がない旨の裁決などの取消し等請求事件において、処分又は裁決(以下、単に「処分」という。)が自由権規約、社会権規約、子どもの権利条約等の国際人権条約に違反するとの主張がよくなされる。当該国際人権条約の条項が直接適用可能性を有する場合には、裁判所は当該処分が国際人権条約の条項に違反しないか否かを審査すべきである。自由権規約2条3項は、「この規約の各締約国は、次のことを約束する。」として、「(b)救済措置を求める者の権利が権限のある司法上、行政上若しくは立法上の機関又は国の法制で定める他の権限のある機関によって決定されることを確保すること及び司法上の救済措置の可能性を発展させること。」と特に明記している。子どもの権利条約2条1項も、「締約国は、その管轄の下にある児童に対し、児童又はその父母若しくは法定保護者の人種、皮膚の色、性、言語、宗教、政治的意見その他の意見、国民的、種族的若しくは社会的出身、財産、心身障害、出生又は他の地位にかかわらず、いかなる差別もなしにこの条約に定める権利を尊重し、及び確保する。」と規定している。「確保する」とは、条約上の権利の実現のため締約国は積極的な措置を採るべき義務があることを意味する。裁判所は、自由権規約や子どもの権利条約が規定する権利を保障する責務を負っている。

(3)　退去強制手続における法務大臣等の処分が、外国人の国際人権条約により保護された権利自由を制限する場合には、民主主義と法治主義の要請から導かれる比例原則によってその適法性を審査すべきである。すなわち、処分によって得られる国家の利益が、外国人が失う国際人権条約上の権利利益に比して大きい場合にのみ、処分を適法とすべきである。(3)

ちなみに、比例原則は、最高裁の違憲審査基準の中にも取り入れられている。最高裁の判例として形成されている違憲審査基準としては、「国家行為による権利自由の制約の合憲性は、国家行為の目的及び内容並びに制約の態様等を総合的に衡量して、国家行為に制約を許容し得る程度の必要性及び合理性が認められるか否かという観点から判断する。」という、総合的衡量による合理性判断ともいうべき枠組みがあるにすぎないといわざるをえない。(4)ただ、例えば、最大判昭和48年４月４日刑集27巻３号２６５頁が「加重の程度が極端であつて、前示のごとき立法目的達成の手段として甚だしく均衡を失し、これを正当化しうべき根拠を見出しえないときは、その差別は著しく不合理なものといわなければならず、かかる規定は憲法14条１項に違反して無効であるとしなければならない。」とし、最大判49年11月６日刑集28巻９号３９３頁が「(国家公務員法及び人事院規則による)公務員に対する政治的行為の禁止が右の合理的で必要やむをえない限度にとどまるものか否かを判断するにあたつては、禁止の目的、この目的と禁止される政治的行為との関連性、政治的行為を禁止することにより得られる利益と禁止することにより失われる利益との均衡の３点から検討することが必要である。」とし、最大判昭和50年４月30日民集29巻４号５７２頁が「無薬局地域等の解消を促進する目的のために設置場所の地域的制限のような強力な職業の自由の制限措置をとることは、目的と手段の均衡を著しく失するものであつて、とうていその合理性を認めることができない。」とし、最大決平成10年12月１日民集52巻９号１７６１頁が「(表現の自由に対する)制約が合理的で必要やむを得ない限度にとどまるものである限り、憲法の許容するところであるといわなければならず、上記の禁止の目的が正当であって、その目的と禁止との間に合理的関連性があり、禁止により得られる利益と失われる利益との均衡を失するものでないなら、憲法21条1項に違反しないというべきである。」としているように、禁止により得られる利益と失われる利益との均衡を失するものでないことを要求する比例原則を違憲審査基準の中に組み込んでいることは間違のないところである。

４　国際人権条約の間接適用

国内の法適用機関（裁判所や行政府）が国際法を国内法の解釈基準として参照し、国内法を国際法に適合するように解釈することを間接適用というが(5)、国際人権条約の条項のうち、自動執行性を有しないものも、関連国内法令の解釈の一基準として参照することができる。ただし、自動執行性を有する条項は、直接適用すべきで、間接適用にとどめるべきではない。

５　自由権規約委員会の見解等

(1)　国際人権条約の一つである自由権規約の28条は、条約機関として人権委員会（以下「自由権規約委員会」という。）を設置している。自由権規約委員会は、自由権規約の締約国により選挙で選ばれた18人の委員で構成する。近年では日本人の委員も選ばれている。

(2)　自由権規約委員会は、締約国全体に対し自由権規約が保障する権利の内容などに関する委員会の見解を示す一般的意見を採択している。一般的意見は、自由権規約の公的な解釈を示す注釈書の役割を果たしている。１９８６年採択の一般的意見15（規約上の外国人の地位）は、「1　締約国から提出された報告はしばしば、各締約国が規約上の権利を『その領域内にあり、かつ、その管轄の下にあるすべての個人』に対し確保しなければならないことを考慮に入れていなかった。一般的に、規約で定められた権利は、相互性とかかわりなく、かつ、その国籍又は無国籍にかかわりなく、すべての人に適用される。」、「５　規約は、締約国の領域に入り又はそこで居住する外国人の権利を認めていない。何人に自国への入国を認めるかを決定することは、原則としてその国の問題である。しかしながら、一定の状況において外国人は、入国又は居住に関連する場合においてさえ規約の保護を享受することができる。例えば、無差別、非人道的な取扱いの禁止又は家族生活の尊重の考慮が生起するときがそうである。」（傍点筆者）（日弁連ＨＰ）とする。

この一般的意見15は、国際慣習法のとおり、締約国の領域内にだれを受け入れるかは、原則として当該締約国が決めるべき事項であるとし、また、自由権規約も、外国人が締約国に入りあるいは残留する権利を認めていないとしつつも、しかしながら、差別の禁止、非人道的取扱いの禁止、家族生活の尊重について考慮する場合など、一定の状況の下においては、外国人は入国又は在留の関係においても、自由権規約による保護を受けることができる、としているのである。

(3)　さらに、自由権規約委員会の２００４年採択の一般的意見31（規約締約国の一般的法的義務の性質）は、「３　第２条は、締約国が規約の下で負った法的義務の範囲について定義している。締約国は、規約上の権利の尊重及び締約国の領域内にありその管轄下にあるすべての個人にこれらの権利を保障しなければならない一般的義務が課せられている（第10項を参照せよ）。条約法に関するウィーン条約第26条の原則に従い、締約国は、規約上の義務を誠実に実施しなければならない。」、「４　規約の義務は、一般的に、また、第２条は特に、すべての締約国を全体として拘束するものである。政府のすべての部門（行政、立法および司法）および他の公的もしくは政府機関は、全国、地域、もしくは地方といかなるレベルにあっても、締約国の責任を引き受ける地位にある。」、「10　締約国は、第２条１項によって、領域内のすべての個人及び管轄下にあるすべての個人の規約上の権利を尊重し、確保しなければならない。このことは、締約国が、締約国の権力または実効的支配の下にあるすべての個人の――その個人がその締約国の領域外にある場合にも――規約上の権利を尊重し、確保しなければならないことを意味する。第27回会期（１９８６年）において採択された一般的意見で指摘されたように、規約上の権利は、締約国の国民だけでなく、庇護希望者、難民、移住労働者等、その者の国籍やその者が無国籍者であるかにかかわりなく、締約国の領域内にあり、かつ、その管轄の下にあるすべての個人に享受されなければならない。」、「12　さらに、領域内にある個人、及び、その管轄の下にあるすべての個人に対し、規約の権利を尊重し確保しなければならない第2条の義務は、移転が実行されることになる国もしくはある個人が結果的に移転させせられる先の国において、規約第6条や7条に規定されているような回復しえない危害が及ぶ真のリスクがあると信じうる十分な証拠があるとき、その者を本国に送還したり、国外追放したり、もしくは領域から移転してはならない義務を必然的に伴う。関連する司法及び行政当局は、かかる問題において、規約義務の履行が確保されるよう、配慮が向けられなければならない。」（日弁連ＨＰ）と述べている。この一般的意見31からも、法務大臣等は退去強制手続の処分を行うについても自由権規約による拘束を受け、裁判所は自由権規約上の権利を保護すべき責任を有していることが明らかである。

(4)　そして、我が国は批准していないものの、自由権規約の第一選択議定書を批准している国の管轄下にある個人は、自由権規約が保障する権利を侵害されたとする場合、利用し得るすべての国内的救済手段を尽くしても救済されないときは、自由権規約委員会に対して救済の申立てをすることができる。自由権規約委員会は、規約違反があったかどうか、あった場合には救済措置を採るべきことについての見解（Views）を示す。(6) これが個人通報制度である。前記1に掲げた子どもの権利条約などの国際人権条約は、難民条約を除き、個人通報制度を備えているが、日本はいずれも批准していない。

自由権規約委員会のような条約機関の見解は、強制力を有するものではないが、条約機関が準司法的手続によって、具体的事案における人権侵害の主張に対して条約規定を解釈適用するものであるから、条約解釈に関する先例法理としての価値を有する。

(5)　ここで、退去強制関係における自由権規約委員会の比較的最近の見解を一つ紹介することとする。

(6)　自由権規約委員会の２０２１年10月27日見解[7]は、次のとおり、外国人に対する退去強制処分が自由権規約の23条１項と共に読まれる17条に違反すると判断した。

申立人は、スリランカ国籍で、２０１２年６月に「不規則な海からの入国」としてオーストラリアに到着し、同年11月に保護ビザを申請したが、２０１３年１月11日に保護ビザの申請を却下された。後に申立人と結婚することになったスリランカ国籍の女性は、２０１２年９月にオーストラリアに到着した。申立人と女性は、２０１６年９月８日に結婚し、２０１７年９月に娘が生まれた。妻の方は、２０１２年８月13日後にボートで到着した保護希望者に適用される改正法により、一時保護ビザを申請することができ、妻と娘は、２０１８年７月に５年間有効で就労も可能な保護ビザを認められた。申立人は、オーストラリア政府に、妻と娘が一時保護ビザを認められたことなどを述べて、申請人に対する保護ビザ却下決定を見直すよう求めたが、２０１２年８月13日より前にオーストラリアに到着した申立人には前記の改正法が適用されないため、保護ビザ却下決定の見直しは認められず、２０１８年７月13日に退去強制命令を発せられ、同月17日にスリランカへ送還された。

申立人、妻及び娘のうち申立人にのみ退去強制命令を発することは、自由権規約17条１項にいう家族に対する

「干渉」に当たる。そこで、この干渉が同項にいう「恣意的」又は「不法」に該当するか、それゆえ自由権規約23条１項が認める家族の「保護」が不十分であったかを判断する必要がある。「恣意的」という概念は、不均衡、不正義、及び予測可能性・法の適正手続の欠如という要素、並びに合理性、必要性及び比例性の要素を含む（自由権規約委員会の一般的意見35の12参照）。

本件のような家族に対する干渉が正当化されるか否かは、一方において、家族の一員を送還する政府側の理由の重要性という観点から検討し、他方において、当該送還によって家族及び家族の構成員が受ける苦難の程度という観点から検討する必要がある。

本件においては、申立人の送還は、移民法の執行という正当な目的に基づくものであった。しかし、申請人の保護ビザ申請が却下された後、申請人が結婚し、娘が生まれ、妻と娘は一時保護ビザを認められたという重要な事情の変更があった。申立人は、このような事情の変更による救済を求めるために残された唯一の方法として、大臣による職権発動を請求した。オーストラリア移民・国境警備省は、申立人の申請は大臣による職権発動のガイドラインには適合しないという一般的な理由だけで、特別の理由を付することなく、大臣に回付することを拒否した。申立人の主張に対する個別的な審査、特に、合理性、必要性、採用された手段と主張されている正当な目的との間の比例性に関する審査が行われたとはうかがえない。

オーストラリア政府による申立人の家族生活に対する干渉と、それに続く家族への不十分な保護は、申立人、妻及び未成年の娘に過度の苦難をもたらしている。申立人に対する退去強制命令は、申立人が予測可能な将来にオーストラリア又はスリランカで再び家族と一緒に暮らせるという見込みを何も与えず、そのことが必然的に家族の分断を招いている。

申立人に対するスリランカへの退去強制命令は、正当な目的を達成しようとするものではあるが、オーストラリア政府の依拠する抽象的な理由だけでは正当化することのできない申立人の家族生活に対する過度の干渉を構成し、自由権規約の23条1項と共に読まれる17条に違反する。

(7)　前記の見解からも明らかなように、自由権規約委員会は、締約国が外国人に対する退去強制関係の処分を行うについても自由権規約に拘束されることを明らかにし、処分の適法性の判断につき、自由権規約上の権利を制約する政府側の目的と制約される側の苦難の程度が均衡の取れたものとなっているかの審査、すなわち比例原則による審査を行っている。

(8)　欧州評議会の加盟46か国が締結する欧州人権条約は、国連の自由権規約の初期の草案をモデルとして起草されたが、欧州人権条約の実効性を確保するための欧州人権裁判所も、締約国が外国人に対する退去強制関係の処分を行うについて欧州人権条約に拘束されるとし、処分の適法性を比例原則によって審査している。すなわち、欧州人権裁判所は、２０１３年4月16日判決(Udeh v. Switzerland)等において、繰り返し、次のように述べる。

国家は、確立された国際法として、条約上の義務に違反しない限り、その領土における外国人の入国と在留を管理する権限を有する。欧州人権条約は、外国人が特定の国に入国しあるいは在留する権利を保障しておらず、締約国は、公共の秩序を維持する任務の遂行に当たって、刑事有罪判決を受けた外国人を国外へ退去させる権限を有する。しかしながら、この分野における締約国の決定は、欧州人権条約で保護された権利を制約する限り、民主的社会における法と必要性に適合していなければならない。すなわち、重大な社会的必要性によって正当化され、とりわけ、達成せんとする適法な目的との比例性によって正当化されなければならない。

Ⅱ　国際人権条約を直接適用した裁判例

我が国において、退去強制手続上の処分につき国際人権条約を直接適用した裁判例には、次のようなものがある。

① 名古屋地決平成12年5月16日（判例集未登載、国際法外交雑誌103巻3号474頁）は、エチオピア国籍の申立人が、同国に送還されればエリトリア系エチオピア人であることを理由に迫害を受けるおそれがあるから、退去強制先を同国とした退去強制令書発付処分は拷問禁止条約3条に違反し無効であるとして、同処分の執行停止を求めた事案につき、執行停止を容認した。同決定は、「拷問禁止条約3条は、『締約国は、いずれの者をも、その者に対する拷問が行われるおそれがあると信ずるに足りる実質的な根拠がある他の国へ追放し、送還し又は引き渡してはならない。』と定めているところ、右規定は、その一義性からみて、自動執行的なものであり、直接適用されるべきである。そして、右規定に該当する場合には、入管法53条2項にいう『送還できないとき』にあたると解されるから、同項に定める他の国に送還すべきこととなる。」、「申立人が、エリトリア系エチオピア人である可能性を現段階では否定することはできないところ、申立人を同国に送還した場合、その生命又は自由が脅威にさらされる蓋然性もまた高いというべきである。」、「申立人の送還先をエチオピアと指定する本件退令発付処分は、拷問禁止条約3条に違反し、無効である可能性を否定できない。」と述べ、拷問禁止条約3条の直接適用可能性を認めている（同旨、東京地決平成14年6月20日LEX／DB。なお、本稿で紹介する裁判例で特に掲載誌を表示していないものは、LEX／DBによるものである。）。

なお、現在の入管法53条3項は、送還先の国には、拷問禁止条約3条1項に規定する国、強制失踪からのすべての者の保護に関する国際条約16条1項に規定する国を含まないものとすると規定しているが、これは平成21年7月

15日公布の入管法の改正により加えられた規定であって、前記名古屋地裁決定当時には入管法53条３項に拷問禁止条約３条１項に規定する国等が掲げられていなかった。そして、前記の改正も、送還先の国には拷問禁止条約３条１項に規定する国等を含まないことを明文化、明確化するためのものである（平成21年６月19日衆議院法務委員会議事録附録参照）。換言すると、日本の国会・政府も、拷問禁止条約３条１項等の直接適用可能性を認めているのである。

②東京地決平成13年11月６日訟務月報48巻９号２２９８頁は、「難民条約は、31条２項において、締約国は、１項の規定に該当する難民（その生命又は自由が第１条の意味において脅威にさらされていた領域から直接来た難民であって許可なく当該締約国の領域に入国し又は許可なく当該締約国の領域内にいる者）の移動に対し必要な制限以外の制限を課してはならない旨規定するところ、難民条約が国内法的効力を有することにかんがみれば、主任審査官が退去強制手続の前提となる収容令書の発付を行うに際しては、法39条所定の要件に加え、対象者が難民に該当する可能性を検討し、その可能性がある場合においては、同人が難民に該当する蓋然性の程度や同人に対し移動の制限を加えることが難民条約31条２項に照らし必要なものといえるか否かを検討する必要があると解すべきである。」と述べ、難民条約31条２項が直接適用可能性を有し、主任審査官を拘束するとしている（同旨、東京地決平成14年３月１日判時１７７４号25頁、東京地決平成14年６月20日）。

③東京地判平成14年12月20日は、トルコ国籍の原告が、不法残留を理由に収容令書及び退去強制令書に基づき収容されたことにつき、収容は自由権規約９条１項、３項及び４項並びに難民条約31条に違反するとして国家賠償を請求したのに対し、これらの条項が直接適用されることを前提として、条項違反はないとの実体判断をしている。

④東京地判平成15年９月19日判時１８３６号46頁は、イラン国籍の女児に対する退去強制令書発付処分の裁量判断が違法であると判断し、「子どもの権利条約３条の内容にかんがみれば」、同処分により女児に生じる負担が大

であることは、「退去強制令書の発付に当たり重視されるべき事情であるといえる。」と述べている。これは、子どもの権利条約３条を直接適用したものである（同旨、東京地判平成15年10月17日裁判所ＨＰ）。

Ⅲ　国際人権条約の直接適用を拒否する裁判例

しかし、地裁及び高裁の裁判例の大勢は、法務大臣等は外国人に対する退去強制手続上の処分を行うにつき国際人権条約による拘束を受けないとしている。拘束を受けないとする理由は、どの裁判例もほとんど同じものであるが、その一例として東京地判令和３年12月７日（以下「本件判決」という。）を紹介する。

１　裁判例の一例

(1)　本件判決の事案は、クルド人でトルコ共和国の国籍を有する不法残留者の原告５人（父、母、長男、二男、三男）が、東京出入国在留管理局長の入管法61条の２の２第２項に基づく在留特別許可をしない旨の処分の取消しを求めるものである。父、母、長男はトルコ共和国で出生し、父は在日15年、母及び長男は在日13年となる。長男は２歳で来日した15歳の高校生、次男は日本で出生した12歳の中学生、三男は日本で出生した８歳の小学生である。

原告らは、前記の処分が自由権規約17条１項（「何人も、その私生活、家族、住居若しくは通信に対して恣意的に若しくは不法に干渉され又は名誉及び信用を不法に攻撃されない。」）、23条１項（「家族は、社会の自然かつ基礎的な単位であり、社会及び国による保護を受ける権利を有する。」）及び24条１項（「すべての児童は、人種、皮膚の色、性、言語、宗教、国民的若しくは社会的出身、財産又は出生によるいかなる差別もなしに、未成年者としての地位に必要とされる保護の措置であって家族、社会及び国による措置について権利を有する。」）、子どもの権利条約３条１項（「児童に関するすべての措置をとるに当たっては、公的若しくは私的な社会福祉施設、裁判所、行政当局又は立法機関のいずれによって行われるものであっても、児童の最善の利益が主として考慮されるものとする。」）、９条１項本文（「締約国は、児童がその父母の意思に反してその父母から分離されないことを確保する。」）及び10条１項（「前条１の規定に基づく締約国の義務に従い、家族の再統合を目的とする児童又はその父母による締約国への入国又は締約国からの出国の申請については、締約国が積極的、人道的かつ迅速な方法で取り扱う。締約国は、更に、その申請の提出が申請者及びその家族の構成員に悪影響を及ぼさないことを確保する。」）に違反すると主張した。

(2)　本件判決は、国際人権条約が在留特別許可を付与するか否かの法務大臣等の判断を拘束するか否かについて、まず「(1)国際慣習法上、国家は外国人を受け入れる義務を負うものではなく、特別の条約がない限り、外国人を自国内に受け入れるかどうか、また、これを受け入れる場合にいかなる条件を付するかは、専ら当該国家の立法政策に委ねられており、憲法上、外国人は、本邦に入国する自由が保障されていないことはもとより、在留する権利又は引き続き在留することを要求する権利を保障されているということもできない（最高裁昭和32年６月19日大法廷判決・刑集11巻６号１６６３頁、最高裁昭和53年10月４日大法廷判決・民集32巻７号１２２３頁参照）。」とした上で、「(3)また、自由権規約及び子どもの権利条約についても、前記(1)のとおり、国際慣習法上、国家は外国人の入国及び在留の許否に関する裁量権を有しているところ、自由権規約にも、子どもの権利条約にも、前記(1)で説示した国際慣習法上の原則を排除又は制限する趣旨の規定は存在せず、かえって、自由権規約13条が、外国人について法律に基づく退去強制手続をとることを容認し、子どもの権利条約９条４項が、締約国がとった父母の一方若しくは双方又は児童の退去強制の措置に基づいて児童が父母の一方又は双方から分離されることがあることを予定していることからすると、自由権規約及び子どもの権利条約は、外国人の入国及び在留の許否について主権国家の広範な裁量を認める国際慣習法上の原則を所与の前提とし、外国人の入国及び在留の許否を決定する権限を各締約国に留保して締結されたものであると解することができる。そうすると、原告らが指摘する自由権規約及び子どもの権利条約の各規定は、在留特別許可の付与に関する法務大臣等の裁量権を羈束したり、制限したりするものではなく、外国人に対し在留特別許可を付与するか否かを判断するに当たっての一事情として考慮されるものというべきである。」と判断している。

２　本件判決の考え方が、現在の判例

本件判決の前記の考え方が、現在の判例であるといえる。

すなわち、東京地判平成20年１月17日は、退去強制手続に関する子どもの権利条約３条１項、社会権規約13条、自由権規約17条及び23条の適用に関し、本件判決と同じ判断を示し、控訴審の東京高判平成20年５月29日は、この判断を維持し、上告審の最二小決平成20年９月26日は、上告について「本件上告理由は、民訴法３１２条１項又は２項に規定する事由を主張するものではないことが明らかである。」、上告受理申立てについて「本件申立ての理由によれば、本件は、民訴法３１８条１項により受理すべきものとは認められない。」と判断している。最三小決平成28年７月５日及び最二小決令和３年11月17日も、同様に、国際人権条約違反の主張を上告理由として認めず、上告受理申立てでも取り上げない。そして、前記の最二小決平成20年９月26日の後に、本件判決の前記判旨と異なる判断を示した裁判例は見当たらず、本件判決の前記の考え方が現在の判例であるといえる。

３　判例の３つの間違い箇所

しかし、本件判決は、３つの大きな間違いを犯している。第１に、法的効力において特別の条約が国際慣習法に優先することを全く理解していない点である。第２に、条約が国際慣習法上の原則を排除又は制限する規定を置い

ていない限り、法的効力において国際慣習法が条約に優先するとしている点である。第3に、自由権規約13条や子どもの権利条約9条4項を根拠として、法的効力において国際慣習法がこれらの条約に優先するとしている点である。

4　特別の条約が国際慣習法に優先することを無視

本件判決の第1の誤りは、特別の条約が国際慣習法に優先することの理解を欠いていることである。

(1)　本件判決は、前段で、「国際慣習法上、国家は外国人を受け入れる義務を負うものではなく、特別の条約がない限り、外国人を自国内に受け入れるかどうか、また、これを受け入れる場合にいかなる条件を付するかは、専ら当該国家の立法政策に委ねられており」として、「特別の条約がない限り」という断りを入れている。これは、本件判決が引用している最大判昭和32年6月19日が「国際慣習法上、外国人の入国の許否は当該国家の自由裁量により決定し得るものであつて、特別の条約が存しない限り、国家は外国人の入国を許可する義務を負わないものである」とし、最大判昭和53年10月4日（以下「マクリーン判決」という。）が「国際慣習法上、国家は外国人を受け入れる義務を負うものではなく、特別の条約がない限り、外国人を自国内に受け入れるかどうか、また、これを受け入れる場合にいかなる条件を付するかを、当該国家が自由に決定することができるものとされている」とした判断に従ったものである。

(2)　慣習法と条約との間には適用における優先順位はないものの、「同位の法源間の関係を規律する原則として、第1に『特別法は一般法を破る』がある。条約当事国間では条約（特別法）が慣習国際法（一般法）に優先する。」[8]。裁判所は、条約、国際慣習法の順に検討することになる。日本が批准している国際人権条約は特別の条約であり、日本はこれに拘束され、裁判所は国際慣習法に優先して国際人権条約を適用することになる。そして、「国際人権条約は全ての者（外国人を含む）の人権を保障するのが普通なので、外国人もこれによって保護される。[9]」。退去強制手続上の処分も国際人権条約によって制限されるのである。[10]

(3)　本件判決が依拠した昭和53年のマクリーン判決は、「特別の条約がない限り」との断りを入れている。その1年後の昭和54年に、我が国は社会権規約及び自由権規約を批准している。

マクリーン判決の担当調査官である越山安久は、最高裁判例解説民事篇（昭和53年度）４４２頁以下において「まず、国際法の段階においては、外国人に対しその入国を許すかどうかは国家の自由な裁量に任された問題であって、国家は、条約の定めがない限り、外国人の入国を認める義務を負わず、入国を認める場合でも、どのような資格・条件のもとに許すかを自由に定めることができる、とするのが、通説的見解である。」と述べ、参考文献として「横田喜三郎・国際法（Ⅱ）新版２１２頁」、「前原光雄『国際法と外国人の地位』（国際法講座２巻３頁以下）」、「高野雄一・新版国際法概論（上）３２６頁」を掲げている。

①横田喜三郎『国際法（Ⅱ）新版』は、２１２頁で「国際法上の一般的規則として、国家は外国人の入国を許すべき義務をもたない。外国人の入国を許すかどうかを決定するのは、国家の権能に属し、国家はこれを任意に決定することができる。もっとも、とくに条約によって入国を許すことが定められた場合には、このかぎりでない。」とするとともに、２１５頁で「１９６６年の『市民的と政治的権利に関する国際規約』は、外国人の追放に関して、つぎのように規定している。合法的にこの規約の当事国の領土内にいる外国人は、法律に従って下された決定によってのみ、追放されることができる。国家の安全のためにやむをえない理由のある場合を除いて、自己の

追放に反対する理由を申し立て、権限ある機関によって審査を受けることが許される（13条）。」、２２７頁で「外国人が享有できる権利について、国際法上の一般的規則として確定したところはない。外国人がどのような権利を享有するかは、それぞれの国がその国内法で定める。国家はそれを任意に定めることができるのである。もっとも、条約で一定の権利を認めることが定められたときは、その権利を認めなくてはならない。」とする。同書は、国家が自由権規約等の条約を締約したときは、国家は外国人に対し条約で定める権利を認めなければならないことを明らかにしているといえる。

②前原光雄『国際法と外国人の地位』（国際法講座第２巻３頁）は、「外国人の出入国及び自国内にある外国人の取扱いに関しては、或る程度の一般的な国際慣習法が成立している。通商航海条約・友好条約その他によって特定外国人の自国への出入国、自国内での取扱い等が規定せられている場合には、その特定外国人の地位はそれによって決定せられるのであるが、そのような特定の条約の存在しない場合には、その外国人の地位は国際慣習法によって定まる。」とする。同書は、外国人の地位に関する特定の条約が存在すれば、その条約が国際慣習法に優先することを明らかにしているといえる。

③高野雄一『新版国際法概論（上）』は、３２６頁で「国家は国際法上一般に外国人の入国を許す義務をもたない。入国を許すか否か、いかなる条件で許すか、一般に外国人の入国について自由に規定しうる。」とするとともに、３２８頁で「外国人の享有する権利についても、国際法上一般的には確定していない。各国が任意に国内法で定めるが、二国間の通商航海条約、あるいは最近の経済・社会・文化の各分野に成立しつつある一般条約により、居住、営業、その他経済的社会的な諸種の権利を相互に認め合うことが多い。」とする。同書は、経済・社会・文化の一般条約が国際慣習法に優先することを明らかにしている。

マクリーン判決は、これらの見解を踏まえて、「特別の条約がない限り」との断りを入れているのである。

(4) 本件判決は、マクリーン判決を引用して「特別の条約がない限り」という言葉を掲げてはいるが、国際人権条約が「特別の条約」に当たるか否かの検討や、特別の条約と国際慣習法との法としての優劣に関する検討を怠っており、マクリーン判決が「特別の条約がない限り」との断りをしていることに関する理解を欠いているというほかない。本件判決は、マクリーン判決の趣旨にも違反するものである。

(5) 本件判決は、「原告らが指摘する自由権規約及び子どもの権利条約の各規定は、在留特別許可の付与に関する法務大臣等の裁量権を羈束したり、制限したりするものではなく」と述べる。これは、マクリーン判決の「外国人に対する憲法の基本的人権の保障は、右のような外国人在留制度のわく内で与えられているにすぎないものと解するのが相当であつて、在留の許否を決する国の裁量を拘束するまでの保障……が与えられているものと解することはできない。」の「憲法」を「自由権規約及び子どもの権利条約」に置き換えて述べたものと考えられる。マクリーン判決の前記判示部分も誤りといわざるを得ないが[11]、自由権規約2条や子どもの権利条約2条は、締約国に対し、その管轄下にある外国人を含めた個人の権利を尊重し確保することを命じているのであるから、本件判決の前記判示は誤りである。

5　特別法が一般法を破るとの原則を無視

本件判決の第2の誤りは、後段で、「前記(1)のとおり、国際慣習法上、国家は外国人の入国及び在留の許否に関する裁量権を有しているところ、自由権規約にも、子どもの権利条約にも、前記(1)で説示した国際慣習法上の原則を排除又は制限する趣旨の規定は存在せず」と述べている点である。「国際慣習法上の原則を排除又は制限する趣旨の規定」を置く条約としていかなるものを想定しているのか不明である。「国際慣習法上の原則を排除又は制限する趣旨の規定」を設けていなくても、国際慣習法と条約との規律範囲が重なれば、特別法は一般法を破るとの原則により条約（特別法）が国際慣習法（一般法）に優先する。本件判決の前記判示は、明白な誤りというほかない。

６　自由権規約13条及び子どもの権利条約９条４項の意義を取違え

本件判決の第３の誤りは、「かえって、自由権規約13条が、外国人について法律に基づく退去強制手続をとることを容認し、子どもの権利条約９条４項が、締約国がとった父母の一方若しくは双方又は児童の退去強制の措置に基づいて児童が父母の一方又は双方から分離されることがあることを予定していることからすると、自由権規約及び子どもの権利条約は、外国人の入国及び在留の許否について主権国家の広範な裁量を認める前記国際慣習法上の原則を所与の前提とし、外国人の入国及び在留の許否を決定する権限を各締約国に留保して締結されたものであると解することができる。」と述べていることである。

(1)　自由権規約13条は、「合法的にこの規約の締約国の領域内にいる外国人は、法律に基づいて行われた決定によってのみ当該領域から追放することができる。」等と規定するものであり、「『法律に基づいて行われた決定によって』行われる追放のみを認めることにより、その目的が恣意的な追放を阻止することにあることは明らかである。」（自由権規約委員会一般的意見15の10）。同条は、退去強制手続においても自由権規約が国際慣習法に優先することを示す一例ということはできても、退去強制手続において国際慣習法が自由権規約に優先すること、すなわち法務大臣等が自由権規約による拘束を受けないことを示すものでは全くない。

(2) また、子どもの権利条約9条4項は、児童のその父母からの分離が締約国のとった措置に基づく場合には、当該締約国は児童、父母等に対し、家族のうち不在となっている者の所在に関する情報を提供するという規定であるところ、退去強制手続においても子どもの権利条約が国際慣習法に優先することを示す一例ということはできても、退去強制手続において国際慣習法が子どもの権利条約に優先すること、すなわち法務大臣等が子どもの権利条約による拘束を受けないことを示すものでは全くない。

(3) 本件判決の前記のような考え方は、東京地判平成11年2月26日訟務月報47巻12号３６４０頁あたりから裁判現場で採用されてきたものである。しかし、自由権規約13条が退去強制について法律による手続を保障し、子どもの権利条約9条4項が分離された家族の再統合等のための情報の提供を義務付けているからといって、これらは両条約が外国人にも保障している権利の一例であって、むしろ退去強制手続においても法務大臣等が両条約による拘束を受けることを示すものであり、退去強制手続において法務大臣等が両条約による拘束を受けないことを示すものでは全くない。長年にわたり多くの裁判官が前記のような非論理的な説明を展開していることは、憂慮すべき事態であるといわざるを得ない。

7　収容と国際人権条約の関係

本件判決の判旨のように、法務大臣等は退去強制手続上の処分を行うにつき国際人権条約による拘束を受けないという考え方は、「収容」の適否に関する裁判所の判断においても踏襲されている。

(1) 一例を挙げると、東京地判令和3年2月12日の事件で、退去強制令書の発付を受けて収容され、その後に仮放免されていた原告が、仮放免に付された行動範囲の条件に違反して一時旅行したため、仮放免を取り消された。原告は、仮放免取消処分の取消しを求めて提訴し、「人身の自由は、それ自体が人間にとって根源的な人権であることは言うまでもなく、他の基本的人権の基礎となる重要な人権であり、このことは、憲法18条及び31条、自由権規約9条1項等からも明らかであるから、人身の自由を制約する拘禁は、例外でなければならず、適正さを欠く又は恣意的な拘禁は違法であるところ、収容の本来の目的に照らした必要性及び相当性が認められない収容は、適正さを欠く又は恣意的な拘禁に該当する」旨主張した。東京地裁判決は、この主張に対し、「自由権規約13条は、合法的に締約国の領域内にいる外国人が、法律に基づいて行われた決定により、退去強制され得ることを認めており、自由権規約も、外国人の入国及び在留の許否については国家に自由な決定権がある旨の国際慣習法（マクリーン判決参照）を前提としているものと解される上、同規約には、退去強制の制度に関する詳細な規定は置かれておらず、同規約も、前記の国際慣習法を前提としつつ、収容を含めた退去強制の制度をどのように決定するかを各国家の判断に委ねているというべきであるから、入管法の規定に基づき退去強制令書を執行して収容することが、自由権規約9条1項の規定に反するものであるとはいえない。」と判断して、本件判決と同じ考え方を示している。

(2)　収容は、外国人にもその法的地位にかかわらず当然に認められる身体の自由を制限するものであるから、法務大臣等は、自由権規約9条1項（「すべての者は、身体の自由及び安全についての権利を有する。何人も、恣意的に逮捕され又は抑留されない。何人も、法律で定める理由及び手続によらない限り、その自由を奪われない。」）による拘束を受けるというべきである。世界人権宣言6条は、「すべて人は、いかなる場所においても、法の下において、人として認められる権利を有する。」と定める。在留の資格を有しない外国人も、生命、身体の自由及び安全等の権利を有し[12]、自由権規約9条1項による保護を受けるのは当然のことである[13]。

８　国際人権条約違反と上告理由

以上のように、地裁及び高裁は、退去強制手続における国際人権条約の適用に関して、明らかに誤りの判断を繰り返している。最高裁に上告しても、前記の最二小決平成20年9月26日、最三小決平成28年7月5日及び最二小決令和3年11月17日のように、国際人権条約違反の主張を上告理由として認めず、判断を示さない。

(1)　ただ、条約は、憲法につぐ効力を持ち、法律より優位の法規であるから、条約違反も上告理由として認めるという解釈もあり得る。この点につき、伊藤正己「国際人権法と裁判所」(国際人権1号7頁)は、次のように述べる。「第2に、裁判所が訴訟法の規定により憲法違反の主張のある場合のみに上告、特別上告、特別抗告を認め、反対解釈として憲法以外の法令違反を一括して単なる法令違背として処理することに再考をせまることができないであろうか。この解釈は文理解釈にかなうものであるが、狭きに失しないか。条約が法律に優越する形式的効力をもつことは学説上異論がなく、判例として明示したものはないようであるが、おそらく判例も承認するであろう。そうすると、条約は憲法に優位ないし同位とはいえないとしても、憲法につぐ効力をもち、国法秩序において憲法と法律の中間に位置するものである。これを他の法令と一括して処理するのが適切かどうか。そして、少なくとも国際人権規約のような世界的な効力をもつ条約は確立した国際法規でもあり、いっそう憲法に近似した効力が認められて然るべきであるとの論理が成立しないであろうか。これまでの裁判所のアプローチの方法が事件を処理するものとして便宜であるだけにその変更は容易でないであろうが、その修正を考えてよいものと思われる。」と述べている。ただし、上告の理由として、民訴法312条1項が「憲法の解釈の誤りがあることその他憲法の違反があること」、刑訴法405条1号が「憲法の違反があること又は憲法の解釈に誤があること」と明記しているため、裁判所がその拡張解釈には応じることはないであろう。

(2)　しかし、最高裁は、憲法98条2項により、条約遵守義務を負っており、条約の解釈に誤りがあることを上告理由とし、法律、法務大臣等の処分、下級裁の裁判に条約違反がないか否かを上告審として審査することにより、憲法98条2項の責務を果たすことができる。佐藤幸治『日本国憲法論（第2版）』１３８頁は、「条約による人権保障が憲法の想定しない領域に及ぶ、あるいは憲法による保障を上回ると解される場合、国内法は憲法の人権条項に違反するとはいえないが、なお条約に違反するという事態がありうる。」、「より重要なことは、この事態は憲法98条2項を介して憲法上許されない事態なのだということを認識することであろう。」、「このことは、最高裁判所への上告理由が原則として憲法違反と判例違背に限定されている制度枠組の中にあって、人権条約違反を最高裁判所に上告する道を開くことに通じよう。」（傍点原文）と述べている。

そして、最高裁は、国際人権条約上の責務として、国際人権条約が保護する権利自由の司法的救済を図る責務を負っている。自由権規約2条3項も、「この規約の各締約国は、次のことを約束する。」として、「(b) 救済措置を求める者の権利が権限のある司法上、行政上若しくは立法上の機関又は国の法制で定める他の権限のある機関によって決定されることを確保すること及び司法上の救済措置の可能性を発展させること。」と規定している。最高裁は、国際人権条約の解釈に誤りがあることを上告理由とすることにより、国際人権条約上の責務を果たすことができる。

しかし、最高裁は、このことも認めない。最大判平成27年12月16日民集69巻8号２５８６頁は、原判決は女子に対するあらゆる形態の差別の撤廃に関する条約16条1項(b)(g)の解釈を誤り憲法98条2項に違反するとの上告人の主張に対し、「論旨は、憲法98条2項違反及び理由の不備をいうが、その実質は単なる法令違反をいうものであって、民訴法３１２条１項及び２項に規定する事由のいずれにも該当しない。」と判断している。

(3) 最高裁が前記の判断を改めないのであれば、訴訟法を改正して、条約違反の理由を上告の理由として明記すべきである。さもなくば、日本は条約違反を続けることになる。

(4) 日本の領域内にある個人は、少なくとも退去強制手続の分野では、裁判所の誤った解釈により、国際人権条約が保障する人権についての司法上の救済を受けることができない状態にあるが、日本は、一日も早く、自由権規約や子どもの権利条約の選択議定書等を批准し、個人通報制度を導入すべきである。個人通報制度は、国際人権条約の締約国の領域内で起きた人権侵害について、個人が自由権規約委員会や子どもの権利委員会等の条約体に苦情を申立て、条約体が審査の上、人権侵害が認定されると、締約国に対し、是正や救済を求める見解(Views)を送付する制度である。

ちなみに、平成14年10月３日の参議院決算委員会において、委員から「日本が個人通報制度を定めた選択議定書を批准しない背景には最高裁判所の反対があると言われている」との発言があり、最高裁総務局長は「選択議定書の署名、批准につきましては、政府ないし国会の政策的な判断に基づいて行われるべき事柄であり、最高裁判所はこの問題について意見を述べるべき立場にはないものと考えております。この問題につき法務省から正式に意見を求められたことも、したがってございません。……冤罪というふうに言ってもよろしいかと思っております。」と答弁している。平成31年４月22日の参議院決算委員会においても、同様の質疑応答が繰り返されている。いずれにしても、日本における人権の情況が世界水準に追いつくためには、個人通報制度の一日も早い導入が必要である。

Ⅳ　国際人権条約を間接適用した裁判例

国際人権条約の直接適用を拒否する本件判決も、「原告らが指摘する自由権規約及び子どもの権利条約の各規定は、……外国人に対し在留特別許可を付与するか否かを判断するに当たっての一事情として考慮されるものというべきである。」と述べる。これは、国際人権条約を国内法の解釈基準として参照し、国内法を国際人権条約に適合するように解釈する国際人権条約の間接適用を認めるものである。退去強制手続における処分の適否に関し、国際人権条約を間接適用した裁判例を紹介する。

①東京地判平成11年11月12日判時1727号94頁は、日本人女性と婚姻関係にあるバングラデシュ国籍の男性に対し在留特別許可を与えなかった裁量判断が違法であると判断し、「両名の真意に基づく婚姻関係について実質的に保護を与えないという、条理及び自由権規約23条の趣旨に照らしても好ましくない結果を招来するものであって、社会通念に照らし著しく妥当性を欠くものといわなければならない。」と述べる。

②福岡高判平成17年3月7日判タ1234号73頁は、中国残留日本人の配偶者の連れ子（両親は中国人）で、先に日本に帰国し定住していた同日本人の実子であると偽って「日本人の配偶者等」の在留資格で本邦に入国していた者らとその家族に対して在留特別許可を付与しないとの裁量判断が違法であると判断し、「もっとも、憲法98条1、2項（条約・国際法規の遵守）及び憲法99条（公務員の憲法尊重擁護義務）によれば、我が国の公務員は、このような国際人権条約（自由権規約や児童の権利条約）の精神やその趣旨（家族の結合の擁護や児童の最善の利益の保障）を誠実に遵守し、尊重する義務を負う。したがって、当該外国人に在留特別許可を付与するか否かを判断するに当たって、被控訴人法務大臣は、国際人権条約（自由権規約や児童の権利条約）の精神やその趣旨を重要な要素として考慮

しなければならない。」」、「以上のような、本件に特有の事情、前記に認定した控訴人らの日本での生活状況に顕れた控訴人らの家族の実態及び控訴人子らが我が国に定着していった経過、控訴人子らの福祉及びその教育並びに控訴人子らの中国での生活困難性等を、日本国が尊重を義務づけられている自由権規約及び児童の権利条約の規定に照らしてみるならば、入国申請の際に違法な行為があったことを考慮しても、本件裁決は、社会通念上著しく妥当性を欠くことが明らかであり、被控訴人法務大臣の裁量権の範囲を逸脱又は濫用した違法があるというべきである」と述べる。

③福岡高判平成19年2月22日は、日本の女性と内縁関係にあるナイジェリア国籍の男性に対し在留特別許可を付与しないとの裁量判断が違法であると判断し、「さらに、被控訴人らは、控訴人と日本人女性の関係は、そもそも、控訴人の不法残留の継続という違法状態の上に築かれたものであって、当然に法的保護に値するものではないとも主張する。しかしながら、憲法24条は、婚姻は、夫婦が同等の権利を有することを基本とし、相互の協力により維持されなければならないと規定し、また、日本政府が締結・批准した自由権規約23条も、家族は、社会の自然かつ基礎的な単位であり、社会及び国による保護を受ける権利を有し、婚姻をすることができる年齢の男女が婚姻をし、かつ家族を形成する権利は認められると規定していることに照らせば、日本国の国民が外国人と婚姻した場合には、国家においても当該外国人の在留状況、国内・国際事情等に照らし在留を認めるのを相当としない事情がない限り、両名が夫婦として互いに同居、協力、扶助の義務を履行し円満な関係を築くことができるようにその在留関係についても相応の配慮をすべきことが要請されているものと考えられる。」と述べる。

④東京地判平成19年8月28日判時１９８４号18頁は、日本人男性と婚姻関係にあるタイ国籍女性に対し在留特別許可を付与しないとの裁量判断が違法であると判断し、「原告と太郎の間に未成年の子が3人いることを考慮すると、原告と太郎の夫婦間のきずなは決して弱くはないものと認めることができるから、この婚姻関係は実体を

伴うものとして人道上保護に値する（日本国憲法24条、経済的、社会的及び文化的権利に関する国際規約10条、市民的及び政治的権利に関する国際規約23条参照）。」、「原告には日本人である３人の子供がおり、本件裁決時、長女及び二女は高校２年生、長男は中学校２年生で、いずれも未成年者であり、自力で生活していくだけの十分な能力を有さず親の扶養を受けているいわゆる未成熟子であった。両親が存在する未成熟子にとっては、一般に、両親の監護の下で生活を送ることがその最善の利益にかなうものであること、したがって、未成熟子は、その両親の意思に反してその両親から分離すべきでないことは、子の福祉の観点からみる限り、広く受入れられた見解である（児童の権利に関する条約９条参照）。したがって、原告と太郎の間に婚姻関係の実体が存在することに加え、両者の間に未成熟子が３人いることは、原告に在留特別許可を与える方向に働く有力な事情である。」と述べる。

⑤名古屋地判平成22年12月９日判タ１３６７号１２４頁は、ペルー国籍の親子に在留特別許可を付与しなかった裁量判断が違法であると判断し、「原告長女は、出生後、本邦内での生活経験しかなく、その言語能力にかんがみると、国籍国であるペルーで生活することになれば、生活面及び学習面で大きな困難が生じることは明らかである。児童の権利に関する条約３条１項において、児童に関する措置をとるに当たっては児童の最善の利益が主として考慮されるべきであることが規定され」ていること等に照らしても「原告らに対し在留特別許可を付与するか否かを判断するに当たっては、原告長女に係る上記の事情を積極要素として特に考慮することが求められるものというべきである。」と述べる。

⑥名古屋高判平成25年６月27日裁判所ＨＰは、日本で胸腺がんを治療中の韓国女性に対する在留特別許可を付与しないとした裁量判断が違法であると判断し、「もっとも、国家が、自らの判断として、あるいは外国や国際機関との交渉の結果、上記国際慣習法に基づく権限を謙抑的に行使することを決意し、外国人にも、その性質に反しない限り、我が国の国民と同等の権利を付与することは、憲法上（前文、98条２項）はもちろん、国家主権の観

点からも何らの問題も生じないと解されるところ，我が国が批准した『経済的，社会的及び文化的権利に関する国際規約（昭和54年条約第6号）』12条1項が，『この規約の締結国は，すべての者が到達可能な最高水準の身体及び精神の健康を享受する権利を有することを認める。』と定め，同条2項が，『この規約の締結国が1の権利の完全な実現を達成するためにとる措置には，次のことに必要な措置を含む。』とし，『(d)病気の場合にすべての者に医療及び看護を確保するような条件の創出』を掲げていることなどに照らせば，医療に関する利益が入管法上も尊重されるべきことは当然であり，法務大臣等が上記裁量権を行使するに当たり，重要な考慮要素とされるべきものと考えられる。」と述べる。

⑦東京地判平成26年1月10日判タ１４０８号３２３頁は，日本でダウン症の長男と幼い次男を有するフィリピン国籍の男性に対する退去強制令書発付処分に係る裁量判断が違法であると判断し，「裁判所や行政当局が児童の最善の利益を主として考慮すべきことを定めている児童の権利に関する条約3条1や，児童がその父母の意思に反してその父母から分離されるべきではないとの原則を定めている同条約9条1の趣旨を参酌すると」，「原告に対して在留特別許可を与えるべきではないとした東京入国管理局長の判断は，考慮すべき積極要素を過少評価したものであって，社会通念に照らし著しく妥当性を欠くことが明らかであるというべきである。」と述べる。

⑧東京地判平成26年5月30日判時２２４０号44頁は，ボリビア国籍の母子に対し在留特別許可を付与しないとした裁量判断が違法であると判断し，「東京入管局長において，原告子らと日本で定住者の資格を有するボリビア国籍の男性との父子関係の確定に関する手続の帰趨をいま暫く待つことなく，その手続の途上であった本件各裁決の時点で原告子らに対して在留特別許可を付与しない旨の判断をしたことについては，拙速であったという評価を免れることはできず，このような東京入管局長の判断は，裁判所や行政当局が児童の最善の利益を主として考慮すべきことを定めている児童の権利に関する条約3条1項や，児童がその父母の意思に反してその父母から

分離されるべきではないとの原則を定めている同条約９条１項の趣旨に照らして、社会通念上著しく妥当性を欠き、その裁量の範囲を逸脱したものというべきである。」とし、「東京入管局長においては、原告子らについて在留特別許可を認めず退去強制を行うことを前提として、原告母の在留特別許可を認めないという判断を行ったことが明らかであるところ、このような前提を採り難い」とした上、「原告母の在留特別許可に係る判断の基礎となる重要な前提を誤ったものといわざるを得ず、この点に関する瑕疵は、裁判所や行政当局が児童の最善の利益を主として考慮すべきことを定めている児童の権利に関する条約３条１項、児童がその父母の意思に反してその父母から分離されるべきではないとの原則を定めている同条約９条１項、家族は社会の自然かつ基礎的な単位であり社会及び国による保護を受ける権利を有すると定めている自由権規約23条１項の各趣旨に照らして、重大なものであると評価せざるを得ない。」と述べる。

⑨東京地判平成27年６月16日裁判所ＨＰは、バングラデシュ国籍の親子３人に対し在留特別許可を付与しないとした裁量判断が違法であると判断し、難病とされる潰瘍性大腸炎により日本での治療を必要とする立場にあることが認められる父について、「このことに加えて、社会権規約12条１が、『この規約の締結国は、すべての者が到達可能な最高水準の身体及び精神の健康を享受する権利を有することを認める』と定め、同条２が、『この規約の締結国が１の権利の完全な実現を達成するためにとる措置には、次のことに必要な措置を含む』として、『病気の場合にすべての者に医療及び看護を確保するような条件の創出』を挙げている趣旨を勘案すれば、東京入管局長が上記の事実誤認等により原告父につき在留特別許可を与えるべきではないとした判断は、原告父の入国及び在留の状況が相当に悪質であるという消極要素を考慮してもなお、考慮すべき積極要素を過少評価したものであって、社会通念に照らし著しく妥当性を欠くことが明らかであるというべきである。」と述べ、停留精巣を治療するための手術を受けて定期的経過観察を要する４歳の子についても、社会権規約の前記規定を挙げるととも

に、「原告父がバングラデシュに送還されることにつき特段の支障があると認められる以上、原告子の在留特別許可に関する判断に当たっては、原告父が同国に帰国するのを前提とすることはできない。そして、児童条約３条1、９条1の趣旨に照らせば、原告子がそのような原告父から分離されないことが、原告子にとっての最善の利益であると考えられる。」と述べ、母について、「原告母は、当時4歳の原告子の母親として、その主たる監護養育を担当していたのであるから、引き続き、上記のように本邦に在留する必要のある原告子と同居し、その監護養育を行っていく必要があることは明らかである。また、児童条約3条1、９条1の趣旨に照らせば、原告子が原告母から分離されないことが、原告子にとっての最善の利益であると考えられる。」と述べる。

⑩大阪高判平成27年11月27日判時２２９８号17頁は、日本でイスラム教徒のイラン人に対する殺人罪により服役したイラン国籍の男性に対する退去強制令書発付処分のうち、送還先をイランと指定した部分の裁量判断を違法とし、入管法53条2項の被送還者を国籍国等に送還することができないときには「被送還者を国籍国等に送還するときは被送還者の生命に対する差し迫った危険が確実に予想されるような場合もこれに含まれるものと解するのが相当である。このように解することは、生命に対する固有の権利を保障し、死刑存置国においては死刑は最も重大な犯罪についてのみ科することができる旨を定めた自由権規約6条1項及び2項の趣旨にも合致するものということができる。」と述べる。

⑪名古屋高判令和3年1月13日判タ１４８８号１２６頁は、難民不認定処分に対する異議申立棄却決定後に取消訴訟等を提起する意思を示していた被退去強制者である控訴人について、集団送還の方法により本国に送還する対象者に選定していたため、送還の前日まで異議申立棄却決定の告知を行わないなどして本国に強制送還した入国管理局の職員の一連の行為は、控訴人の難民該当性に関する司法審査を受ける機会を実質的に奪ったものとして、国家賠償法1条1項の適用上違法であると判断し、国に対し慰謝料40万円等の支払を命じ、「難民不認定処

分に対する異議申立てをした被退去強制者は、異議申立てを濫用的に行っている場合は格別、異議申立棄却決定後に取消訴訟等を提起することにより、難民該当性に関する司法審査の機会を実質的に奪われないことについて法律上保護された利益を有すると解するのが相当であり、このように解することが、憲法の定める裁判を受ける権利及び適正手続の保障や各種人権条約の規定（自由権規約２条３項、14条１項、難民条約16条）に適合するものというべきである。」と述べる(14)。

コラム 1
三宅正太郎全集を読む

I

我らの大先達三宅正太郎《まさたろう》氏(以下「氏」と称す)については、氏と直接交流のあった方々の追想文が多数あり、私如きの出る幕でないことは心得ている。そこで、釈明から始めることになるが、昨年、新任の判事補諸君に何か話をしろという依頼を受け、自分の新任のころ先輩達からの勧めで氏の『裁判の書』を読んだことを思い出し、後輩にも一読を勧めようと思って、『裁判の書』等を収録する三宅正太郎全集を読むことになった。読み進むうちに、『裁判の書』もさることながら、人間としての氏に興味を覚え、こういう先輩がいたんだということを若い判事補諸君に紹介したくなり、筆を執ることになった。

氏は、明治20年、東京にて海軍中将三宅甲造の長男として生まれる。三宅家は、代々備前岡山藩池田候に仕え、江戸出仕を命じられていた士族である。父は海上勤務が多く、氏は、幼時、母の教育を受けることになる。母は、九州小藩の士族の家に生まれ、漢学の素養を持っており、氏が4歳のころから、親戚の先生の許へ漢学の素読に通わせた。氏は、三字経に始まり、四書五経と読み進むうちに学習院初等科に入る。府立一中、一高、東大独法科と進み、大正2年に東京地裁判事に任官する。司法官の道を選んだ動機について、中学5年の時、同級生の家に遊びに行き、その父親である大審院判事が読経をしている声を漏れ聞き、「感じやすい青年の頭には『職業にたずさわりながら御経を読んでいられる』ということが、又なくありがたい境涯におもえた。一箇のロマンチケルは、かくして、とうとう司法官になってしまったのである。」と述懐する。なお、氏は、司法官になった後も、朝夕の読経を習慣とし、自分の子供にも、漢文素読の教育を試みている。

その後、東京地裁部長、司法省参事官兼外務書記官、司法省秘書課長、名古屋控訴院部長、大審院判事、東京地裁所長、東京刑事地裁所長、札幌控訴院長、大審院部長、長崎控訴院長、司法次官、再び大審院部長、大阪控訴院長を経て、昭和21年2月退職する。東京地裁所長時代の昭和9年に『法官餘談』、大審院部長時代の昭和13年に『嘘の行方』、昭和17年に『わが随筆』及び『裁判の書』、大阪控訴院長時代の昭和20年に『そのをりをり』を上梓する。退官後の昭和21年3月に弁護士となり、貴族院議員、中央労働委員会会長、労務法制審議会会長に任命されたが、同年7月公職追放となる。その後も、東京裁判の弁護人、主婦之友の法律相談欄担当、東宝の法律顧問等として活躍し、昭和23年には『雨後』を刊行するが、昭和24年3月4日、中耳炎で急逝する。62歳であった。

このような経歴は、威厳に満ちた学究派の司法官をイメージさせるかもしれない。事実、私なども『裁判の書』冒頭の有名な京都所司代板倉重宗のくだり、すなわち、重宗が「今日重宗が訟を断ぜんに心に及ばん程は私のことあらじ、若し過って私のことあらんには、立どころに命を召され候へ」と祈って登庁し、手ずから茶をひいて自分の心の静かなるを検し、人の顔貌に惑わされないように障子を隔てて訟を聴いたとの物語を引用して、「意識下の私を抑へる心が、古今を通じての裁判の極意であって、あらゆる裁判の道はこの点に帰するのである。」と裁判の精神を説く部分の印象が極めて強く、実像とは逆の古武士のような司法官像が頭に焼き付いてしまっていた。しかし、全集を読んで浮かび上がるのは、形に囚われない氏の柔軟な思考である。その一端をご紹介したい。

II

1　ラウンドテーブル法廷

氏は、昭和4年に記した「偶感二題」の中で、「陪審法廷の構造の会議の時、私は、判事の席を出来る丈低くする事を主張して、近代の裁判は円卓《ラウンドテーブル》に坐してやるべきだと論じた事があった。不幸にして斯かる裁判の形式はいまだ多数の賛同を得ない模様であるけれども、其実現は時間の問題に過ぎないと私は信じて居る。」と述べている。

昭和50年代後半の民事訴訟運営改善の一環として、弁論兼和解を和解室又は準備室においてラウンドテーブル方式で行う試みが始まり、平成3年の民事保全法の施行に合わせてラウンドテーブル法廷が正規に設置され、今では全法廷の2割はラウンドテーブル法廷となり、民事訴訟でも盛んに使われている。私などは、ラウンドテーブル法廷は我々の仲間が導入したのだと、多少の自負心を抱いていたのだが、全集の中に「円卓《ラウンドテーブル》」という文字を発見した時は、先輩の思考に追いつくのに時間がかかりすぎたのではとの反省に変わった。

2　口語体で地名カナモジの判決

氏は、昭和2年名古屋控訴院部長となり、国民にわかりやすい判決を書くという趣旨から、率先して口語体判決を書き始める。口語体判決の創始者である。周囲からは、「口語体は冗長散漫に流れる」「力がこもらない」「判決の威厳を損する」と非難された。氏は、これらの非難に面して、口語体の文章をうまく書くようにならなければならないと決意し、エッセイ等を書き始めて、随筆家と称されるまでに至る。なお、氏は、昭和21年3月26日、山本有三、横田喜三郎ら6人で「国民の国語運動連盟」の代表として、官邸に松本烝治国務大臣、入江俊郎法制局長官を訪れ、憲法の口語化について建議している。松本大臣は消極的であったが、氏の判決文口語化の提唱を知っていた入江長官らの働きで急展開をみて、憲法を始め新しい法令は口語体で作られるようになった（入江俊郎『憲法成立の経緯と憲法上の諸問題』（第一法規出版、１９７６年）２６７頁）。

一方、氏は、昭和4年5月から、判決における地名の表示はすべてカタカナとし、所属の名古屋控訴院も「ナゴヤ控訴院」とカナガキにする（その一例が千種達夫『裁判閑話』２３２頁に紹介されている）。「ナゴヤ控訴院」は所属官署の表示として違法であると上告されたが、大審院は、「ナゴヤ控訴院ト一部仮名文字ヲ以テ表記シタルハ如何ナル理由ト必要トニ出テタルモノナリヤ甚シク了解ニ苦シム処ニシテ穏当ヲ欠クモノナリト言フコトヲ得ヘシト雖」違法な判決とはいえないと判断した。

明治に入ってアルファベットの欧文に触れる機会が増えるにつれ、日本語は多くの漢字を学習しなければならず、文字学習の負担が大きいことが認識されて、国語改良運動が始まった。国語国字問題である。その中から、仮名文字専用論とローマ字専用論が現れた。氏も、大正8年から10年にかけて第一次世界大戦講和条約実施準備事務のため欧州各国へ出張を命じられ、外国人に伍して仕事をする中で、国字改良の急務であることを痛感するに至る。大正8年秋、ローマ字論者の田中館愛橘と共にパリからミラノへ旅行した汽車の中、田中館博士がポータブルのタイプライターを取り出しローマ字で故国への音信をしたためているのを見て、カナモジタイプライターの出現を夢見る。皮肉にもローマ字論者が氏をカナモジ運動に駆り立てたのである。氏は、漢字を全廃してカナモジタイプライターを普及させれば、裁判所でも書記がこれを駆使して速記並みの調書を一度に複数枚作成することができ、裁判事務の促進につながると考える。ただ、漢字全廃が理想ではあるものの、過渡的には漢字を2千字以内に制限することから始めるべきである、その程度の漢字であれば、邦文タイプライターの使用も敏活にいくであろうと現実論を述べる。そして、カナモジ化への第一歩として地名のみカナモジとする判決を書き始めたのである。地名には日常ほとんど使用されない漢字が使われることが多く、これを認めていたのでは、漢字の制限はおぼつかないからである。例えば、埼玉の埼は、埼玉と書く場合しか使われず、また、埼玉という言葉がどういう意味を持っているのかも分からないではないか、と主張する。

氏は、昭和21年に山本有三、下村海南らと共に国語審議会委員に任命される。同年11月、政府は、国語審議会の答申に基づき、1850字の当用漢字表を公布した。なお、下村はカナモジカイの会長、氏はその理事であった。

私が最高裁調査官室に属していた昭和60年ころ、数名の調査官が簡易邦文タイプライターを使用していた。これは、まさしく漢字制限によって実現したものであり、氏が描いていたものである。大法廷の合議は毎週水曜日に行われる。合議で追加調査等を命じられると、金曜日の夕方までには追加報告書を各裁判官に届け、次の週の水曜日の合議に備えてもらわなければならない。報告書をタイプに回している時間が惜しい。そこで、私も自分で打てる簡易タイプライターがほしくなり、新宿紀伊国屋へ買いに行った。試し打ちをしてみたところ、音が大きく、官舎でこれを打ったのでは周りから苦情が出るのではないかと買うのを逡巡している間に、ワープロが出現し、パソコンへと進化した。今日では、ノートパソコンを法廷に持ち込んで逐語的な調書を作成する書記官も現れている。

平成13年5月には、浦和市等の合併により「さいたま市」が誕生する。そうなれば、浦和地裁も「さいたま地裁」に改称となるのではないか。何だか、氏があの世で笑っておられるような気がする。

3　専門参審制

氏は、「司法制度の改革」(昭和6年)において、民事刑事を問わず当事者の申立てにより参審官を付す制度を確立せよと説く。氏の言う参審官とは、「ドイツのシェッフェンの如く審理に関与し表決にも関与する裁判機関を指すものではなく、技能的判断資料を供する機関であって、審理に関与し合議にも関与するが、表決には加わらないものである」。参審官は、英国海事裁判所や常設国際司法裁判所の「アッセッサー」のように、裁判所に不足している精神病学等の専門知識を供する機関であるという。

この提言は、最高裁が平成11年12月に司法制度改革審議会に提出した「21世紀の司法制度を考える」の中の「専門参審制」、すなわち専門家が裁判官と同様の形で訴訟手続に関与する制度の提言に大変よく似ている。

なお、氏は、「陪審制度は、大衆の眼で以て事件を見、大衆の心を以て事件を断ずるという意味に於いて、裁判を大衆化し普遍化した。唯、広く通じ普く認められるものは浅く且つ迫力なきを常とする。社会事相が極度に複雑錯綜し、唯物皮相の見解が闊歩横行する今日に於いて、陪審員の判断が、透徹した事相の洞察に欠け、深遠な思索に遠き憾のあることは、正に已むを得ないところと言わなければならない。我々は、徹底した認識と高邁な理想とを裁判に裏付け、これに深みと圓さとを具有させるためには、陪審制度とは別の方向に向かって更に制度を開拓しなければならない。」と述べる。

４　調停制度

我が国の調停制度は、大正11年10月１日施行の借地借家調停法をもって嚆矢とするが、同法は、氏がドイツ出張中における見聞を土台として筆を執ったものである。氏には『調停法』（新法学全集第12巻（日本評論社、１９４３年））の著書があり、その中で「当時ドイツに行われていた１９１４年12月15日の『調停局ニ関スル告示』、１９１８年９月23日の『住宅難救済会』・『借家人保護令』・『調停局手続規定』、１９２０年６月９日の『小作地法』、同年７月３日のプロシア『借地保護法』や、フランスの１９１８年３月９日の『借家ニ関スル法律』を参酌した上、一の法律案を立案したのが、借地借家調停法案である。」と記している。

氏は「調停制度が世に行われる限り、筆者のこの世におけるささやかな存在も亦、その跡を残している訳なのである。」と述べているが、平成11年の民事調停事件は約26万件、家事調停事件は約11万件を数え、調停は訴訟と並んで我が国の司法制度を支えている。調停制度は、種こそドイツに求めたとはいえ、我が国で大きく育ち、世界に誇るべきものとなっている。

5　書記官との協働

氏は、大正7年の東京地裁部長時代ではないかと思われるが、書記を判事室の中で執務させることを始める。「書記が判事室の中にいれば、書記は常に判事の言動を知り得るので、判事の性格は勿論、個々の事件についての判事の審理の方針を知り得るから、判事がどういう方法で事件をこなしていくか、どの点の調を重要とするかを頭脳に入れて調書を作る。又調書を作る以外、法廷の内外に於ける事件進行上の措置についても絶えずその心持であたるので、判事が一々指図しなくとも判事の思うように事件が処理されて、そこに毫末も渋滞ということがない。」と述べる。

近年、一部の裁判所では、不動産執行事件の処理促進のため、裁判官と書記官とがプロジェクトチームを組んで同じ部屋で執務している。また、書記官のコート・マネージャーとしての役割が認識され、裁判官と書記官との訴訟進行に関する打合わせが一般化している。

6　法廷での会釈など

氏は、「裁判長は入廷して着席した後、裁判所を代表して諸人に向かい、会釈するのが礼だと思う。自分の経験で、かかる会釈をされるのを見たのは三淵部長だけである。判事入廷に際し廷丁が起立を号令するところがあるが、これは号令以外の方法によって一般の起立を促すべきだ。」と述べる。また、氏は、東京地裁所長時代、学生が法廷傍聴に来たときは、庶務主任に裁判所の概要の説明を命じ、自らも裁判のあり方について話した上、裁判及び裁判所に対する感想文を寄せてくれるよう依頼したという。その他、調書の和紙筆書きから洋紙ペン書きへの転換、裁判記録のカード化など、裁判事務の合理化を提唱している。

III

このような氏の開明的な思考はどこから生まれてきたのであろうか。大正デモクラシーの影響だけではなさそうである。

そもそも、氏の裁判哲学は、「裁判の中心は『心』である、自由で囚われざる心である。裁判の形式はこの自由を残りなく発揮せしむるように作られればいいのである。」との言葉に言い表されており、右に例示した提唱なども、形式よりも「心」を中心に置く裁判哲学の一部に過ぎないものと思われる。氏が司法官試補のころの東京地裁所長西郷陽が「まあ裁判官になるには六法全書を忘れることだね、六法全書をみてここにこういうことがあるからこうだということでなくして六法全書を超えた心境になって裁判をすることが本当だね。」と述べた。また、大正15年の司法研究第1回会同で大審院長横田秀雄が「学なければ卑し」と述べた。これらの言葉に感銘を受けた氏は、裁判官が人格経験学識を磨き、法廷の審理において十分に自分を発揮し、その人格に基づいて社会正義を明らかにしなければならない、裁判官の人格が裁判の核心を成すという点は今の裁判も昔の裁判も何ら異なるところがない、裁判官の心をもって被告の心を処理する以外に裁判はない、心で事件を組立よ、と説く。そして、裁判官は事実の認定に心血を注ぐべきであり、法律の適用は裁判官の仕事のほんの一部に過ぎない、事件のカンドコロを押さえた裁判をすべきである、法律による解決は最後の方法であり得ても最良の方法ではないとして、「法律の知識で法律学を弄び、手際よく事件を処理する」ことのないよう強く戒める。

このように、法律によるだけでは良しとせず、形式よりも心を求めようとする態度が、慣例等に囚われない自由な発想を生んだのではなかろうか。

ちなみに、氏は、「裁判の根本は訴訟法の上にはなくして、我々の持つ心の上にあるのだということを深く考えさえすれば、訴訟法にないことはやらない方がよいというような考えにはなり得ない。」として、被告人と心のつながりをつけておきたいとの考えの下に、公判前に刑務所を訪れて被告人と面会をし、あるいは公判前に事件関係の場所を非公式に検分し、さらには死体なき殺人事件で、俸給の大部分を投じて潜水夫を雇い、最も死体のありそうな川底を探させている。ここまで来ると、さすがに当時でも注意を受けたり、からかいの対象とされたようだ。陪審員が自分達だけで犯行現場を見に行ったため、有罪判決が破棄されたというアメリカ陪審裁判の例を引くまでもなく、現在では違法とされよう。しかし、「判事の責任は審理に終わるものではない。判事の言い渡す判決は、一個の処方箋である、その処方箋のとおりにすれば患者が治癒するであろうことを、被告に、被告の家族に、被害者に、而して社会に、判事は請け合っているのである。その責任は、たとえ、その治療が刑務所という別の施設でなされるにせよ、決して消え去るものではない。判事は、被告のあらゆる将来まで責任を負わなければならないのだ。」とし、月に1回は刑務所に受刑者を訪ねて励まし、死刑囚に正月三が日の雑煮を差し入れ、出所者を自宅に招いて、当座の金子を与え、職を世話し、自分の関係する保護団体に紹介し、後々まで自宅に出入りさせる、司法省秘書課長時代には強盗殺人未遂の仮出所者を司法省雇に採用する。こういった氏の姿を見ると、現在の司法システムや社会が氏の生きた裁判の世界より優れているとは言えないように思えてくるのである。

IV

もう一つ、氏の自由な発想を生み出したのは、法律家の枠に囚われない交友であったと思われる。氏は、12歳の時に歌舞伎座で見た「二人道成寺」の美しさに魅了され、芝居への目を開かれて、以来見られる限りの芝居を見ることになり、在官中から劇評家としても知られるようになる。大正8年には、民衆芸術の実践運動を目指して設立された演劇革新団体「国民文芸会」に、里見弴、久保田万太郎、久米正雄らと共に発起人として名を連ねる。そのころ、泉鏡花を中心に、鏡花を敬慕する水上瀧太郎、岡田三郎助、鏑木清方、小村雪岱、久保田万太郎、里見弴らが会費9円99銭で集まる九九九会という親睦会があったが、これが昭和3年5月23日からは毎月23日に開かれる定例会となった。氏は、この会に途中から同人として加わる。そして、九九九会は、昭和14年7月2日、氏が長崎控訴院長に転任するための送別を兼ねたものとして、いつもの会日を繰り上げて開かれたが、これが136回目で最後の会になった。鏡花が同年9月に病死したためである。なお、氏の『法官餘談』、『嘘の行方』は、題字が里見弴、装幀が小村雪岱(鏡花本の装幀担当の日本画家)である。また、里見弴は、学習院初等科で氏の一級下で、氏が久米正雄に話した裁判事件をもとに、大正15年戯曲「たのむ」を書いている。久保田万太郎は、氏の随筆「或る素材」をもとに、昭和10年戯曲「蛍」を書き、昭和21年には氏の媒酌で再婚している。

氏が急逝した昭和24年3月4日は、氏の呼びかけで国民文芸会関係者の集まりが開かれる予定になっていたが、急きょ氏の追悼会に変わった。出席者は久保田万太郎、里見弴、久米正雄、東宝社長らで、1週間前に最高裁判事になったばかりの穂積重遠もこれに加わっており、氏から「裁判の話」を聞かせてもらおうと楽しみにしていたという。同月24日には、法曹会が氏を偲ぶ座談会を開いたが、その席上、久保田万太郎が氏の全集刊行を提案し、早速「全集編纂室」が組織された。監修が三淵忠彦(氏と大森洪太が陪席時代の裁判長で『裁判の書』の題字を書く)、芦田均(一高東大の同級生)、穂積重遠、里見弴、海野普吉、久保田万太郎、ブレークニ(東京裁判で氏らと梅津美治郎大将の弁護団を組む)で、編集委員が内藤頼博判事、小林直人弁護士ら10名である。そして、翌25年に全集3巻が刊行された。題字里見弴、装幀鏑木清方(鏡花作品の挿絵を描いた日本画家で、『わが随筆』の装幀も担当)で、尾上菊五郎(6代目)、喜多村緑郎、小泉信三、田中耕太郎、花柳章太郎(後に前記「蛍」を演じる)、森田たま等の各界17名が追悼文を寄せている。また、氏が新生新派後援会長を務めた等の縁であろう、新派・文学座合同で氏の追善興行が行われた。出し物は前記「たのむ」で、演出は久保田万太郎である。

氏は、弁護士になって事務所を開いた時、「法律事務所」と称するのを避け、人間正太郎の事務所にしたいという趣旨で「三宅正太郎事務所」と名付けたとのことである。「三宅正太郎の世界」は、誠に多彩である。

最後に、全集の中で氏が最も言いたかったと思われる言葉を紹介し、締めくくりとしたい。

「事件を法で裁かず事件を事件で裁け」

【参考資料】
○裁判の書を読む会「『裁判の書』を読む」法曹会雑誌22巻1号59頁
○内藤頼博「三淵さんと三宅さん」法曹23号20頁、「三宅正太郎」『法曹百年史』975頁
○座談会「故三宅正太郎氏を偲ぶ」法曹32号10頁
○森口慶武「長崎時代の三宅さん」法曹60号26頁
○鈴木敏雄「三宅正太郎判事と久保田万太郎氏」法曹123号28頁
○渡辺五三九「三宅正太郎さんと鉛筆」法曹161号9頁
○武沢静雄「上司と下僚——三宅正太郎先生の想い出」法曹166号21頁、「続・上司と下僚」『ひとなみの幸を』247頁
○中野次雄「三宅正太郎裁判長に在廷を許可されたこと」法曹286号2頁
○伊能幹一「三宅正太郎」法学セミナー37号54頁

○藤林益三「三宅正太郎判事と浅見仙作」窓54号1頁
○渡辺好人「三宅正太郎先生と私」『ひとりよがり』1頁
○「たのむ」『里見弴全集第10巻』(筑摩書房、１９７９年)25頁、「『たのむ』由来記」同１７９頁
○「蛍」『久保田万太郎全集第六巻』(中央公論社、１９７５年)４５７頁

初出：法曹６０４(２００１年2月)号2頁

第2章　マクリーン事件最高裁判決の枠組みの再考

はじめに

1　マクリーン判決の「裁量権の逸脱・濫用」の審査基準

出入国管理及び難民認定法（以下「入管法」という。）21条3項は、在留期間の更新の申請があった場合には、法務大臣は、「在留期間の更新を適当と認めるに足りる相当の理由があるときに限り、これを許可することができる。」と規定している。最大判昭和53年10月4日民集32巻7号1223頁（以下「マクリーン判決」という。）は、法務大臣の「在留期間の更新を適当と認めるに足りる相当の理由」があるかどうかの裁量判断について、「その判断の基礎とされた重要な事実に誤認があること等により右判断が全く事実の基礎を欠くかどうか、又は事実に対する評価が明白に合理性を欠くこと等により右判断が社会通念に照らし著しく妥当性を欠くことが明らかであるかどうかについて審理し、それが認められる場合に限り、右判断が裁量権の範囲をこえ又はその濫用があつたものとして違法であるとすることができる」と判示した（以下この審査基準を「マクリーン基準」という。）。本稿は、同判決後の条約発効や法律改正等を踏まえて、現在の状況の下における同判決の判例的価値を考察するものである。

２　退去強制事案の多様性

マクリーン判決がいうごとく、法が処分を行政庁の裁量に任せる趣旨、目的、範囲は、各種の処分によって一様でなく、これに応じて裁量権の逸脱・濫用があったものとして違法とされる場合もそれぞれ異なるものである。出入国管理関係の各種処分の裁量の範囲も、もとより処分ごとに異なる。例えば、入管法は、在留特別許可（以下「在特」という。）の要件の一つとして、「その他法務大臣が特別に在留を許可すべき事情があると認めるとき」（50条1項5号）と、在留期間更新許可の場合と同様に概括的な定め方をしているが、現に正規に滞在している外国人に対し在留期間更新を拒否する場合の裁量は、既に非正規滞在となっている外国人に対し在特を拒否する場合の裁量よりも、一般的には狭く、また、当該外国人の滞在期間によっても左右される。したがって、裁量権の逸脱・濫用の有無は、当該事案に応じて個別に判断すべきものである。マクリーン判決は、前記の個別判断に入る前の一般論として、「国際慣習法上、国家は外国人を受け入れる義務を負うものではなく、特別の条約がない限り、外国人を自国内に受け入れるかどうか、また、これを受け入れる場合にいかなる条件を付するかを、当該国家が自由に決定することができるものとされている」という争い難い法理をベースとしてマクリーン基準を導入している。同基準も不確定概念を用いた抽象的なものであって、それ自体として誤った解釈ともいい難いものである上、法務大臣に対しあまりに広範な裁量権を認めるものであるため、いかなる個別論も退けるような装いを呈しており、在留期間更新や在特の拒否処分を争う場合の共通の障壁となっている。そして、今日でも、一般論としてマクリーン基準を掲げる裁判例が少なくないのである。

３　事案に応じた「裁量権の逸脱・濫用」の個別審査

マクリーン判決は、在留期間更新の許否に関する裁量審査の一般論としてマクリーン基準を述べているにすぎず、当該事案ごとの個別審査を排除するものではない。そして、審査すべきは一行政庁である法務大臣の裁量権行使である。行政庁たる法務大臣は、「国家」とは当然に立場を異にし、憲法、条約はもとより、法律、政令、省令、更には条理や、そこから導かれる法の一般原理に拘束され、裁量権の行使について、憲法等から導かれる裁量権統制の諸法理を踏まえた個別審査を受けなければならない。そして、マクリーン基準も、審査密度、審査の厳格性を緩和しているものに過ぎないのであるが、国家の外国人受入れの自由をベースに、あまりにも緩やかな文言を用いて広範な裁量を認めているため、憲法や条約等による拘束についての感覚を麻痺させ、裁量権統制の諸法理を踏まえた個別審査をおろそかにさせる危険性を有する。現に、マクリーン判決自体が、後述のごとく、その危険性を露呈している。私が本稿で訴えたいことは、一般論としてのマクリーン基準そのものの変更ということよりも、①出入国管理関係処分に関する裁量の審査についても、裁量権統制の諸法理を踏まえた個別審査をおろそかにしてはならず、②個別審査の際に、同基準が掲げる「事実に対する評価が明白に合理性を欠くかどうか」、「社会通念に照らし著しく妥当性を欠くことが明らかであるかどうか」についての評価をするに当たり、憲法や条約等の趣旨を判断基準として取り入れることを忘れるべきではなく、③マクリーン判決後に発効した難民の地位に関する条約、市民的及び政治的権利に関する国際規約（以下「自由権規約」という。）、児童の権利に関する条約（以下「子どもの権利条約」という。）等により、マクリーン基準の中身が今日では実質的に変容していることに留意すべきであるということである。

I　マクリーン判決自体が露呈している問題点

1　マクリーン判決の事案

マクリーン判決の事案で、法務大臣がマクリーン氏の在留期間更新を不許可としたのは、同氏の在留期間中の無届転職と政治活動の故であった。

2　マクリーン氏の無届転職の実際

まず、無届転職の点であるが、マクリーン氏は、査証の入国目的に「雇用されるため」と記載し、ベルリッツ語学学校の雇用契約書及び身元引受書を提出したが、入国後17日間で同校を退職し、財団法人英語教育協議会に英語教師として就職したというものである。しかし、この転職の事実は、前記入国目的を実質的に変更するものではなく、在留期間更新の許否を判断する際に考慮すべき事項であるとは到底いえない。

3　マクリーン氏の政治活動の実際

次に、政治活動の点であるが、アメリカのベトナム戦争介入に反対する集会、集団示威行進等に参加したというもので、それらは、いずれも、平和的かつ合法的行動の域を出ていないものであり、マクリーン氏の参加の態様は、指導的又は積極的なものではなかった。マクリーン判決は、同氏の政治活動が「その行動の態様などからみて直ちに憲法の保障が及ばない政治活動であるとはいえない」ことを認めつつ、「在留期間中の憲法の基本的人権の保障を受ける行為を在留期間の更新の際に消極的な事情としてしんしゃくされないことまでの保障が与えられているものと解することはできない」として、法務大臣が同氏の政治活動を理由として在留期間の更新を不許可にしても、法務大臣に任された裁量の範囲内であるとした。しかし、法務大臣は、憲法による制限の下で裁量権を行使すべきである。法務大臣は、同氏の政治活動の時・場所・方法を問題にしたのではなく、同氏の表現の中身を理由に不許可としたものである。一般に、表現の中身を制限するためには、重要な国益を守るためやむにやまれぬ場合でなければならないが、在留期間更新の不許可の場合、そこまでの厳格性が要求されるかどうかは別として、少なくとも、「憲法の保障が及ばない政治活動であるとはいえない」、すなわち憲法で保障された基本的人権である表現の自由の範囲内の政治的意見の表明である以上、在留期間更新の許否を判断する際のマイナス要素として考慮することを容認すべきではなかった。それを認めては、法務大臣は憲法の基本的人権の保障を無視してもよいということになる。

4　個別審査と基本的人権の軽視

マクリーン判決自体が、以上のように、司法審査を実質的に放棄したともいえるような問題を露呈しているのは、あまりに概括的な表現で法務大臣に広範な裁量を認めるマクリーン基準を一般論として掲げることによって、それを楯に個別審査をなおざりにし、憲法による基本的人権の保障を軽視したからである。出入国管理関係処分であっても、同基準が掲げる一見抗し難い抽象的原理に麻痺して思考停止に陥ってはならないことを教えている。

Ⅱ　行政裁量権の逸脱・濫用の統制法理

行政事件訴訟法30条は、「行政庁の裁量処分については、裁量権の範囲をこえ又はその濫用があった場合に限り、裁判所は、その処分を取り消すことができる。」と規定している。この規定は、もとより、出入国管理関係処分の審査にも適用される。同条は、裁量権の逸脱・濫用の禁止という多義的・不確定概念を用いているが、判例の積重ねによって裁量権の逸脱・濫用についての具体的な判断要素が明らかにされてきている。判例が個別の事案について述べている審査基準がそのまま他の事案にも当てはまるということはないが、裁量権の逸脱・濫用の判断要素は、憲法等の法の一般原理から導かれたもので、一般的な通用性を有するものであり、出入国管理業務の分野にも適用されるものである。

判例が築いてきた判断要素には、①事実認定の過誤（事実の基礎を欠き、又は、事実に対する評価が合理性を欠くこと）がないこと、②法の趣旨・目的からの逸脱、動機の不正、他事考慮がないこと、③考慮すべき事項を考慮せず、考慮すべきでない事項を考慮するということがないこと、④平等原則・比例原則・信義則に適合していること、⑤手続及び判断過程が公正・適正であることなどがある。これらの判断要素から審査をすることにより、出入国管理の分野でマクリーン判決を引用しつつ処分を不適法とした判例や、最近（２００５年以降）において処分を不適法とした判例を中心に取り上げて、マクリーン判決の枠組みが実質的に変容してきていることを紹介したい。

Ⅲ　事実認定の過誤の点からの審査

判断の基礎とされた重要な事実の誤認を理由に、在特等を拒否した処分を取り消した判決として、次のものがある。

①東京地判平成６年４月28日及び平成９年９月19日（在留期間更新）は、結婚生活が破綻したとしても、婚姻関係が解消されない以上、「日本人の配偶者」であることに変わりがないとする。

②大阪高判平成10年12月25日（在留資格変更）は、離婚意思を有していないのに、婚姻関係を継続する意思がないと

誤認し、相手方が有責配偶者であることを考慮しなかったとする。

③東京地判平成14年2月19日（在留期間更新）は、定住者たる夫が懲役4年の刑を受けたとしても、1年7月の在留期間を有している以上、「定住者」であることに変わりがないとし、また、定住者の配偶者としての実態を有するにもかかわらず、安定的・継続的に定住者の配偶者等としての活動を行い得ないものとみなしたとする。

④名古屋地判平成18年6月29日（在特）は、重婚関係にないのに重婚関係と誤認したとする。

⑤東京高判平成19年7月17日（永住許可）は、原告が訴外の男性を自分の兄であるとの虚偽の資料を提出したものではないのに、虚偽の資料を提出した、あるいはその疑いがあるとし、また、原告が社会保険等に加入していないことを消極的要素として考慮し、そのことのみを理由に永住許可申請を不許可とすることは、少なくとも原告の姉らに対する永住許可と異なる取扱いをすることになるから、基礎とすべき事実に誤認があり、平等原則に違反するとする。

Ⅳ　法の趣旨・目的からの逸脱、動機の不正、他事考慮の点からの審査

1　国際人権条約の発効

マクリーン判決後の1979年に自由権規約が発効し、17条で私生活、家族等に対して恣意的に又は不法に干渉を受けないことを、19条で表現の自由を、23条で家族が社会の自然かつ基礎的な単位として社会及び国家による保護を受ける権利を保障している。1982年には難民の地位に関する条約及び難民の地位に関する議定書が発効した。また、1994年に子どもの権利条約が発効し、3条で児童の最善の利益が考慮されるものとし、9条で児童がその父母の意思に反してその父母から分離されないことを確保している。これらの条約は、自動執行力を有する

もので、最大判平成１年３月８日（レペタ訴訟）では自由権規約が、同平成20年６月４日（国籍法違憲訴訟）では自由権規約及び子どもの権利条約が援用されている。そのほか、１９９６年には、あらゆる形態の人種差別の撤廃に関する国際条約が発効している。出入国管理関係処分も、これらの条約を踏まえて行うべきであり、「事実に対する評価」等に当たっての判断基準に含めるべきである。東京地判平成11年11月12日は、自由権規約を援用し、同平成15年９月19日及び平成15年10月17日は、子どもの権利条約３条を援用し、福岡高判平成17年３月７日は、自由権規約及び子どもの権利条約の精神・趣旨を重要な要素とし考慮しなければならないとして、法務大臣が在特を与えないことは裁量権の逸脱又は濫用であるとしている。

２　国際人権条約や入管法の趣旨違背の審査

マクリーン判決は、上陸拒否事由や退去強制事由にも一応触れてはいるが、入管法の全体的趣旨を判断する上において、これらの事由を今少し考慮に入れるべきであったと考えられる。また、マクリーン判決は、今日では、表現の自由を保障する自由権規約19条の趣旨にも違反することになる。

Ｖ　考慮すべき事項を考慮せず、考慮すべきでない事項を考慮していないかという点からの審査

この点から裁量権の逸脱・濫用を認めたものに、次のものがある。

①最三小判平成８年７月２日（在留期間更新）は、「日本人の配偶者等」の実態を有するにもかかわらず、その意に反して「短期滞在」の在留資格に変更された経緯を考慮しなかったとする。なお、同判決は、信義則違反にも触れ

ている。

②東京地判平成11年11月12日（在特）は、婚姻意思ないし婚姻関係の実態を考慮しなかったとする。

③東京地判平成15年10月17日（在特）は、長期間平穏かつ公然とわが国に在留し、その間に素行に問題なく既に善良な一市民として生活の基盤を築いていることを原告らに有利に考慮せず、逆に不利に考慮しているとする。

④東京地判平成16年5月28日（在特）は、難民に該当することを考慮しなかったとする。同旨の判決が多数あり、処分取消事由としては、難民該当性が最も多いようである。

⑤東京地判平成16年11月5日及び平成18年3月28日（在特）は、日本人の子供と変わりない生活を継続している原告の生活状況、学習状況を考慮しなかったとする。

⑥横浜地判平成17年7月20日（在特）は、偽装結婚を手段とする不法入国等の行為は、原告に著しく不利益な事情として判断されるべき事実ではなく、他方で将来にわたって健全な市民として平穏で安定した生活を送ることができる蓋然性が高いものと認めることができる事実は、特に重視されるべきであるとする。

⑦大阪地判平成17年11月18日（在特）は、妻と子が日本国籍を有することを考慮しなかったとする。

⑧東京地判平成18年6月30日（在特）は、原告が築いている安定した夫婦関係は十分保護に値するものであり、かつ、パキスタン本国では夫婦関係の維持・発展がおよそ困難になることからすると、夫婦関係の実体を適正に認定・評価すべきであったとする。

⑨東京地判平成18年7月19日及び東京高判平成19年2月27日（在特）は、わが国に在留し、通学しながら日本語で学習を受ける利益は十分保護に値し、原告の生活状況、学習状況及び言語能力、中国に帰国した場合に生ずるであろう不利益を適正に認定・評価すべきであったとする。

⑩東京地判平成19年8月28日（在特）は、原告の日本人との婚姻関係及び日本人である3人の未成熟子との親子関係

の事情を十分に考慮しておらず、他方で、原告が薬物犯罪で２回有罪判決を受け服役したという事実経緯をことさらに重視したことは、社会通念上著しく妥当性を欠くとする。
⑪大阪高判平成20年５月28日（在特）は、日本の社会に深くなじんでいた等の諸事情を考慮しなかったとする。
⑫東京地判平成21年３月６日（在特）は、日本人男性の子である事実を考慮しなかったとする。
⑬東京地判平成21年３月27日（在特）は、長期にわたって働いた結果、相当数の従業員を雇用して営業を行う経営者の地位を築き上げたことを考慮しなかったとする。
⑭東京高判平成21年５月27日（在特）は、妻が難民と認定されるべきであり、十数年間夫婦として、少なくとも本邦においても５年以上にわたり婚姻生活を続けた夫婦の事情を参酌しなかったとする。
⑮東京地判平成22年１月22日（在特）は、脳腫瘍摘出の手術を受け、術後５年間は経過観察を受ける必要のある事情を考慮しなかったとする。

Ⅵ　平等原則の違反の点からの審査

東京地判平成15年９月19日及び平成15年10月17日（在特）は、「外国人に有利に考慮すべき事項について、実務上、明示的又は黙示的に基準が設けられ、それに基づく運用がされているときは、平等原則の要請からして、特段の事情がない限り、その基準を無視することは許されないのであり、当該基準において当然考慮すべきものとされている事情を考慮せずにされた処分については、特段の事情がない限り、本来重視すべき事項を不当に軽視したものと評価せざるを得ない。被告らは、この点について、裁量権の本質が実務によって変更されるものではなく、原則として、当不当の問題が生ずるに過ぎないと主張し、過去の裁判例にもこれを一般論として説示するものが少なくないが（例えば、マクリーン判決）、このような考え方は、行政裁量一般を規制する平等原則を無視するものであって採用できない。」と明言している。なお、前出の東京高判平成19年7月17日（永住許可）も、平等原則違反を理由の一つとするものである。

Ⅶ　比例原則違反の点からの審査

1　被処分者の受ける不利益の度合いに応じた判断

行政処分により達成される利益との比較考量において、被処分者が当該処分により受ける不利益が著しく大きい場合には、あまりにも過酷な処分として違法の評価を受ける。比例原則違反を理由として、裁量権の逸脱・濫用を認めたものに、次のものがある。

①大阪地判昭和59年7月19日（在特）は、本人や家族に過酷な結果をもたらす不法入国者に対する退去強制処分を取り消した。

②福岡高判平成6年5月13日（再入国不許可）は、指紋押捺拒否を理由とする協定永住者に対する退去強制処分を取り消した。

③東京地判平成15年10月17日（在特）は、退去強制が原告ら家族の生活に重大な負担を与えるのに対し、在留資格を与えることによって生じる支障は、同種の事案について在留資格を付与せざるを得なくなること等、出入国管理全体という観点において生じる、いわば抽象的なものに限られるとする。

④福岡高判平成17年3月7日（在特）は、日本における家族生活の実態、子らの定着性、中国での生活困難性等に照らせば、入国申請時の違法な行為を考慮しても、在特拒否は著しく妥当性を欠くとする。

⑤欧州人権裁判所判２００１年８月２日（ブルティフ判決）『ヨーロッパ人権裁判所の判例』３５２頁（馬場里美）は、「当裁判所は、申立人が他国で家族生活を継続することは実質的に不可能であるため、家族生活の形成に重大な妨害を受けたと認める。また、在留許可の不更新の決定の際、申立人が有していた公共の秩序に対する危険性は、かなり限定なものであった。したがって、当裁判所は、権利に対する介入は、追求される目的に比例していないと考える。したがって、欧州人権条約8条の侵害があった。」と判示している。なお、欧州人権条約8条1項は、「すべての者は、その私生活、家族生活、住居並びに通信の尊重を受ける権利を有する。」と規定しているが、その内容は、わが国において自動執行力を有する自由権規約の17条や23条にも盛り込まれているものであって、ブルティフ判決は、わが国でも参照されるべきものである。わが国の憲法、自由権規約、欧州人権条約は、多くの同種規定、共通理念を含むものであり、わが国の人権判断も、国際水準との適合性が求められてきているのである。

2　日本との結び付きの度合いに応じて変わる不利益の程度

また、マクリーン判決は、最大判平成17年1月26日（東京都管理職選考受験資格確認）などと同様に、いろいろな立場の外国人を「外国人」という概念で一括りにしている点でも、問題である。在留資格の別により、あるいは滞在期間の長短により、日本との結び付きの度合いが異なり、在留期間更新不許可処分によって受ける不利益の程度も当然に異なるから、法務大臣の裁量権の幅を考える上において、その点を無視することになれば、比例原則に違反する不合理な結果が生じることは明らかである。

Ⅷ　適正手続違反の点からの審査

1　具体的審査基準の公表

１９９４年施行の行政手続法５条は、行政庁は許認可等の性質に照らしできる限り具体的な審査基準を定め、これを公にすべきものと規定している。出入国管理関係の処分及び行政指導については、同法の適用は受けないものの、法の一般的原理として、公正・透明な手続の保障が求められ、処分に用いられる具体的基準をできる限り明確化することが要請されるのであり、裁判所の審査は、具体的基準に不合理な点がないかどうか、具体的基準に適合するとした法務大臣等の調査審議及び判断過程に、過誤、欠落がないかという観点からも行われるべきである。

2　ガイドラインと平等原則

法務省入国管理局は、前記のような法の趣旨に適合すべく、「在留資格の変更、在留期間の更新許可のガイドライン（２０１０年3月改正）」で、変更又は更新の許可に当たっての具体的考慮事項を示している。また、同局は、「在留特別許可に係るガイドライン（２００９年7月改訂）」で、在特に係る基本的な考え方及び許否判断に係る考慮事項等を示している。さらに、１９９９年4月16日付け同局長通達「出入国管理及び難民認定法に基づく上陸又は在留に関する異議の申出に対する法務大臣の裁決の特例による許可の一部を地方入国管理官署の長に専決させることについて」は、政治、外交、治安等に影響を及ぼすおそれがあるなど重要な案件以外のもので、日本人等と婚姻しており、その婚姻の信ぴょう性及び安定性が認められるものなどを地方入国管理官署の長に専決させることとしている。その他、同局は、在留期間更新不許可の事例を発表している。出入国管理関係処分の適否を審査する際には、前記のガイドラインで示している具体的考慮事項が考慮されているのかどうか、それ以外の事項が考慮されたのではないかを審査する必要があり、許可の積極的要素を具備し、消極的要素がない事案で不許可となったり、地方入国管理官署の長の専決事案に当たるにもかかわらず不許可になったような場合は、前記のように、原則として平等原則違反となると考えられる。

３　ガイドライン違背と公正手続・平等原則違反

マクリーン判決は、「行政庁がその裁量に任された事項について裁量権行使の準則を定めることがあつても、このような準則は、本来、行政庁の処分の妥当性を確保するためのものなのであるから、処分が右準則に違背して行われたとしても、原則として当不当の問題を生ずるにとどまり、当然に違法となるものではない。」とするが、公正手続・平等原則の観点からすれば、準則違背が処分の違法を招くこともあり得る（前記東京地判平成15年９月19日及び平成15年10月17日参照）。マクリーン氏は、前記ガイドラインで定める在留期間更新の許可基準に適合していたと考えられる。

４　退去強制手続の違法

また、東京地判平成17年１月21日は、審査手続が日本語の理解が十分でない原告に対し通訳を介さないで行われている点及び口頭審理請求権の告知が行われていない点において違法であり、その結果、口頭審理請求権を放棄するかどうか真意を十分に確認しないまま口頭審理請求権を放棄したものとして行われた退去強制処分は違法であるとしている。また、東京地判平成22年２月19日は、「原告は、国籍国とされたベトナムに送還される旨の説明を受けておらず、自らが希望するタイに送還されるものと誤信して、口頭審理請求権を放棄する旨の意思表示をしており、その意思表示は、原告の真意に基づくものということはできず、無効であり、よって本件退去強制令発付処分には、処分の前提となる手続に重大な瑕疵がある」としている。

5　手続面の厳格な司法審査

法律が行政庁に対し一定の裁量権を付与している場合、一般に、裁判所としてはその裁量権を尊重しなければならず、実体的要件の面から裁量処分の適否を審査することには困難を伴うが、特に、在留期間更新許可のように要件が抽象的・概括的に定められている場合には、実体的要件の面からの審査にはどうしても一定の限界がある。しかし、行政処分が適正・公正な手続に基づいて行われたか否かという手続面からの審査は、司法審査になじむ事柄で、手続面からの審査は厳格に行うべきである。このような観点からすると、入管法施行規則で法務大臣が入管法49条3項の裁決をする場合には、裁決書を作成しなければならないと明記されているにもかかわらず、裁決書を作成しなかったことが同裁決及びその後の退去強制令書発付処分を取り消すべき違法事由に当たらないとした最一小判平成18年10月5日の妥当性は疑問である。私は、「裁判所が行政処分の適法性について審査する際に、当該処分の実体的内容については、法律により行政庁に与えられた裁量権を尊重すべきであるが、当該処分の手続・過程については、それが法律の規定に従ったものであるかを厳格に審査すべきものと考える。」との反対意見を述べた。

おわりに

マクリーン基準のあまりに緩やかな表現に便乗して、裁量権統制の諸法理を踏まえた個別審査を実質的に回避するようなことは許されない。個別審査も、憲法、条約等に従って行わなければならない。また、これからは、「外国人」でも、それぞれの地位に応じた人権の保障を考えていくべきである。マクリーン基準を楯にした抽象論・観念論よりも、実態を重視し、具体的に公正妥当な結論を求めていくべきである。本稿で紹介した判例は、ゆっくりとした足取りながら、裁判実務がその方向に向かっていることを示している。人権判断の国際水準適合性を目指して、更なる判例の積重ねを期待したい。

初出：自由と正義２０１１年2月号19頁

第3章　マクリーン判決の間違い箇所

はじめに

国家権力の行使は、憲法、条約、法律に基づいて行わなければならない。法務大臣が出入国管理及び難民認定法（以下「入管法」という。）に基づいて行う処分も、国家権力の行使として、憲法、条約に基づいて行わなければならないのは、自明の理である。

ところが、最大判昭和53年10月4日判時９０３号３頁（以下「マクリーン判決」という。）は、「外国人の在留の許否は国の裁量にゆだねられ、わが国に在留する外国人は、憲法上わが国に在留する権利ないし引き続き在留することを要求することができる権利を保障されているものではなく、ただ、入国管理令上法務大臣がその裁量により更新を適当と認めるに足りる相当の理由があると判断する場合に限り在留期間の更新を受けることができる地位を与えられているにすぎないものであり、したがつて、外国人に対する憲法の基本的人権の保障は、右のような外国人在留制度のわく内で与えられているにすぎないものと解するのが相当であつて、在留の許否を決する国の裁量を拘束するまでの保障、すなわち、在留期間中の憲法の基本的人権の保障を受ける行為を在留期間の更新の際に消極的な事情としてしんしやくされないことまでの保障が与えられているものと解することはできない。」と判示している。

すなわち、外国人に対する憲法の基本的人権の保障は、外国人在留制度の枠内で与えられているにすぎず、法務大臣の在留に関する処分を拘束するものではない、換言すると、法務大臣は憲法の拘束を受けずに在留に関する処分を行うことができる、と判示しているのである。これは、明らかに誤りである。

最近における東京地判平成30年９月20日ＬＥＸ／ＤＢ（なお、本稿で紹介する裁判例で特に掲載誌を表示していないものは、ＬＥＸ／ＤＢによるものである。）は、マクリーン判決の前記判示に引きずられて、市民的及び政治的権利に関する国際規約（以下「自由権規約」という。）に基づく権利又は利益は、入管法に基づく外国人在留制度の枠内においてのみ保護されるにとどまるものであり、外国人の入国及び在留の許否を決定する国家の裁量が自由権規約により制約されるものではない、と判示している。憲法98条２項は「日本国が締結した条約及び確立された国際法規は、これを誠実に遵守することを必要とする。」と規定し、自由権規約２条１項も「この規約の各締約国は、その領域内にあり、かつ、その管轄の下にあるすべての個人に対し、……この規約において認められる権利を尊重し及び確保することを約束する。」と規定しているにもかかわらず、法務大臣は自由権規約の拘束を受けずに入管法に基づく処分を行うことができる、と判示しているのである。これも、明らかに誤りである。

マクリーン判決は、入国者収容所長等が入管法に基づき行う「収容」の継続という、身体に対する強制力の行使が、憲法による拘束を受けるかどうかについては、触れていない。ところが、最近における東京地判平成29年12月12日は、マクリーン判決の前記判示を収容の継続にまで及ぼし、自由権規約は入国者収容所長等の収容に関する裁量権を制約しない、と判示している。これは、マクリーン判決の誤った判示を、マクリーン判決も触れていない身体に対する強制力の行使にまで及ぼすもので、二重の誤りを犯すものである。

このように、マクリーン判決は、明らかな誤りを含んでいるにもかかわらず、現在においても、入管法に基づく行政処分全般にわたって強い影響力を及ぼしており、早急な見直しが必要である。

I　憲法・法律による行政の原理

あまりに当然のことであるが、国家権力の行使は、憲法に基づかなければならない。憲法は、国民主権と三権分立の原理の下、国家権力を立法・行政・司法の各機関に分配し、国民を代表する国会が、国権の最高機関であって、国の唯一の立法機関であると位置付けており(41条)、行政機関は、国会の制定した法律の下で、それによって与えられた権限内で具体的行政を遂行する。行政機関たる法務大臣は、国会の制定した入管法に基づき外国人の出入国及び在留に関する処分を行っている。法務大臣は、憲法に従って、入管法という法律に基づき外国人在留に関する行政を行っている。

憲法第3章は、国民に基本的人権を保障している。国民は、基本的人権を「公共の福祉」のためこれを利用する責任を負い(12条)、国民の基本的人権については「公共の福祉に反しない限り、立法その他の国政の上で、最大の尊重を必要とする」(13条)。憲法第3章による基本的人権の保障は、権利の性質上日本国民のみをその対象としているものと解されるものを除き、我が国に在留する外国人に対しても等しく及ぶ(1)。

憲法は国の最高法規であって、憲法の条規に反する法律や行政処分はその効力を有しない(98条1項)。法律や行政処分が憲法の保障する個人の基本的人権を制約する場合、その制約が「公共の福祉のため」やむを得ないものとして合憲となるか、あるいはやむを得ないものとはいえないとして違憲となるかは、司法機関である裁判所が判断する(81条)。

Ⅱ　マクリーン判決

1　マクリーン判決の事案

米国人であるマクリーンは、昭和44年5月10日、在留期間を1年とする上陸許可の証印を受けて本邦に上陸し、昭和45年5月1日、1年間の在留期間の更新を申請したところ、法務大臣は、「出国準備期間として同年5月10日から同年9月7日まで120日間の在留期間更新を許可する。」との処分をした。マクリーンは、さらに、同年8月27日、同年9月8日から1年間の在留期間の更新を申請したところ、法務大臣は、同更新を許可しないとの処分（以下「本件処分」という。）をした。

法務大臣が在留期間の更新を適当と認めるに足りる相当な理由があるものとはいえないとした主たる理由は、マクリーンが、外国人べ平連に所属して、ベトナム反戦、日米安保条約反対、出入国管理法案反対等を目的とする集会・デモ等に参加するなどの政治的活動を行ったことであった。なお、マクリーンが参加した集会、集団示威行進等は、いずれも、平和的かつ合法的行動の域を出ていないものであり、マクリーンの参加の態様は、指導的又は積極的なものではなかった。

2　マクリーン判決の判旨

(1)「憲法22条1項は、日本国内における居住・移転の自由を保障する旨を規定するにとどまり、外国人がわが国に入国することについてはなんら規定していないものであり、このことは、国際慣習法上、国家は外国人を受け入れる義務を負うものではなく、特別の条約がない限り、外国人を自国内に受け入れるかどうか、また、これを受け入れる場合にいかなる条件を付するかを、当該国家が自由に決定することができるものとされていることと、その考えを同じくするものと解される」、「したがつて、憲法上、外国人は、わが国に入国する自由を保障されているものでないことはもちろん、所論のように在留の権利ないし引き続き在留することを要求しうる権利を保障されているものでもないと解すべきである。」

(2) 在留期間の更新を適当と認めるに足りる相当の理由の有無の判断は、法務大臣の広汎な裁量に任されている。「裁判所は、法務大臣の右判断についてそれが違法となるかどうかを審理、判断するにあたつては、右判断が法務大臣の裁量権の行使としてされたものであることを前提として、その判断の基礎とされた重要な事実に誤認があること等により右判断が全く事実の基礎を欠くかどうか、又は事実に対する評価が明白に合理性を欠くこと等により右判断が社会通念に照らし著しく妥当性を欠くことが明らかであるかどうかについて審理し、それが認められる場合に限り、右判断が裁量権の範囲をこえ又はその濫用があつたものとして違法であるとすることができるものと解するのが、相当である。」

(3)「憲法第３章の諸規定による基本的人権の保障は、権利の性質上日本国民のみをその対象としていると解されるものを除き、わが国に在留する外国人に対しても等しく及ぶものと解すべきであり、政治活動の自由についても、わが国の政治的意思決定又はその実施に影響を及ぼす活動等外国人の地位にかんがみこれを認めることが相当でないと解されるものを除き、その保障が及ぶものと解するのが、相当である。」

(4)「外国人に対する憲法の基本的人権の保障は、右のような外国人在留制度のわく内で与えられているにすぎないものと解するのが相当であつて、在留の許否を決する国の裁量を拘束するまでの保障、すなわち、在留期間中の憲法の基本的人権の保障を受ける行為を在留期間の更新の際に消極的な事情としてしんしやくされないことまでの保障が与えられているものと解することはできない。」

(5)　マクリーンの在留期間中のいわゆる政治活動は、その行動の態様などからみて直ちに憲法の保障が及ばない政治活動であるとはいえないが、その中に我が国の出入国管理政策に対する非難行動あるいは我が国の基本的な外交政策を非難し日米間の友好関係に影響を及ぼすおそれがないとはいえないものが含まれており、法務大臣がその活動を斟酌して在留期間の更新を適当と認めるに足りる相当の理由があるものとはいえないと判断したとしても、裁量権の範囲を超え又はその濫用があったものということはできない。法務大臣が本件処分をしたことによって、何ら違憲の問題は生じない。

3　マクリーン判決の間違い箇所

(1)　マクリーン判決の前記判旨は、今日の裁判実務でも踏襲されており、法務大臣が行う在留期間の更新を適当と認めるに足りる相当の理由の有無の判断や入管法50条1項4号の「特別に在留を許可すべき事情」の有無の判断などの適否は、前記2(2)の基準、すなわち同判断が法務大臣の裁量に属するとした上で同判断が社会通念に照らし著しく妥当性を欠くことが明らかであるかどうかによって判断されている[(2)]。

しかしながら、マクリーン判決の前記判旨には、明らかな誤りが含まれている。

すなわち、前記2の(1)の「国際慣習法上、国家は外国人を受け入れる義務を負うものではなく、特別の条約がない限り、外国人を自国内に受け入れるかどうか、また、これを受け入れる場合にいかなる条件を付するかを、当該国家が自由に決定することができるものとされている」ことや、⑶の「憲法第３章の諸規定による基本的人権の保障は、権利の性質上日本国民のみをその対象としていると解されるものを除き、わが国に在留する外国人に対しても等しく及ぶ」ことはよいとして、⑷で「外国人に対する憲法の基本的人権の保障は、右のような外国人在留制度のわく内で与えられているにすぎないものと解するのが相当であつて、在留の許否を決する国の裁量を拘束するまでの保障、すなわち、在留期間中の憲法の基本的人権の保障を受ける行為を在留期間の更新の際に消極的な事情としてしんしやくされないことまでの保障が与えられているものと解することはできない。」とし、⑸で「法務大臣が本件処分をしたことによって、何ら違憲の問題は生じない。」としているのは、明らかに誤りである。

外国人に対する憲法の基本的人権の保障は「外国人在留制度のわく内」で与えられるにすぎないということは、外国人在留制度が憲法の上にあり、法務大臣の処分について違憲の問題は生じないということである。しかし、外国人在留制度も国家権力の行使として憲法の枠内で運営されるものであり、法務大臣の入管法に基づく処分についても違憲の問題が生じ得るのである。

⑵　そもそも、「国際慣習法上、国家は外国人を受け入れる義務を負うものではなく、特別の条約がない限り、外国人を自国内に受け入れるかどうか、また、これを受け入れる場合にいかなる条件を付するかを、当該国家が自由に決定することができるものとされている」こと、また、憲法が「外国人がわが国に入国することについてはなんら規定していない」ことから、我が国における外国人在留制度の運営が憲法の拘束を受けないという解釈が導かれるわけがない。論理の飛躍がある。

憲法が「外国人がわが国に入国することについてはなんら規定していない」からといって、憲法が外国人には基本的人権の保障が及ばないと規定しているわけではなく、憲法の枠外で外国人在留制度の運営に当たってよいことには全くならない。外国人在留制度の運営も国家権力の行使である。国家権力の行使は憲法の枠内で行使しなければならず、現に、法務大臣は、憲法の要請である法律による行政の原理に従い国会の定めた入管法に基づいて、外国人在留制度の運営に当たっているのである。

その憲法は、第3章で個人の基本的人権の保障を定めている。基本的人権の保障は、原則として我が国の領域内において我が国の管轄の下にある外国人にも及ぶ。法務大臣は、憲法第3章の枠内で入管法に基づき外国人在留制度の運営に当たらなければならない。マクリーン判決が「外国人に対する憲法の基本的人権の保障は、右のような外国人在留制度のわく内で与えられているにすぎない」とするのは完全な誤りである。

ただし、憲法第3章が掲げる基本的人権でも、その性質上、外国人には保障されないものがある。憲法15条は、1項で「公務員を選定し、及びこれを罷免することは、国民固有の権利である。」と規定し、3項で「公務員の選挙については、成年者による普通選挙を保障する。」と規定しているが、これらの参政権の保障が外国人に及ぶということはできないであろう（ただし、憲法が法律によって地方公共団体の議会の議員及び長の選挙につき外国人に選挙権を与えることを禁止しているとまではいえない(3)）。しかし、マクリーン判決は、マクリーンの行った政治活動が憲法第3章の保障が及ばないものであるとは判断していない。マクリーン判決は、「政治活動の自由についても、わが国の政治的意思決定又はその実施に影響を及ぼす活動等外国人の地位にかんがみこれを認めることが相当でないと解されるものを除き、その保障が及ぶものと解するのが、相当である。」、「前述の上告人の在留期間中のいわゆる政治活動は、その行動の態様などからみて直ちに憲法の保障が及ばない政治活動であるとはいえない。」としながら、法務大臣が、マクリーンの政治活動を日本国にとって好ましいものではないと評価し、在留期間の更新を適当と認めるに足りる相当の理由があるものとはいえないと判断したとしても、違法であるとはいえない、と判断しているのである。

マクリーンの政治活動は、思想の自由、表現の自由、集会・結社の自由として憲法の保障を受けるものである。法務大臣の本件処分は、マクリーンの表現の自由等を制約するものである。

４　基本的人権に対する制約の違憲審査

行政処分等の国家行為が憲法で保障された個人の権利自由を制約する場合、裁判所は、違憲審査権を行使して、当該国家行為が憲法に違反するか否かを審査しなければならない。裁判所による違憲審査の在り方については、アメリカ型の違憲審査基準論とドイツ型の三段階審査論が論じられているが、最高裁はいずれの基準も採用はしていない。

しかし、最高裁は、多くの違憲訴訟の裁判で、目的・手段の審査、すなわち、個人の権利自由を制約する国家行為が合憲であるためには、国家行為の目的が正当であり、かつ、規制手段が当該目的を達成するための手段として合理性及び必要性を有するものでなければならないとの考えに基づく審査を行っている。

最高裁判決の中で目的・手段の審査を比較的詳しく述べるものを挙げると、最大判昭和48年４月４日判時６９７号３頁（尊属殺人重罰規定を違憲としたもの）は、「当裁判所は、所論刑法２００条の憲法適合性につきあらためて検討することとし、まず同条の立法目的につき、これが憲法14条１項の許容する合理性を有するか否かを判断する」、「普通殺のほかに尊属殺という特別の罪を設け、その刑を加重すること自体はただちに違憲であるとはいえないのであるが、しかしながら、刑罰加重の程度いかんによつては、かかる差別の合理性を否定すべき場合がないとはいえない。すなわち、加重の程度が極端であつて、前示のごとき立法目的達成の手段として甚だしく均衡を失し、これを正当化しうべき根拠を見出しえないときは、その差別は著しく不合理なものといわなければならず、かかる規定は憲法14条１項に違反して無効であるとしなければならない。」と述べる。最大判昭和50年４月30日判時７７７

号8頁（薬局開設距離制限規定を違憲としたもの）は、「これらの規制措置が憲法22条1項にいう公共の福祉のために要求されるものとして是認されるかどうかは、これを一律に論ずることができず、具体的な規制措置について、規制の目的、必要性、内容、これによつて制限される職業の自由の性質、内容及び制限の程度を検討し、これらを比較考量したうえで慎重に決定されなければならない。」と述べる。最大判昭和62年4月22日判時1227号21頁（共有森林分割請求権制限規定を違憲としたもの）は、「財産権に対して加えられる規制が憲法29条2項にいう公共の福祉に適合するものとして是認されるべきものであるかどうかは、規制の目的、必要性、内容、その規制によつて制限される財産権の種類、性質及び制限の程度等を比較考量して決すべきものであるが、裁判所としては、立法府がした右比較考量に基づく判断を尊重すべきものであるから、立法の規制目的が前示のような社会的理由ないし目的に出たとはいえないものとして公共の福祉に合致しないことが明らかであるか、又は規制目的が公共の福祉に合致するものであつても規制手段が右目的を達成するための手段として必要性若しくは合理性に欠けていることが明らかであつて、そのため立法府の判断が合理的裁量の範囲を超えるものとなる場合に限り、当該規制立法が憲法29条2項に違背するものとして、その効力を否定することができるものと解するのが相当である」と述べる。最大判平成14年9月11日判時1801号28頁（郵便法免責規定を違憲としたもの）は、「公務員の不法行為による国又は公共団体の損害賠償責任を免除し、又は制限する法律の規定が憲法17条に適合するものとして是認されるものであるかどうかは、当該行為の態様、これによって侵害される法的利益の種類及び侵害の程度、免責又は責任制限の範囲及び程度等に応じ、当該規定の目的の正当性並びにその目的達成の手段として免責又は責任制限を認めることの合理性及び必要性を総合的に考慮して判断すべきである。」と述べる。最大判平成20年6月4日判時2002号3頁（婚外子国籍取得制限規定を違憲としたもの）は、「立法府に与えられた上記のような裁量権を考慮しても、なおそのような区別をすることの立法目的に合理的な根拠が認められない場合、又はその具体的な区別と上記の立法目的との間に合理的関連性が認められない場合には、当該区別は、合理的な理由のない差別として、同項に違反するものと解されることになる。」と述べる。最大判平成27年12月16日判時２２８４号20頁（再婚禁止期間規定を違憲としたもの）は、「再婚をする際の要件に関し男女の区別をしていることにつき、そのような区別をすることの立法目的に合理的な根拠があり、かつ、その区別の具体的内容が上記の立法目的との関連において合理性を有するものであるかどうかという観点から憲法適合性の審査を行うのが相当である」と述べる。

目的・手段の審査を整理して述べれば、同審査は、国家行為の目的が正当なものであり、国家行為の採用する手段が当該目的を達成するのに適合的かつ必要不可欠で、しかも目的に比して均衡のとれた手段になっているかの審査すなわち比例原則に適っているかどうかの審査をするものである。比例原則は、国家行為の目的を達成するための手段が、当該目的を達成するための手段として役立つことを要求する（適合性）、手段が当該目的を達成するのに本当に必要であることを要求する（必要性）、かつ、国家行為によって失われる利益に比して得られる利益が大きいことを要求する（狭義の比例性）ものである。

５　目的・手段の審査によるマクリーン判決の見直し

（1）目的・手段の審査でマクリーン判決を見直してみることとする。

法務大臣は、マクリーンの在留期間の更新を許可しないとの処分（本件処分）をした。国家行為である本件処分は、マクリーンの本邦における政治活動（憲法の保障が及ぶ範囲内のもの）を中止させて、憲法で保障する表現の自由等を制約するものである。そこで、本件処分による表現の自由等の制約が憲法に違反しないかどうかを審査する必要がある。

まず、本件処分の目的が正当であるかどうかであるが、マクリーン判決は、「外国人に対する出入国の管理及び在留の規制の目的」を「国内の治安と善良の風俗の維持、保健・衛生の確保、労働市場の安定などの国益の保持」と捉えている。それでは、本件処分の目的は、前記のような「国益の保持」であろうか。マクリーンは、「国内の治安と善良の風俗」を乱すような行為は行っていない。マクリーン判決自体が認定しているように、法務大臣が本件処分を行ったのは「政治活動のゆえであった」。その政治活動は、「平和的かつ合法的行動の域を出ていない」ので、「憲法の保障が及ばない政治活動であるとはいえない」ものであったが、法務大臣は、「当時の内外の情勢にかんがみ、上告人の右活動を日本国にとつて好ましいものではないと評価し、また、上告人の右活動から同人を将来日本国の利益を害する行為を行うおそれがある者と認めて、在留期間の更新を適当と認めるに足りる相当の理由があるものとはいえないと判断した」のである。すなわち、本件処分の目的は、本邦における政治活動の継続を阻止すること、換言すると、憲法で保障された表現行為の継続を阻止することであった。法務大臣が、自己の判断で表現行為を日本国にとって好ましくないと考えたからといって、憲法で保障された表現行為の継続を阻止することは、憲法違反である。国家の在り方に対する批判を許容することは、民主主義の根幹である。したがって、本件処分は、その目的において正当性を欠いている。

そうすると、本件処分によって得られる利益が失われる利益（本邦で表現行為を継続する利益）に比して大きいか、という手段の相当性を審査するまでもなく、本件処分は憲法に違反するといわざるを得ない。

(2)　マクリーン判決の事案では在留期間更新拒否処分と表現の自由が問題となったが、入管法に基づく処分が憲法で保障された基本的人権を制約する場面はいくらもあり得ることである。例えば、人種や政治的意見を理由に迫害を受ける恐れのある国へ送還する退去強制命令(4)、夫婦と日本で生まれた子ども3人の5人家族のうち妻のみをコロンビアへ他をイランへ送還する退去強制命令(5)、がんを治療中の者に対する退去強制命令等(6)は、憲法13条の生命、自由及び幸福追求権を制約することになる。拘禁性うつ病に罹患している者に対する2年9か月に及ぶ収容(7)は、憲法18条の奴隷的拘束を受けない自由を制約することになる。裁決書を作成しないで行われた入管法49条3項の法務大臣の裁決(8)は、憲法31条の法定の手続の保障を制約することになる。これらの人権の保障は、権利の性質上日本国民のみをその対象としているものではない。裁判所は、これら人権に対する制約が憲法に違反しないか否かを審査すべきである。

Ⅲ　欧州人権裁判所の判例との比較

1　欧州人権条約

マクリーン判決は、国際慣習法上、外国人を自国内に受け入れるかどうか、また、これを受け入れる場合にいかなる条件を付するかを、当該国家が自由に決定することができるものとされていること、憲法上、外国人は、我が国に入国ないし在留することを要求し得る権利を保障されているものでないことを根拠として、外国人に対する憲法の基本的人権の保障は、外国人在留制度の枠内で与えられるにすぎないと解釈している。

欧州評議会の加盟46か国は、世界人権宣言中のいわゆる自由権の集団的保障を確保するため、欧州人権条約を批准している（我が国は、欧州評議会のオブザーバーである。）。欧州人権条約1条は、「締約国は、その管轄内にあるすべての者に対し、この条約の第1節に定義する権利及び自由を保障する。」と規定している。一方、欧州人権条約の締約国も、マクリーン判決の指摘する国際慣習法の下にある。そして、欧州人権条約は、外国人が特定の国に入国しあるいは在留する権利を保障していない。

すなわち、欧州人権条約締約国内にある外国人は、マクリーン判決における外国人と同じ立場におかれている。

それでは、欧州人権条約締約国内にある外国人は、外国人在留制度の枠内でのみ欧州人権条約による人権の保障を受けるにとどまるのであろうか。換言すると、欧州人権条約締約国内の外国人に係る外国人在留制度は、欧州人権条約の人権保障による制約を受けないのであろうか。答えは、否である。次に紹介する欧州人権裁判所の判例が明言するように、欧州人権条約の人権保障による制約を受けるのである。

2　欧州人権裁判所の判例

(1)　欧州人権裁判所の2013年4月16日判決(Udeh v. Switzerland)(以下「Udeh 判決」という。)の申立人 Udeh は、ナイジェリア人で、2003年にスイスに不法入国し、同年スイス人女性と結婚して双子の娘(スイス国籍)をもうけ、この結婚によってスイス在留を認められたが、その後ドイツで麻薬密輸の罪により約2年間服役し、スイスに戻ったものの、離婚した。娘たちは母親と暮らしている。申立人は、離婚後も、少なくとも2週間に1度の午後に娘たちと面会する権利を認められて、交流を続けている。スイスの移民局は、申立人に対し、2009年に国外退去を命じ、2011年に2020年までの入国禁止を命じた。申立人は、欧州人権裁判所に国外退去命令等が欧州人権条約8条に違反するとして訴えを提起した。

欧州人権条約8条(私生活及び家族生活の尊重を受ける権利)は、1項で「すべての者は、その私的及び家族生活、住居並びに通信の尊重を受ける権利を有する。」、2項で「この権利の行使に対しては、法律に基づき、かつ、国の安全、公共の安全若しくは国の経済的福利のため、また、無秩序若しくは犯罪の防止のため、健康若しくは道徳の保護のため、又は他の者の権利及び自由の保護のため、民主的社会において必要なもの以外のいかなる公の機関による介入もあってはならない。」と規定している。この規定は、我が国が批准している自由権規約17条1項の「何人も、その私生活、家族、住居若しくは通信に対して恣意的に若しくは不法に干渉され又は名誉及び信用を不法に攻撃されない。」、23条1項の「家族は、社会の自然かつ基礎的な単位であり、社会及び国による保護を受ける権利を有する。」との規定と類似のものである。欧州人権条約は自由権規約の初期の草案をモデルとして起草されたので、人権保障に関する両者の規定が類似している。

Udeh 判決は、次のように判断して申立人の訴えを認めた。

国家は、確立された国際法の原則に基づいて、かつ条約上の義務に違反しない限りにおいて、その領土への外国人の入国と在留を管理する権限を有する。欧州人権条約は、外国人が特定の国に入国しあるいは在留する権利を保障しておらず、締約国は、公共の秩序を維持する職務の遂行に当たって、刑事有罪判決を受けた外国人を国外へ退去させる権限を有する。しかしながら、この分野における締約国の決定は、欧州人権条約8条1項の下で保護された権利を制約する限り、民主的社会における法と必要性に適合していなければならない、すなわち、重要な社会的必要性によって正当化され、とりわけ、達成せんとする適法な目的との均衡性によって正当化されなければならない[9]。本件では、両親と共に成長するのが娘たちの最善の利益であり、両親が離婚し、母と娘らが申立人に付いてナイジェリアへ行くことが期待できないという状況の下では、申立人と娘らの間で維持されるべき正常な交流の唯一の途は申立人にスイスでの在留を認めることであると考える。以上のようなことから判断し、特に、娘たちのこと、申立人と娘たちとの本物の家族関係、申立人が重大な罪は1回しか犯していないこと、申立人のその後の行動には落ち度がなく、将来の更生をうかがわせることを考慮すると、スイス政府は与えられた裁量の限度を逸脱したと考える。申立人を国外退去させることは、欧州人権条約8条に違反する。

(2)　Udeh 判決の判旨から明らかなように、欧州人権条約締約国における外国人在留制度と欧州人権条約との関係は、我が国における外国人在留制度と憲法との関係と同じである。しかし、欧州人権裁判所は、外国人に対する在留関係の処分が欧州人権条約の人権保障による制約を受けると判断しているのである。我が国における法務大臣の入管法に基づく処分も、憲法に従う必要があり、憲法で保障された外国人の人権を制約する場合には、民主的社会における法と必要性に適合していなければならない。すなわち、重要な社会的必要性によって正当化されなければならない、とりわけ、達成せんとする適法な目的との均衡性によって正当化されなければならない。処分の目的が正当であるか、処分によって得られる国家の利益と処分によって外国人が被る憲法上の人権の制約の程度が比例・均衡しているかを審査し、この目的・手段の正当性比例性が肯定されない限り、処分は憲法違反として取り消されるべきである。マクリーン判決は、国際的にも通用しないものである。

(3)　欧州人権裁判所の２０１０年5月20日判決(Cox v. Turkey)(以下「Cox 判決」という。)の申立人は、米国人で、トルコの大学で講師をしている時に、学生や同僚に対し、トルコはクルド人やアルメニア人をトルコに同化させて、クルドの文化を奪い、アルメニア人をトルコから追い出して大量虐殺しているとの話をしたことを理由に、トルコ内務省より再入国禁止処分を受けた。申立人は、この再入国禁止処分は、欧州人権条約10条1項の「すべての者は、表現の自由についての権利を有する。」との規定(この規定は、我が国の憲法21条や我が国が批准している自由権規約19条と同じものである。)に違反すると主張している。なお、欧州人権条約10条2項は、「前項の自由の行使については、義務及び責任を伴うので、法律によって定められた手続、条件、制限又は刑罰であって、国の安全、領土保全若しくは公共の安全のため、無秩序若しくは犯罪の防止のため、健康若しくは道徳の保護のため、他の者の名誉若しくは権利の保護のため、秘密に受けた情報の暴露を防止するため、又は、司法機関の権威及び公平さを維持するため、民主的社会において必要なものを課すことができる。」と規定している。

Cox 判決は、次のように判断している。

欧州人権条約は外国人が締約国に入国しあるいは在留する権利を保障していないが、入国の管理は欧州人権条約による義務に違反することなく行使されなければならない。民主的社会は、議論のある表現に直面した場合、我慢と寛大さを要求する。中立人がトルコの国益に害があると明らかに認められる活動には従事していないことを考えると、中立人に対する再入国禁止は、中立人の表現の自由の行使を抑圧し、思想を広めることを抑制することを目的としたものである。トルコ政府による中立人の表現の自由に対する妨害は、欧州人権条約10条２項の「民主的社会において必要なもの」には当たらない。

(4)　マクリーン判決で肯定された法務大臣の在留期間更新拒否処分は、マクリーンの表現活動を抑制することを目的としたものであり、Cox判決に照らしても、憲法21条に違反するものであることが明らかである。

Ⅳ　国際人権条約違反の審査

１　国際人権条約の批准

我が国は、マクリーン判決の後に、経済的、社会的及び文化的権利に関する国際規約（以下「社会権規約」という。）、自由権規約、児童の権利に関する条約（以下「子どもの権利条約」という。）、難民の地位に関する条約（以下「難民条約」という。）等の国際人権条約を批准した。これらの国際人権条約の規定の中には、個々の人に具体的・現実的権利を保障しており、裁判官の司法判断においてそれ自体で（法律や命令による具体化なしに）判断の根拠として用い得るもの、すなわち直接適用可能性（自動執行性・自己執行性とも呼ばれる。）を有する規定がある。[10] 直接適用可能性を有する規定の場合、裁判所は、もっぱら当該規定のみを根拠として、個人の権利の救済を図ることができる。[11]

そして、憲法98条２項は、「日本国が締結した条約及び確立された国際法規は、これを誠実に遵守することを必要とする。」と明記している。条約は、法律より上位の法規である。入管法に基づく処分も、法律より上位法規である国際人権条約の枠内で運営されるものであり、国際人権条約の中の直接適用可能性のある規定に違反した場合は、条約違反として取り消されるべきである。

２　マクリーン判決の誤りの影響下にある裁判実務

ところが、東京地判平成30年９月11日は、「国際慣習法上、国家は外国人を受け入れる義務を負うものではなく、特別の条約がない限り、外国人を自国内に受け入れるかどうか、また、これを受入れる場合にいかなる条件を付すか否かを自由に決定することができるとされているところ、自由権規約は、上記のような国際慣習法上の原則を当然の前提とするものであり、その原則を変更するものとは解されず、我が国に在留する外国人については、入管法に基づく在留制度の枠内において、その趣旨が考慮されるにすぎないものである。」と述べ、在留特別許可拒否処分が自由権規約17条１項、23条１項及び２項に違反するということはできないとする。東京地判平成30年９月20日も、「自由権規約には、いずれも、この国際慣習法上の原則を制限する趣旨の規定は存在せず、かえって、自由権規約13条第１文が、外国人について法律に基づく退去強制手続が行われることを容認していることに鑑みると、自由権規約は、外国人の入国及び在留の許否について主権国家の広範な裁量を認める上記国際慣習法上の原則を所与の前提とし、外国人の入国及び在留の許否を決定する権限を各締約国に留保して締結されたものであると解することができるのであって、自由権規約に基づく権利又は利益は、入管法に基づく外国人在留制度の枠内においてのみ保護されるにとどまるものであり、原告が指摘する自由権規約17条により、外国人の入国及び在留の許否を決定する国家の裁量が……制約を受けるものではないというべきである。」と述べる。最近においても、名古屋地判平成

31年4月18日は、「児童の権利条約の規定は、入管法に基づく外国人在留制度の枠内で考慮されるにとどまり、在留特別許可の許否の判断に関する法務大臣等の裁量を具体的に羈束するものではないというべきである。」と述べる。

これらの裁判例は、マクリーン判決の外国人在留制度と憲法の関係に関する誤った判断を、外国人在留制度と国際人権条約の関係にも及ぼすものであり、明らかに誤りである。

自由権規約は、2条3項で「この規約の各締約国は、次のことを約束する。(a)この規約において認められる権利又は自由を侵害された者が、公的資格で行動する者によりその侵害が行われた場合にも、効果的な救済措置を受けることを確保すること。(b)救済措置を求める者の権利が権限のある司法上、行政上若しくは立法上の機関又は国の法制で定める他の権限のある機関によって決定されることを確保すること及び司法上の救済措置の可能性を発展させること。(c)救済措置が与えられる場合に権限のある機関によって執行されることを確保すること。」と規定している。子どもの権利条約も、2条1項で「締約国は、その管轄の下にある児童に対し、……いかなる差別もなしにこの条約に定める権利を尊重し、及び確保する。」と規定しているのである。

例えば、退去強制処分が、自由権規約17条1項や23条1項の保障している「家族が社会及び国による保護を受ける権利」、子どもの権利条約9条の保障している「児童の最善の利益のため必要な場合を除き児童が父母から分離されない権利」など、国際人権条約の直接適用可能性を有する規定が個人に保障している権利を制約する場合は、裁判所においてその制約が許されるかどうかを審査し、審査の結果、許されないと判断した場合は、当該退去強制処分を条約違反として取り消さなければならない。この審査においては、少なくとも、退去強制処分の目的が正当であるか否か、退去強制処分によって得られる国家の利益と個人が失う利益の程度を比較して均衡がとれているか否かを審査する必要がある。

なお、前記の東京地判平成30年９月20日は、自由権規約が13条において外国人について法律に基づく退去強制手続を容認していることからすれば自由権規約は入管法に基づく処分を制約する根拠とはなり得ないというが、自由権規約13条が退去強制手続を容認しているからといって、入管法に基づく処分が自由権規約による人権保障の制約を受けないということには全くならない。13条は、退去強制手続につき自由権規約による人権の保障を排除する規定ではないのである。13条自体も、「合法的にこの規約の締約国の領域内にいる外国人は、法律に基づいて行われた決定によってのみ当該領域から追放することができる。国の安全のためのやむを得ない理由がある場合を除くほか、当該外国人は、自己の追放に反対する理由を提示すること及び権限のある機関又はその機関が特に指名する者によって自己の事案が審査されることが認められるものとし、このためにその機関又はその者に対する代理人の出頭が認められる。」という規定であり、当該外国人の退去強制命令に対する審査請求権を認めて、退去強制手続を制約しているのである。外国人を含め、締約国の管轄下にある個人は、あらゆる場面で自由権規約による人権の保障を受けているのであり、入管法に基づく処分もこの人権保障による制約を受けるのである。

国連の自由権規約委員会も、自由権規約について、ここで述べたことと同じ解釈をしているのである。

３　自由権規約委員会の「一般的意見」及び「見解」

(1)　国連の自由権規約委員会が、自由権規約の締約国内の外国人に係る外国人在留制度と同規約による外国人に対する人権保障との関係についてどのような考え方を採用しているかは、自由権規約委員会が、締約国からの報告を審査した経験から発表する「一般的意見(General Comment)」、個人通報に対して判断する「見解(Views)」によって知ることができる[12]。

(2)　自由権規約委員会は、自由権規約40条に基づく締約国からの報告に基づき、２０１８年までに36の「一般的意見」を発表している。「一般的意見」は、自由権規約の公的な解釈を示す注釈書の役割を果たしている。その中の１９８６年４月11日採択の一般的意見15（外国人の地位）[13]は、「１　締約国からの報告は、各締約国が自由権規約上の権利を『その領域内にあり、かつ、その管轄下にあるすべての個人』（２条１項）に対し確保しなければならないことを考慮していないものが少なくない。一般的に、自由権規約に規定された権利は、互恵の有無にかかわらず、国籍又は無国籍にかかわらず、すべての個人に対し適用される。」、「５　自由権規約は、外国人が締約国の領域に入りあるいは在留する権利を認めていない。領域内に誰を受け入れるかは、原則として当該締約国が決めるべき事項である。しかしながら、ある状況の下では、例えば、差別の禁止、非人道的取扱いの禁止、家族生活尊重を考慮すべき場合などには、外国人は入国又は在留の関係においても自由権規約による保護を受けることができる。」（傍点原文）等と述べる。

(3)　また、自由権規約委員会は、自由権規約の第一選択議定書の締約国の管轄に服する個人から、締約国により自由権規約で保障された人権の侵害を受けたとの通報が提出されると、通報の審査を行い、審査の結果である「見解」を関係当事国及び当該個人に送付する。我が国は第一選択議定書を批准しておらず、我が国の管轄に服する個人が個人通報を行うことはできないものの、他国の個人からの通報に対する「見解」であっても、自由権規約の判例として、自由権規約委員会の解釈を示すものであるから、ここに関連する若干の「見解」を掲げることとする。

①自由権規約委員会２０１５年３月26日見解（Mansour Leghaei v. Australia）[14]の要旨は、次のとおりである。

申立人は、イラン人宗教家で、１９９４年オーストラリアに入国し、妻（イラン国籍）、子（長男・次男オーストラリア国籍、三男イラン国籍、長女オーストラリア国籍の15歳）と暮らしていたが、２０１０年、オーストラリア移民局が、イラン国籍の妻と三男には永住ビザを認め、申立人には国家安全のためのやむを得ない理由があるとして永住ビザを認めないことを決定したため、妻と未成年の長女と共にイランに帰国した。

未成年者を含む家族と暮らす父親のみに国外退去を命じ、家族に父親と共に出国するか、父親と別れて在留するかの選択を強いる移民局の決定は、長期間の安定した家族生活に対する干渉であり、自由権規約17条にいうところの「干渉」に当たる。そこで、この干渉が同条でいうところの「恣意的若しくは不法」な干渉であるかどうかを判断する必要がある。「恣意的」という概念は、不適当、不正義、予測性や法の適正手続の欠如という要素を含むものである。中立人のオーストラリアにおける16年間に及ぶ適法な在留及び安定した家族生活に照らし、また、国家安全のためやむを得ない理由があるという一般的な主張だけで、在留権を消滅させる理由の説明がないことに鑑み、申立人に対する永住ビザ拒否の手続は法の適正手続を欠く。それ故、オーストラリア政府は、申立人に対し、その長く安定した家族生活への干渉に対する適切かつ客観的正当化理由を提示しなかったものである。オーストラリア政府は、自由権規約23条（家族は、社会の自然かつ基礎的な単位であり、社会及び国による保護を受ける権利を有する。）と併せて読む17条（何人も、その私生活、家族……に対して恣意的に若しくは不法に干渉され……ない。）の下における申立人及びその家族の権利を侵害した。オーストラリア政府は、自由権規約2条3項(a)に基づき、申立人に対し、永住ビザ拒否を争う意味ある機会を与えること及び賠償を行うことを含め、効果的かつ適切な救済を講ずる義務を負う。

②自由権規約委員会２０１８年7月17日見解（Noureddine Maalem and Guldez Maalem v. Uzbekistan）[15]の要旨は、次のとおりである。

申立人は、アルジェリア人タクシー運転手で、１９８３年にウズベキスタンに入国し、妻及び未成年者を含む5人の子（すべてウズベキスタン国籍）と暮らしていたが、違法に労働者をカザフスタンに運搬したとの罪で5年間服役し、２０１４年に再入国禁止付きでアルジェリア又はカザフスタンへの退去を命じられた。

申立人を５人の子ども(未成年者を含む)やその他の家族から引き離すことは、自由権規約23条1項と共に読む17条に違反するかどうかが問題となる。17条1項の「恣意的」という概念は、不適当、不正義、予測性や法の適正手続の欠如という要素を含むとともに、合理性、必要性、均衡性の欠如という要素を含むものである。家族の一部が国外に退去しなければならず、残りの家族が残留を認められるというケースにおいては、家族生活への当該干渉が客観的に正当化されるかどうかを評価する適切な基準は、一方において退去を命じる国側の理由の重要性に照らし、一方において家族及びその構成員が当該退去によって被る苦難の程度に照らして検討されなければならない。

申立人は刑期を終えており、申立人がウズベキスタンにとって安全上の問題となるという証拠はない。子どもらは、ウズベキスタン人でアルジェリアとの結び付きはなく、父に付いてアルジェリアへ行くということが期待できない。申立人がアルジェリアへ出国すると、再入国禁止命令により、定期的訪問によって家族関係の性格及び質を適正に維持するということができない。子どもに影響を与える決定においては、子どもの利益を第一に考慮しなければならない。本件では、子どもの最善の利益に第一の考慮を払うということがなされていない。その結果、申立人の家族生活への干渉と家族への不十分な保護が、申立人とその子どもらに過剰な苦難を与えている。

申立人に対する退去命令は、申立人とその子どもらの家族生活に対する恣意的な干渉を構成し、自由権規約17条1項そのもの、及び23条1項と共に読まれる17条1項に違反する。申立人に対する退去命令は、未成年の子どもらに対し国の負う必要な保護を与えることを履行しないものとして、自由権規約24条に違反する。ウズベキスタン政府は、自由権規約の下における義務を考慮して、申立人に対する退去命令・再入国禁止命令を見直さなければならない。

③なお、子どもの権利委員会２０１８年1月25日見解（I. A. M. v. Denmark）[16]の要旨は、次のとおりである。
申立人は、ソマリアのプントランドで生まれた女性で、２０１４年にビザなしでデンマークに入国し、２０１６年に娘を出産した。申立人と娘は、同年、デンマーク政府によりプントランド・ソマリア国への退去を命じられた。

児童の退去強制命令においては、最も重要な考慮事項は児童の最善の利益であり、児童が安全で適切な介護と権利の享受が得られることを確保すべきである。デンマーク政府は、申立人が訴えているところのプントランド・ソマリア国へ退去させられると娘が女子割礼を受けさせられるという恐れを判断するに当たり児童の最善の利益を考慮せず、送還後の児童の福利を確保するための適切な保護策を講じなかった。申立人と娘に対する退去強制命令は、子どもの権利条約３条及び19条に違反する。デンマーク政府は、申立人及び娘に対する退去強制を控えるべき義務を負う。

(4)　自由権規約の締約国も、マクリーン判決の指摘する国際慣習法の下にある。そして、自由権規約委員会の「一般的意見」及び「見解」も、前記のとおり、自由権規約では外国人が締約国の領域に入りあるいは在留する権利を認めておらず、領域内に誰を受け入れるかは原則として当該締約国が決めるべき事項であるとしている。しかしながら、自由権規約委員会は、外国人が在留の関係においても自由権規約による人権の保障を受けることができるとし、退去強制による人権の制約が正当化されるかどうかは、一方において退去を命じる国側の理由の重要性に照らし、一方において外国人が当該退去によって被る苦難の程度に照らして検討されなければならないとしているのである。この審査手法は、我が国の最高裁が多くの違憲訴訟で採用している目的・手段の審査と同じである。我が国の裁判所においても、退去強制処分が国際人権条約の保障している人権を制約する場合は、目的・手段の審査で条約違反の有無を審査すべきである。

前記の東京地判等の解釈は、自由権規約委員会が、自由権規約の締約国の中には、その管轄下にあるすべての個人に対し自由権規約において認められる権利を確保しなければならないことを考慮していないものが少なくないと批判している考え方で、明らかに間違いである。

４　国際人権条約を直接適用した裁判例

我が国でも、入管法に基づく処分について国際人権条約の規定を直接適用した裁判例が、次のとおり若干ながら存する。

①東京地決平成13年11月６日訟務月報48巻９号２２９８頁は、収容令書の執行を停止する決定の中で、「難民条約は、31条２項において、締約国は、１項の規定に該当する難民（その生命又は自由が第１条の意味において脅威にさらされていた領域から直接来た難民であって許可なく当該締約国の領域に入国し又は許可なく当該締約国の領域内にいる者）の移動に対し必要な制限以外の制限を課してはならない旨規定するところ、難民条約が国内法的効力を有することにかんがみれば、主任審査官が退去強制手続の前提となる収容令書の発付を行うに際しては、入管法39条所定の要件に加え、対象者が難民に該当する可能性を検討し、その可能性がある場合においては、同人が難民に該当する蓋然性の程度や同人に対し移動の制限を加えることが難民条約31条２項に照らし必要なものといえるか否かを検討する必要があると解すべきである。」、「その検討を怠る入管当局の態度は入管法の運用に当たって「その上位の規範である難民条約の存在を無視しているに等しく、国際秩序に反するものであって、ひいては公共の福祉に重大な悪影響を及ぼすものというべきである。」と述べる。この決定は、難民条約が国内法的効力を有し、入管法の上位規範であることを認めるものである（東京地決平成14年３月１日判時１７７４号25頁、東京地決平成14年６月20

日も同旨）。

②東京地決平成14年６月20日は、「中立人をパキスタンに送還することは、拷問等禁止条約３条に違反すると一応認められる。」として、拷問及び他の残虐な、非人道的な又は品位を傷つける取扱い又は刑罰に関する条約を直接適用している。なお、現在の入管法53条３項は、送還先の国には同条約３条１項に規定する国を含まないものとすると規定しているが、これは平成21年７月15日公布の入管法の改正により加えられた規定であって、この東京地決当時にはなかったものである。

③東京地判平成14年12月20日は、トルコ国籍の原告が、不法残留を理由に収容令書及び退去強制令書に基づき収容されたことにつき、収容は自由権規約９条１項、３項及び４項並びに難民条約31条に違反するとして国家賠償を請求したのに対し、これらの条項が直接適用されることを前提として、条項違反はないとの実体判断をしている。

５　国際人権条約を間接適用した裁判例

一方、国際人権条約の趣旨に照らして法務大臣等の裁量権の行使を違法と判断した裁判例、すなわち国際人権条約を間接適用した裁判例は、次のとおり徐々に増えてきている。

①東京地判平成11年11月12日は、バングラデシュ人に対する退去強制処分が、当人とその相手方（日本人）の「両名の真意に基づく婚姻関係について実質的に保護を与えないという、条理及び自由権規約23条の趣旨に照らしても好ましくない結果を招来するものであって、社会通念に照らし著しく妥当性を欠くものといわなければならない。」と述べる。

②東京地判平成15年９月19日判時１８３６号46頁は、イラン人の夫婦とその長女及び次女（日本で生まれた４歳）に

対する退去強制令書発付処分を取り消し、子どもの権利条約３条の内容に鑑みれば、次女が日本で生まれ日本で育った点は、退去強制令書の発付に当たり重視されるべき事情であると述べる。

③東京地判平成15年10月17日は、韓国人の夫婦及びその子（2歳で日本に入国した8歳）に対する退去強制令書発付処分を取り消し、同処分は先ず両親が帰国せざるを得ないことを前提としている点において、子どもの権利条約にいう子どもの最善の利益を考慮するものになっておらず、同条約３条の内容に鑑みれば、子の送還が今後の成長に重大な障害を生じさせる可能性があることは両親の処分を決する以前に考慮されるべき重要な事情であると述べる。

④福岡高判平成17年３月７日判タ１２３４号73頁は、中国残留日本人男性と再婚した中国人女性の「連れ子とその家族」に対する退去強制処分を取り消し、「控訴人らの日本での生活状況に顕れた控訴人らの家族の実態及び控訴人子らが我が国に定着していった経過、控訴人子らの福祉及びその教育並びに控訴人子らの中国での生活困難性等を、日本国が尊重を義務づけられている自由権規約及び児童の権利条約の規定に照らしてみるならば、入国申請の際に違法な行為があったことを考慮しても、本件裁決は、社会通念上著しく妥当性を欠くことが明らかであり、被控訴人法務大臣の裁量権の範囲を逸脱又は濫用した違法がある」と述べる。

⑤名古屋地判平成22年12月９日判タ１３６７号１２４頁は、不法入国後約15年間日本で生活したペルー人夫婦及び日本で出生したその長女（裁決時点で小学2年生）に対し、在留特別許可を付与しなかった裁決が、裁量権の範囲を逸脱し又はこれを濫用したものとして違法であるとし、「児童の権利に関する条約3条1項において、児童に関する措置をとるに当たっては児童の最善の利益が主として考慮されるべきであることが規定されており、また、新ガイドラインにおいて、『当該外国人が、本邦の初等・中等教育機関（母国語による教育を行っている教育機関を除く。）に在学し相当期間本邦に在住している実子と同居し、当該実子を監護及び養育していること』が、在留特別

許可の許否の判断において特に考慮する積極要素として掲げられていることに照らしても、原告らに対し在留特別許可を付与するか否かを判断するに当たっては、原告長女に係る上記の事情を積極要素として特に考慮することが求められるものというべきである。」と述べる。

⑥名古屋高判平成25年6月27日は、日本で胸腺がんの治療を受けている韓国人女性に対する退去強制処分を取り消し、「国家が、自らの判断として、あるいは外国や国際機関との交渉の結果、上記国際慣習法に基づく権限を謙抑的に行使することを決意し、外国人にも、その性質に反しない限り、我が国の国民と同等の権利を付与することは、憲法上(前文、98条2項)はもちろん、国家主権の観点からも何らの問題も生じないと解されるところ、我が国が批准した『経済的、社会的及び文化的権利に関する国際規約(昭和54年条約第6号)』12条1項が、『この規約の締結国は、すべての者が到達可能な最高水準の身体及び精神の健康を享受する権利を有することを認める。』と定め、同条2項が、『この規約の締結国が1の権利の完全な実現を達成するためにとる措置には、次のことに必要な措置を含む。』とし、『(d)病気の場合にすべての者に医療及び看護を確保するような条件の創出』を掲げていることなどに照らせば、医療に関する利益が入管法上も尊重されるべきことは当然であり、法務大臣等が上記裁量権を行使するに当たり、重要な考慮要素とされるべきものと考えられる。」、「我が国の批准した前記国際規約において、すべての者の健康を享受する権利がうたわれ、締結国はすべての者に対する医療等を確保する条件の創出に向けて努力すべきことが定められていることを指摘するまでもなく、健康、特に生命に関わる病気を抱える者に対する配慮は、文明国家である以上、当然に尽くすべきものと考える。」と述べる。

⑦東京地判平成26年5月30日判時2240号44頁は、ボリビア人の母及びその3子(いずれも日系三世のボリビア人を父として日本で出生)に対する退去強制処分を取り消し、子らに対する処分は、父との間の父子関係の手続の帰趨をいま暫く待つことなく行われたもので、拙速であったという評価を免れることはできず、裁判所や行政当局

が児童の最善の利益を主として考慮すべきことを定めている子どもの権利条約３条１項や、児童がその父母の意思に反してその父母から分離されるべきではないとの原則を定めている同条約９条１項の趣旨に照らして、社会通念上著しく妥当性を欠き、その裁量の範囲を逸脱したものというべきであると述べる。また、母に対する処分は、子らについて在留特別許可を認めず退去強制を行うことを前提としているところ、このような前提は採り難く、判断の基礎となる重要な前提を誤ったものといわざるを得ず、この点に関する瑕疵は、裁判所や行政当局が児童の最善の利益を主として考慮すべきことを定めている子どもの権利条約３条１項、児童がその父母の意思に反してその父母から分離されるべきではないとの原則を定めている同条約９条１項、家族は社会の自然かつ基礎的な単位であり社会及び国による保護を受ける権利を有すると定めている自由権規約23条１項の各趣旨に照らして、重大なものであると評価せざるを得ないと述べる。

⑧東京地判平成27年６月16日は、バングラデシュ人の父母及びその子（日本で生まれた４歳）に対する退去強制処分を取り消し、父は難病とされる潰瘍性大腸炎により、子は停留精巣により、それぞれ日本での治療を必要としていたところ、社会権規約12条１項及び２項に照らしても、外国人が日本滞在中にたまたま難病とされる疾病等に罹患したことから日本での治療を開始し、それが奏功している一方、国籍国に帰国すれば十分な治療を受けられず重症化が見込まれるといった事情がある場合は、人道的な配慮の見地から、これを在留特別許可に関する判断において適切に勘案した上、個々の事案の事情に応じて特別な恩恵を与えるべきことは、我が国の責務であるといわねばならないとし、また、子どもの権利条約３条１項、９条１項の趣旨に照らせば、子が父母から分離されないことが、子にとっての最善の利益であるとした上、原告らに対する処分が社会通念に照らし著しく妥当性を欠くと述べる。

⑨大阪高判平成27年11月27日判時２２９８号17頁は、「（入管法53条）２項にいう国籍国等に『送還することができ

ないとき』とは、送還先の国が戦争状態にあるなどの事情により事実上送還することが不可能な場合が主としてこれに該当すると解されるものの、そうした場合に限られるわけではなく、被送還者を国籍国等に送還するときは被送還者の生命に対する差し迫った危険が確実に予想されるような場合もこれに含まれるものと解するのが相当である。このように解することは、生命に対する固有の権利を保障し、死刑存置国においては死刑は最も重大な犯罪についてのみ科することができる旨を定めた自由権規約６条１項及び２項の趣旨にも合致するものということができる。」と述べる。

Ⅴ　入管施設における長期収容問題

１　入管法に基づく収容

入管法は、39条で「入国警備官は、容疑者が第24条各号の一に該当すると疑うに足りる相当の理由があるときは、収容令書により、その者を収容することができる。」、52条５項で「入国警備官は、第３項本文の場合において、退去強制を受ける者を直ちに本邦外に送還することができないときは、送還可能のときまで、その者を入国者収容所、収容場その他出入国在留管理庁長官又はその委任を受けた主任審査官が指定する場所に収容することができる。」と規定している。前者は収容令書による収容であり、後者は退去強制令書による収容である。そして、54条１項で「収容令書若しくは退去強制令書の発付を受けて収容されている者又はその者の代理人、保佐人、配偶者、直系の親族若しくは兄弟姉妹は、法務省令で定める手続により、入国者収容所長又は主任審査官に対し、その者の仮放免を請求することができる。」と規定している。収容令書によって収容することができる期間は、30日以内とし、主任審査官がやむを得ない事由があると認めるときは、30日を限り延長することができるとされている（入管法41条１

項）。しかし、退去強制令書による収容には期間の定めがなく、長期収容が問題とされている。

２　収容とマクリーン判決の影響

ところで、東京地判平成29年12月12日は、仮放免の請求に対する不許可処分を是認する判示の中で、「外国人を自国内に受け入れるかどうか、これを受入れる場合にいかなる条件を付すかは、国際慣習法上、当該国家が自由にこれを決することができるところ、自由権規約も、13条において外国人について法律に基づく退去強制手続を容認していることからすれば、上記国際慣習法上の原則を当然の前提とするものということができる。そうすると、自由権規約23条1項が、外国人の在留の権利を特に定めたものということはできず、同項が、……入国者収容所長等の裁量権を制約する根拠とはなり得ないというべきである。」と述べている。

しかしながら、判示のような国際慣習法があるからといって、それは外国人を自国内に受け入れるかどうか、受け入れる場合にいかなる条件を付すかという「在留」の許否や条件という法的規制が当該国家の自由に決するところに委ねられているというだけのことである。一方、収容は、「在留」の許否や条件とは別の問題である。収容は、身体の自由の制限という強制力の行使である。外国人を受け入れる場合にいかなる条件を付すかは当該国家が自由に決することができるからといって、身体の自由の制限という強制力の行使を当該国家において自由に行うことができることにはならない。

マクリーン判決は、前記のような誤りを含んではいるものの、「外国人に対する憲法の基本的人権の保障は……在留の許否を決する国の裁量を拘束するまでの保障……と解することはできない。」といっているに過ぎず、憲法の基本的人権の保障は身体の自由に対する強制力の行使を拘束するまでの保障と解することができない、などとはいっていない。

前記の東京地判は、マクリーン判決の誤った判旨を引き継ぎ、しかも、マクリーン判決の判旨を「収容」にまで及ぼしており、二重の誤りを犯すものである。

もとより、国際人権条約は、難民の処遇は別として、外国人一般に対する「収容」自体を取り上げてこれを制限するということはしてはいないが、締約国の管轄の下にあるすべての個人に対し各種の人権を保障している。外国人に対する収容が国際人権条約で保障された人権を制約する場合は、その制約が許されるかどうかを、少なくとも目的・手段の審査で判断する必要がある。

３　収容に関する自由権規約委員会の「見解」

国連の自由権規約委員会２０１５年3月26日見解(M. G. C. v. Australia)[17]も、要旨次のように述べ、自由権規約による人権の保障が「収容」に及ぶことを当然のこととしている。

申立人は、米国人で、１９９４年観光ビザでオーストラリアに入国し、１９９９年オーストラリア女性と結婚して配偶者ビザを取得し、２００４年離婚し、２００３年刑事事件で有罪判決を受け、２００４年10月に仮釈放され、２００５年6月1日にビザを取り消され、同年10月20日入国者収容所に収容され、２００９年4月まで在留関係の不服申立てを行って、２００９年5月8日に米国へ出国した。申立人は、出国まで3年半にわたり入国者収容所に収容されていた。

自由権規約9条1項は、「すべての者は、身体の自由及び安全についての権利を有する。何人も、恣意的に逮捕され又は抑留されない。何人も、法律で定める理由及び手続によらない限り、その自由を奪われない。」と規定している。「恣意的」という概念は、「違法」と同じではなく、さらに広く不適当、不正義、予測性や法の適正手続の欠如という要素を含むものとして解釈されなければならない。入国管理手続の過程における収容そのものが恣意的であるとはいえない。しかしながら、収容は、当該状況に照らし、また、期間が長くなるに応じて見直した上で、合理性、必要性、均衡性により正当化される必要がある。入国者の申立てが解決されつつあるのに、入国者を更に収容することは、当該入国者が逃亡する、他人に対し罪を犯す、あるいは国家の安全に反する行為を行うといった当該入国者自身の特別の理由がなければ、恣意的な収容となる。収容決定は、ケースごとに関連要素を考慮して行うべきで、広い範疇の収容者に対する強制的規則に基づいて行うべきではない。収容決定は、報告義務を課す、保証人を付ける、その他の逃亡を防ぐ方法など、同じ目的を達成するためのより苦痛の少ない方法がないかを考慮して行わなければならない。収容決定は、定期的な見直しや司法審査に付されるものでなければならない。

オーストラリア当局は、申立人を3年半にわたり入国者収容所に収容している間、収容を継続する必要性があるかどうかを個別に審査せず、申立人の継続的で長引いた収容がこのように長期に及んだことが正当化されることを個別具体的に論証せず、他のより緩やかな方法では、申立人の退去を確保する必要に応じるという同じ目的を達成できなかったことを論証していない。さらに、申立人は、相当な期間にわたる不確定な拘束について不服を申し立てる機会を奪われた。自由権規約委員会の判例によれば、収容の合法性の司法審査は、当該収容が国内法に適合しているかどうかだけでなく、自由権規約に適合していないとして釈放を命じる可能性がないかどうかにも及ぶ。申立人の収容は、自由権規約9条1項に違反する。

4　収容の国際人権条約違反の有無を審査した裁判例

我が国でも、収容が国際人権条約に違反するかどうかを審査した裁判例が、次のとおり存在する。

①東京地決平成13年11月6日訟務月報48巻9号2298頁は、前記のとおり、「難民条約が国内法的効力を有することにかんがみれば、主任審査官が退去強制手続の前提となる収容令書の発付を行うに際しては、入管法39条所

定の要件に加え、対象者が難民に該当する可能性を検討し、その可能性がある場合においては、同人が難民に該当する蓋然性の程度や同人に対し移動の制限を加えることが難民条約31条２項に照らし必要なものといえるか否かを検討する必要がある」と述べている。これは、難民条約31条２項が収容令書の発付を制限すると解したものである。

②東京地判平成14年12月20日は、自由権規約９条及び10条による人権の保障が収容に及ぶことを当然の前提として、当該収容がこれらの条項に違反するかどうかを審査している。

さいごに

マクリーン判決は法理論的に初歩的な間違いを犯すものであり、これを一日も早く是正して、入管法に基づく処分についても、違憲審査を行うべきである。

また、同処分について国際人権条約違反の有無を審査すべきである。我が国政府の報告に関する自由権規約委員会の２０１４年７月24日総括所見も、「委員会は、前回の勧告を繰り返し、締約国に対し、規約の適用及び解釈が下級審を含めあらゆるレベルで弁護士、裁判官及び検察官に対する専門職業的研修の一部となることを確保するよう求める。締約国はまた、実効的な救済が規約の下で保護される権利の侵害に対して利用できることを確保すべきである。締約国は、個人通報制度を規定する規約の選択議定書への加入を検討すべきである。」と指摘しているところである。専門職業的研修、個人通報制度と並んで検討すべきは、民訴法３１２条１項を改正して「条約の違反があること」を上告理由に加えることである。現状のままでも、条約は法律より上位の法規であるから、「条約の違反があること」を上告理由として扱うべきであるが、当事者が「条約の違反があること」を主張しても、最高裁は「単なる法令違反を主張するものであって、明らかに民訴法３１２条１項又は２項に規定する事由に該当しない」として退けるだけである。我が国は個人通報制度を採用していない上に、「条約の違反があること」を上告審で取り上げないから、国際化の時代にあっても、裁判所が緊張感をもって国際人権条約違反の主張に向き合うことがないのである。少なくとも、民訴法の改正を行うべきである。

日本の司法界では、日本国内のことは日本の法律に従って判断すれば足りるという観念が強いように思われる。第二次世界大戦時の悲惨な人権侵害は、一国内の憲法や法律だけでは個人の人権が保障されないことを物語っている。国際人権条約は、国際的連帯の下で個人の人権を守ろうとするものである。国際人権条約は、国と国との約束にとどまるものではなく、「個人の人権」を直接保障しているのである。国際人権条約を日本国内でも普及させる必要がある。

初出：『統治構造において司法権が果たすべき役割第２部』（判例時報社、２０２１年）１８５頁

コラム **2**

吉田久大審院判事のことなど

I

本誌（編注：「法曹」を指す。以下同じ。）の平成13年2月号に「三宅正太郎全集を読む」を書いて間もなくのころ、鎌倉由比ヶ浜の古本屋で三宅判事の『わが随筆』（昭和17年）を発見したのが切っ掛けとなり、同判事の著書の蒐集を始めることになった。『法官餘談』（昭和9年）、『嘘の行方』（昭和13年、中央公論社。昭和23年、養徳社）、『裁判の書』（昭和17年、牧野書店。昭和23年、養徳社。昭和27年、創元文庫。昭和30年、角川文庫）、『雨後』（昭和23年）までは比較的簡単に入手できたが、『そのをりをり』がなかなか見つけられず、諦め掛けていたころ、インターネットの「日本の古本屋」にひょっこり現れ、大急ぎで注文した。

古本屋から送られてきた本には「謹呈　加藤鐐五郎様　著者」と滑らかに墨書されている。加藤氏は、本誌208号の「あの人この人訪問記」に登場する医師出身の政治家で、造船疑獄の指揮権発動で辞任した犬養健の後任として法相に就任し、後に衆議院議長にもなっている。

このように本を集めだすと、途中から、中身はどうでもよくなって、蒐集することにこだわり出すことになるのである。そして、とうとう、三宅判事が中央公論社編集者宛に出した葉書と手紙まで購入することになった。昭和18年5月4日の手紙は「拝啓御書面とお電話を頂きましたが小生目下高文試験の採点で地獄の苦しみです。

本月中はそのために他のことは何も出来ないわけです。国家というものは随分無駄な浪費をしているものです。来月になって又御相談致しましょう。匆々」とあり、その「来月」の6月12日の葉書は「御懇書拝受、然るところ、私は明朝出発で大津に出向きまして帰りは本月十七日頃かと存じます。従って、御希望ではありますが、本月は無理です。匆々」とある。雑誌への寄稿を頼まれていたのであろう。ちなみに、三宅判事は、中央公論昭和14年4月号に「若気」という面白い随筆を投稿しているが、その紹介は後日に譲ることとする。

II

戦前戦後を通じ、法律書以外で最も沢山の著書を出しているのは、おそらく大森洪太東京控訴院長ではないかと思う。戦前の司法界では、民事の大森、刑事の三宅と称された人である。三宅判事と並び立つ人であればということで、大森判事の著書も全部蒐集した。そのうちに、元裁判官の書いた随筆・回想録等であれば、見つけ次第購入することになった。その過程で気付いたことであるが、元裁判官の随筆等は、亡くなった法律家の遺族が親の蔵書を一括処分する際に古本屋に渡ることが多いらしいのである。

法律書関係の古本屋へ行くと、よく、狭い通路に入荷したばかりの蔵書が山積みされている。蔵書の持主はどんな法律家だったのだろうと、山を掻き分けてみたくなるのだが、「未整理につき手を触れないで下さい。」との紙が置かれており、背表紙を覗き込むだけで諦めざるを得ない。この山は、若い店員が仕分けをするのである。そうすると、一般には名前の知られることのない元裁判官の随筆集等は、どうしても、ふるい落とされてしまうことになる。それでも、古本屋では、直ちに捨てることはせず、一応、300円位の値を付けて軒先のワゴンに並べてみることにする。1か月も買い手がなければ、古紙として一括処分するのであろう。私は、このワゴンの中から、廃棄寸前の三宅判事『裁判の書』・『嘘の行方』を始め、『恩寵の器』(田辺公二追悼文集)、近藤完爾『乱帙録』・『近藤さんを囲んで』(同氏の米寿の御祝いの会で配られたものらしい)、樋口和博『峠の落し文』、山形道文『われ判事の職にあり』(山口良忠判事の評伝)などを救出した。もっとも、救出のための身代金は300円だから、人様に力を込めてお話しするほどのことではないのである。

ただ、しかし、山口良忠判事といえば、いうまでもなく、闇米買いを拒否して33歳で栄養失調により死亡し、裁判官の廉直性というものを、世に示すとともに、後輩への戒めとして残した人である。佐賀県白石町で同判事の父が日本初の私立図書館として開設し、同判事の弟が継続している弥栄郷土図書館には、同判事の遺影が今も飾られている。同判事は、裁判の独立を世に示した児島惟謙と共に、裁判所の大恩人である。お二人のお陰で、我々が一々説明するまでもなく、世の中の人は、裁判官の独立性、廉直性を分かってくれるのである。我々は、お二人の遺産で食べさせてもらっているようなものである。その人の評伝が古本屋の軒先で外気にさらされているのを見るのは、やはり忍びないものがある。先輩達がそのような扱いを受けないよう、私は、月に一度は古本屋の軒先を見回ることにしている。

III

もっとも、我々には、古本屋のことをあれこれいう資格がないのかも知れない。

私が東京高裁にいたころ、管内で『裁判の書』(牧野書店版)を所蔵していたのは長野地裁だけであった。資料課の人達も、古い元裁判官の名前など分からない。現場の裁判官達も、仕事に忙しくて、先輩の随想など読んでいる暇がない。古くなって借り手も現れない書籍は、機械的に廃棄されていく。ちょっぴり寂しい気がする。

そんな中で、最近嬉しいことがあった。関西に勤務する裁判官に、何気なく、「神余正義さんの『若き司法官の歩み』を御存じですか。」と尋ねた。同書は、神余大阪地裁判事補の日記を同期の坂井芳雄氏らが編集し、昭和27年と昭和45年に世に出したものである。私の尋ねに対し、右の裁判官は、「知っています。修習生時代に古本屋で偶然に見つけて読み、それが動機となって、私は裁判官に任官したのですよ。」と答えてくれた。その神余判事補は、「若い判事補の目」(判時556号12頁)で、「私の司法官志望の大きな動機、機縁の一つは、『嘘の行方』を始めて読んで三宅先生を知ったことである。大学へ進み、緑会学芸部の委員として数回お目にかかり、その豊富な体験、広い知識、高い知性がしかも大きな humanism に融合統一されて、先生の人格を形成していることを知った。」と記している。このように、時代を隔てて、裁判官を志した者の精神が受け継がれている実例を知ると、古本屋に感謝しなければならないと思うのである。

『近藤さんを囲んで』の中にも、「個々の裁判官は有限ですよね、いつか死ぬわけでしょう、死ななくても定年がくれば辞めて行くわけでしょう。だけどね、司法部というものは日本の国が健全である限りは永遠に続くはずのものですからね、誰かがある司法権を理想の姿で担って行かなければならないわけですよ。」(405頁)とある。このような先輩達の言葉は、古本屋の手を借りてでも、やはり次の世代にも伝えて行きたいと思うのである。私の集めた古本の中にも、若い裁判官に残しておきたいと思う話がいくつか埋もれている。そんな中から、今回は、吉田久大審院判事のことを御紹介したいと思う。

Ⅳ

昭和17年4月30日、東条内閣の下で、第21回衆議院議員総選挙が行われた。いわゆる翼賛選挙である。翼賛政治体制協議会が議員定数466名と同数の推薦候補者を決め、そのうち381名が当選した。戦争完遂を主張する推薦候補者には、翼賛政治体制協議会から臨時軍事費を流用した選挙費用が配分された反面、非推薦候補者に対しては警察等による激しい選挙干渉が加えられた。鹿児島県第2区でも、推薦候補者4名は全員が当選し、非推薦候補者6名は全員が落選した。落選した非推薦候補者のうち富吉栄二(後に芦田内閣逓相)、尾崎末吉(後に衆議院予算委員長)ら4名が、衆議院議員選挙法81条の「選挙の効力に関し異議ある選挙人又は議員候補者は選挙長を被告とし選挙の日より30日以内に大審院に出訴することを得」(原文はカタカナであるが、ひらがなで記す。後記の判決文についても同じ。)との規定に基づき選挙無効訴訟を提起し、吉田久判事が部長を務める大審院第三民事部に係属することになった。同部は、昭和20年3月1日、同法82条の「選挙の規定に違反することあるときは選挙の結果に異動を及ほすの虞ある場合に限り裁判所は其の選挙の全部又は一部の無効を判決すへし」との規定に基づき、「選挙は之を無効とす」との判決(以下「吉田判決」という。)を言い渡した。

被告の鹿児島県第2区選挙長は、右の82条の「選挙の規定に違反すること」とは選挙そのものが選挙執行の手続に関する規定に違背して行われた場合のみを指し、選挙運動取締に関する規定違背あるいは選挙取締の不妥当のごときは選挙の効力に影響を与えないから、本訴は不適法である、と主張した。吉田判決は、まず、この主張に対し、「不法なる選挙運動又は選挙の干渉若は選挙妨害が一定の選挙区に亘り全般的に且つ組織的に行はれ当該選挙区の選挙人に対し其の自由意思に基く投票が全般的に著しく抑圧せられ、選挙法の目的とする自由と公正とが全く没却せられたる如き場合に於いては其の結果に於いて当該地区に於ける選挙全体の効力に影響を及ぼすに至るべき虞あるを以て選挙法の目的とする公選の精神に鑑み猶ほ衆議院議員選挙法第82条に所謂『選挙の規定に違反する』ものと解すべきものとす」と判断している。その上で、吉田判決は、「国民学校長、町会長、部落常会長等が学校区常会、公会堂、部落常会に於て夫々自由候補者某々は共産党なれば投票すべからず自由候補者に投票するは陛下に弓を引く様なものなれば必ず推薦候補者に投票すべき旨或は推薦候補者に投票せざれば大東亜戦争に敗ける又陛下に対し奉り申訳なき旨談議した」等の事実を認定し、「以上説示する所を綜合考慮すれば本件鹿児島県第2区の選挙に於ては立候補届出の前後を通し不法の選挙運動が一般選挙人に対し又は選挙人間に全般的且組織的に行はれ選挙法の目的とする選挙の自由と公正とが没却せられたるものと認むるを相当とすべきが故に被告の本訴を不適法とする主張に対し前説示したる理由に依り衆議院議員選挙法第82条に所謂選挙の規定に違反する場合に該当するものと解すべきものとす。」と判断した。吉田判決は、131頁のガリ版印刷で、末尾には裁判長判事吉田久、判事森田豊次郎、判事武富義雄、判事松尾實友の署名捺印と共に、「梶田年は出張中に付署名捺印すること能はす　裁判長判事吉田久」との署名捺印がある。

吉田判決は、翌3月2日の朝日新聞で、「四代議士、一斉に失格」との見出しで報道され、「干渉の事実を肯定」との小見出しの下、「この提訴理由は当時の鹿児島県知事薄田美朝氏の指示により関係官公吏、学校長、警防団、警察署、壮年団等を動かし翼協推薦候補者の当選を期するためあらゆる方法を利用して不法に選挙運動を行ひ、かつ非推薦候補者に対して妨害を行ったといふにあり、大審院民事部では吉田裁判長以下5名の係判事がしばしば現地へ出張、横山助成、橋本清之助氏以下二百余人にわたる証人調べを行ったのち右のごとき無効判決を行ったもので判決理由とするところは一言にしていえば関係方面の選挙干渉の事実を肯定し推薦候補者の当選のみを目的とし不法に行はれた同区の選挙の効力を否定したものである。即ち同区の選挙に於ては立候補届出の前後を通じ、不法の選挙運動が一般選挙人に対しまたは選挙人間に全般的且つ組織的に行はれ、選挙法の目的とする選挙の自由と公正とが没却せられたものと認定、選挙法第82条にいはゆる『選挙の規定に違反する』を全般かつ精神的に拡張解釈した点で注目すべき新判例である。」と紹介されている。この記事を書いた野村正男記者は、「筆者は、当時、吉田判事の自室で、この判決の主旨の説明をうけたことを記憶しているが、吉田判事の顔色に、さすが、昂奮の色がかくせず、良心に従う者のみが持ちうる、昂然とした自信を見たことであった。」(『昭和史の断面』49頁)と記している。

吉田判決が、その内容において、大審院の歴史を飾るものであることは間違いないが、昭和19年に鹿児島地裁へ出張し二百余名の証人調べを行っていることにも驚かされる。御紹介したいのは、むしろ後者の方で、この点についての吉田判事の手記をそのまま引用することとする。

「わたしは裁判長としてこの訴状を調査し、これを容易ならぬ由々しき事件である。もし原告の主張する事実が真実であるとすれば少なくも鹿児島県第２区の選挙は衆議院議員選挙法82条に違反し無効とならざるを得ないと考えた。そこで他の関係部の部長の意見を聴く必要を感じ、部長会議を開き、わたしは右の所信を述べて他部長の意見を聴いたところ、各部長は皆わたしの意見に賛成してくれた(尤も政府がどんな選挙干渉をしても右法条違反にはならないとする説はあったが)。そこでわたしの腹は決まって、鹿児島に出張して、原告申請の証人を取調べる事になった。ところが当時鹿児島は空襲の烈しい所であったから、出張中に空襲でやられるかも知れないと思った。殊に鹿児島は、大同団結心の強い所であって、お上の命令はしもじもに徹底的に通る所であるので、けしからん判事がやって来た、やっつけて仕舞えということで、暴漢に襲われて死ぬかも知れない。現に東条首相らがサーベルをガチャつかせながら、裁判所はけしからん、時局を弁えない、と言って裁判所内を歩き廻っていた。そこでわたしは、死んでもいい、裁判官が事件の調べに行って殺されるのは、恰も軍人が戦争に臨んで弾に当って死ぬと同じことだ、悔ゆることはない、と考えて、遺言状を認めて妻に渡し、鹿児島へ事件の調べに行くが、今度は生きて戻れないかも知れぬ、もし帰れなかったら、あとのことはこの遺言状に基づいて処理せよ、と言いおいて出かけたのであった。遺言状を書いたのは、これが始めてであった。出掛けた判事は、部員判事、森田豊次郎・梶田年・武富義雄・松尾実友の４氏であった。５人の判事は各手分けして、県知事を始め二百名近くの証人を取調べたが幸にして事故は起らず無事帰庁することができた。そして原告の申請した証人によって主張する事実は全部立証された。」(「わたしのこしかた」中央大学学報32巻1号14頁)

右の手記にも出てくるが、鹿児島県第１区と第３区についても、選挙無効訴訟が提起され、古川源太郎部長及び岡村玄治部長の各部に係属した。古川部長は「吉田君の部で、現地の様子を調べるというので、私の部でも次席か三席に行ってもらった。岡村君の部でも、たしか田中秀雄さんが行ったはずです。ところが、どうも吉田君の部の空気は、無効説に傾いているらしい。それで、同じようなケースで、ちがった結果が出ても妙なものだから、お互い一度話してみようということで、連合ということでなく話合ったのです。ところが、どうしても意見が合わない。それで、霜山院長にも、一応耳に入れておいた方がよかろうということで、報告だけしたのですが、みな思う通りやられたらよかろうということで、相前後して、判決を言渡したのでした。私の部と、岡村君の部は、選挙の自由と公正を害するというほどには行っていない。有効説。吉田君の部は無効説――まあ、そういう風に分かれたわけなんです。」（野村正男『法窓風雲録〈上〉』（朝日新聞社、1966年）219頁）と語っている。無効判決の出た第2区では、終戦間際ではあったが、選挙のやり直しが行われ、非推薦候補者が前の倍以上の得票を得たとのことである。

吉田判事は、定年の63歳を待たず、判決直後の昭和20年3月5日に60歳で大審院判事を辞しているが、辞職の理由について、「当時の司法大臣松阪広政氏の、大審院判事を新しく入替えたいとの希望によるもので、わたしはその希望に応じたまでで翼賛選挙の判決をしたがためではない。同大臣も止むを得ない判決として了としてくれた。」と述べている（「わたしのこしかた」22頁）。確かに、吉田判事と同日付けで他に2名の大審院判事が辞職しているが、「古いものは一応皆辞めてくれ」ということで、三宅、大森、霜山、古川、岡村等の判事が辞職したのは、終戦後の岩田宙造司法大臣時代の昭和21年2月のことであるから、吉田判事の辞職理由が右の回想のとおりであるかどうかは定かでない。

Ⅴ

大審院は、昭和20年3月10日未明の東京空襲でほぼ全焼した。同年４月９日には、鹿児島地裁所長官舎が直撃爆弾を受け、所長一家が即死した。吉田判事の郷里の福井に嫁いでいた同判事の長女は、同年７月19日の福井空襲の時と思われるが、戦災で死亡している。私は、福井の片田舎の停車場で、集まってきた村人達と共に、福井市の空が遙かに紅く染まっているのを呆然と眺めていたことを思い出す。

吉田判事は、在官中から母校の中央大学で民法の講義を行っていたが、退官後もこれを続け、終戦後は、鳩山一郎の誘いで自由党政務調査会の顧問となって同党の新憲法綱領等の起案に参画し、昭和21年８月21日から憲法施行まで、私学の代表の１人として勅選による貴族院議員を務めた。私は、最高裁大法廷の参議院議員定数訴訟の書証として提出された昭和21年12月５日の参議院議員選挙法案特別委員会議事速記録を読んでいて、吉田久議員が登場するのに出会った。吉田議員は、参議院に独自性を持たせ、良質の議員を得るため、参議院議員は衆議院が推薦した候補者の中から国民が選挙するのがよいと主張している。一見特異な見解にも見えるが、政党等が候補者を推薦する現在の参議院比例代表議員の選挙に似た制度を提唱しているともいえる。

吉田判決の話は、サンデー毎日の昭和33年５月特別号「特集・昭和の名裁判長物語」の中で「翼賛選挙に無効の判決――遺言書いて東条に挑んだ吉田久氏」として紹介され、それがテレビドラマ化されて、昭和34年５月６日及び13日、ＫＲＴＶ(現ＴＢＳ)の「大審院――ある裁判官の記録」(憲法週間特別番組)として放送された。その一部が法学セミナー１９５９年８月号に再現されている。吉田判事役が佐分利信、夫人役が三宅邦子、長女役が加藤治子、その他、下条正巳、下元勉、植村謙二郎、小松方正など、懐かしい名前が並ぶ。吉田判決は、『法窓風雲録〈上〉』２２８頁、今井清一「横行した露骨な干渉」朝日ジャーナル１９６５年10月24日号78頁でも紹介されている。なお、吉田判事は、昭和39年、中央大学教授を定年退官したが、その間、『日本民法論』(総則編)(物権編)(債権編総論)、『墓地所有権論と墓地使用権論』などを著している。

VI

吉田判決は、もう一つの職業人物語を残している。霜山精一大審院長は、「大審院の判決記録は、長野県の飯山の区裁判所に疎開させてあったものですから、幸い焼けないでソックリ残っているんですよ」(『法窓風雲録〈上〉』240頁)と語っているが、そのとおり、最高裁には、大津事件判決や、児島惟謙及び大審院判事6名に対する懲戒事件判決(いわゆる司法官弄花事件で、児島らが花札賭博をしたという申立てであったが、証拠不十分で免訴の判決となった。児島の追い落としを意図した事件といわれる。)など、大審院の判決がほとんど保存されている(荒巻正夫「大審院及び最高裁判所裁判原本の整理を終って」法書160号22頁)。右の霜山院長の話について、前田牧郎大審院書記長は、「いや、実は、あれは、残ったのではなくて、まことに苦心サンタンして残したものなんですよ。院長にもむろん御相談したことですが、疎開させようと思っても、箱詰めの材料から、トラックから、大審院には何一つといってないでしょう。それを、何度も、刑務所へかけ合ったりして、やっと間に合わせたんです。継続している記録は、係りの書記が持っていて、万一の時は袋に入れ、かついで逃げることにしていました。そして逃げられん夜などは、階下へ投げることにしていたんです。大空襲の夜も、こういう記録が、民事で401件、このうち、焼けたのは4件でしたかな。刑事の方は、二百四、五十件ありましたが、これは十数件焼き残しました。」と語っている(『法窓風雲録〈下〉』(朝日新聞社、1966年)187頁)。まさにプロジェクトXである。吉田判決も、大審院書記に担がれて戦火を逃れたのであろう。空襲の中で走り回った「地上の星」達のことも、高い空からツバメに語り伝えてほしいと思うのである。

初出：法曹655（2005年5月）号2頁

第4章　司法の役目は法の支配が行き渡った社会にすること

I　裁判所の役割とは

1　――泉先生は、最高裁判事として、外国人に関するものを含む多くの事件で補足意見や反対意見を書かれています。裁判官出身の最高裁判事としては大変珍しいように思いますが、この原動力は何だったのでしょうか。

裁判官任官以来、私は原審の判断や調査官報告書に引きずられることなく、自分の頭で考えようとしてきました。司法行政では上司の指示に従わなければなりませんが、裁判の場面では、どんな事件でも自分で考え、自分で納得したことを書いてきました。

私は、裁判官出身といっても、裁判はあまりしておらず、事務総局勤務が長かったのですが、事務総局では国会や行政庁と接する機会が多く、司法と立法・行政の距離関係がどうあるべきかを考えさせられました。そこで、最高裁判事になってからも、立法・行政の公権力の行使の適否を判断する際に、司法はどのような態度で臨むべきかということを常に意識しておりました。

そして、憲法訴訟などとなると、日本に先例のないケースが多く、自分で国会図書館等に足を運んだり、米連邦最高裁の判例を調べるなどしておりました。そういうところから、自然と補足意見や反対意見が多くなったのだと思います。

２　――泉先生が考えられる裁判所の役割とは何でしょうか。

私は最高裁調査官時代にサラリーマン税金訴訟（最大判昭和60年3月27日）を担当したとき、正直、違憲か合憲かを決める基準、合憲の判断の仕方がわからなかったのです。それで、芦部信喜先生の基本書を読んだり、アメリカの文献を勉強したりして、アメリカでは司法と国会、行政の役割分担というものを非常に意識して違憲審査基準を定立していることを学び、裁判所の役割には以下の３つがあるのではないかと考えるようになりました。

１つ目は、民主主義システムが正常に動いているかどうかを見守る機関であるということです。ですから、立法・行政の判断の中身についてはあまり口出しすべきでないが、選挙制度や情報公開のような立法・行政のシステムが憲法の理念に適っているかは厳格に審査すべきであると考えます。立法や行政の政策が不当であれば、国民は投票でこれを改めさせることができます。しかし、投票権自体が不平等である場合は、国民はどうしようもありません。司法の出番です。

２つ目は、民主主義を正常に機能させるために不可欠な思想の自由、表現の自由などの個人の権利を守らなければならないということです。公権力が表現の自由等を制約する場合は、その合憲性について、裁判所は厳格に審査すべきということです。

３つ目は、少数者の権利の救済です。民主主義が正常に機能していても、多数決原理の下では少数者の権利が犠牲にされがちです。少数者の憲法で保障された権利を守るのは司法の役割です。とくに外国人は選挙権も持たない少数者ですから、その人権の救済は裁判所の役割だと思います。

３　――この３つの役割を意識されている裁判官はどのくらいいらっしゃるのでしょうか。

多くはないと思います。３つの場合は、司法として、個人の権利に対する制約が許されるかどうか、平等権の場合は区別が許されるかどうかを厳格に判断しなければならないにもかかわらず、どんな場合でも、制約・区別に「合理性があるかどうか」という緩やかな基準で判断するため、ほとんどの制約・区別が許されることになってしまうのだと思います。

Ⅱ　外国人の権利救済

１　――３つの役割のうち、少数者の権利救済という裁判所の役割を、現在の裁判所は果たしているとお考えですか。とくに日本国籍を持たない者は、立法において意思を反映させる手立てがなく、司法からもマクリーン判決の下で見捨てられているようにも見えます。

現在のキャリアシステムの下で、裁判官は統治機構の一員であるという意識が強く、紛争が国全体・社会全体と個人との対立である場合、国側の都合を優先しがちです。裁判所は、人権の救済を求める人が少数グループに属するかどうかということもほとんど意識しておりません。最高裁は、公権力によって個人の憲法で保障された人権が制約されている場合、それが合憲か違憲かを審査する際、「国家行為による権利自由の制約の合憲性は、国家行為の目的及び内容並びに制約の態様等を総合的に衡量して、国家行為による制約を許容しうる程度の必要性及び合理性が認められるか否かという観点から判断する、また、法的な差別的取扱いの合憲性は、事柄の性質に応じた合理的な根拠に基づいているか否かという観点から判断する」という枠組みで判断しています。私は、これを「総合的衡量による合理性判断の枠組み」と呼んでいるのですが、諸々の事情を総合的に衡量して合理的かどうかを判断するというのですから、結局のところ、裁判官の胸三寸でどうにでもなります。これは、違憲審査基準と呼べるようなものではありません。

そして、裁判所は立法・行政の裁量を尊重しますから、なかなか個人の人権が救済されません。憲法施行後の72年間で違憲判決が法令違憲10件、処分違憲14件、合計24件にとどまっているというのも、今言いましたような審査手法に原因の一端があります。

そのうえ、マクリーン判決は、「外国人に対する憲法の基本的人権の保障は、外国人在留制度の枠内で認められるにすぎない」、すなわち、法務大臣の入管法に基づく処分には憲法による制限がかからない、そして、法務大臣は外国人の在留に関し広汎な裁量権を有している、というのですから、外国人は救われません。

2　――裁判所のそういった姿勢を変えていくためには、弁護士は何ができますか。

まず、違憲審査基準の問題ですが、最高裁の判例を分析すると、全体としては「総合的衡量による合理性判断の枠組み」にとどまっているものの、そこから一歩進んで、合理性を判断するための基準として、たとえば、最大決平成10年12月１日（裁判官分限事件）は、表現の自由の制約について、制約の目的が正当であって、その目的と制約の手段との間に合理的関連性があり、制約により得られる利益と失われる利益との均衡を失するものでないなら、憲法21条1項に違反しないというべきである、と言っております。つまり、制約の目的の正当性、目的と手段との関連性及び比例性を要求するという、目的・手段の審査を行っております。そして、法令違憲裁判の10件中6件までが目的・手段の審査を行っています。これらの判例は、精粗の差はあるものの、個人の権利自由を制約する国家行為が合憲であるためには、国家行為の目的が正当であり、かつ、国家行為の採用している手段が当該目的を達成するために必要かつ合理的なものであり、制約によって得られる利益と失われる利益が均衡を失するものでないことを要すると言っております。

ドイツの裁判所が違憲審査の基準として採用している三段階審査論では、手段の審査の段階で、当該制約が正当な目的を達成するのに適合的かつ必要不可欠で、しかも目的に比して均衡のとれた手段となっているかを審査する、すなわち比例原則に適っているかどうかを審査します。比例原則とは、目的を達成するための規制手段が、規制目的を達成するための手段として役立つことを要求する(適合性)、規制手段が規制目的を達成するのに本当に必要であることを要求する(必要性)、かつ規制により失われる利益に比して得られる利益が大きいことを要求するものです(狭義の比例性)。

欧州人権裁判所の欧州人権条約違反の審査基準も同種のもので、制約が法律で定められていたか否か、制約は正当な目的を追求していたか否か、当該目的を達成するために当該制約が民主的社会において必要であるか否か(制約が目的と比例していたか否か、制約の理由が関連性があり十分なものか否か)を審査するものです。

日本の裁判所の目的・手段の審査基準の精度を高めていくと、ドイツの裁判所や欧州人権裁判所の審査基準にたどり着くと思います。これら三者は同種のものです。日本の裁判所も精度を高めることにはそれほど抵抗がないと思います。そして、私は、この審査基準は、裁量権濫用の審査にも応用できると思います。国家行為による個人の権利自由の制約が違憲である、あるいは裁量権の濫用であると主張する場合、単に、制約が不合理である、社会通念に照らし著しく妥当性を欠く、と大まかに主張するのではなく、制約の目的の正当性、手段の適合性・必要性・比例性を欠く、と分析的に主張するのが効果的ではないかと思います。裁判官にいくつかの関門をくぐってもらう。そうすることによって審査の精度を高められると思います。そうして、救われるべき人権が救われてくると思います。

ここで一つお断りしておきますが、最大判平成20年6月4日(婚外子国籍取得制限規定違憲)、最大決平成25年9月4日(婚外子相続分差別規定違憲)は、少数者の権利を救済した画期的なものだと思います。私を含め何人もの人が、長年にわたり婚外子相続分差別規定は違憲であるとの反対意見を繰り返してきたことが、実を結んだものと思います。不合理なものは不合理と根気よく訴えることが大事だと思います。少数意見もいつかは多数意見になります。

３　――いわゆる退去強制の事案などは基本的にこの審査方法のような考え方すら受け入れられていないように思えるのですが。

退去強制処分取消請求等の事件でも、処分は法律に基づいているか、処分の目的は正当か、処分によって得られる国家の利益と処分によって失われる外国人の利益が比例しているか、という審査は一応されていると思います。この中で最も問題になるのは、比例性の問題であると思います。処分によって得られる国家の利益といっても、単なる不法残留の外国人を退去させることによって得られる国家の利益と、重大な犯罪で有罪の判決を受けた外国人を退去させることによって得られる国家の利益とは、随分違うと思います。また、処分によって失われる外国人の利益のほうも、独身で在留期間の短い外国人が失う利益と、家族と共に長く在留している外国人が失う利益とは異なります。家族の中に学童が含まれているかどうか、家族が２か国以上に分断されるか等によっても、当該外国人が失う利益は随分と異なります。

そのため、代理人は、比例性の点でできるだけ分析的に精緻化して主張されるべきだと思います。先例や法務省ガイドラインとの照合も必要です。

４　――裁量権の逸脱・濫用を主張する際にも、裁判所が比例原則を使っている裁判例等を参考にして、もう少し精緻化して当てはめをして主張すべきということですね。

ええ、そうです。たとえば、マクリーン判決においても、目的・手段の審査基準で見直しますと、目的審査でアウトだと思います。処分の目的は、日本における政治活動を封殺することにあり、その政治活動も日本の秩序を乱すものではなく平和的な段階にとどまっているというのですから、表現の自由を妨害するものにほかならず、正当性を有しておりません。

Ⅲ　マクリーン判決の問題点

１　――マクリーン判決は、外国人事件を扱う者にとって、いまだに大きくそびえ立っている壁です。今の泉先生のお話を聞いていても思うのですが、マクリーンの事件が今起きたら、さすがに違法になるのではないかなという感覚もあります。

そう思いますね。マクリーン判決には明らかに論理の飛躍があります。

マクリーン判決が、①国際慣習法上、国家は外国人を受け入れる義務を負うものではなく、特別の条約がない限り、外国人を自国内に受け入れるかどうか、また、これを受け入れる場合にいかなる条件を付するかを、当該国家が自由に決定することができるものとされている、②憲法上、外国人は、我が国に入国する自由を保障されているものでないことはもちろん、在留の権利ないし引き続き在留することを要求しうる権利を保障されているものでもない、③「したがつて、外国人に対する憲法の基本的人権の保障は、右のような外国人在留制度のわく内で与えられているにすぎないものと解するのが相当であつて、在留の許否を決する国の裁量を拘束するまでの保障、すなわち、在留期間中の憲法の基本的人権の保障を受ける行為を在留期間の更新の際に消極的な事情としてしんしやくされないことまでの保障が与えられているものと解することはできない」と判示しております。①②は正しいのですが、①②から③の結論は出てきません。「したがって」とはなりません。論理に飛躍があります。憲法が外国人の在留の権利について規定していないからといって、憲法が規定する在留以外の人権保障は外国人に及びますから、それを無視して在留関係の処分をすることができるということにはなりません。

この点、欧州人権裁判所の２０１３年4月16日判決(Udeh v. Switzerland)は、①国家は、確立された国際法の原則に基づいて、かつ条約上の義務に違反しない限りにおいて、その領土への外国人の入国と在留を管理する権限を有する、②欧州人権条約は、外国人が特定の国に入国しあるいは在留する権利を保障しておらず、締約国は、公共の秩序を維持する職務の遂行にあたって、刑事有罪判決を受けた外国人を国外に退去させる権限を有する、③しかしながら、この分野における締約国の決定は、欧州人権条約で保護された権利を制約する限り、民主的社会における法と必要性に適合していなければならない、すなわち、重要な社会的必要性によって正当化され、とりわけ、達成せんとする適法な目的との均衡性によって正当化されなければならない、と判示しております。①②は、マクリーン判決と同じです。しかし、③が正反対です。「しかしながら」なのです。法理論的にこちらが正しいのです。欧州人権条約が外国人の在留の権利について規定していないからといって、欧州人権条約は締約国内のすべての人の人権を保障しておりますから、締約国の在留関係の処分も欧州人権条約の人権保障の枠内で行う必要があります。

法務大臣の行う退去強制処分は、国家権力の行使です。国家権力は、憲法に従って行使しなければなりません。憲法41条は、「国会は、国権の最高機関であつて、国の唯一の立法機関である」と規定しています。法務大臣の退去強制処分も、最高機関である国会の定める法律に従って行わなければなりません。したがって、法務大臣は、国会の定めた入管法に従って退去強制処分を行っており、憲法の下で退去強制処分を行っているのです。そして、憲法98条1項は、憲法は国の最高法規であって、これに反する法律等は効力を有しないと定めています。入管法も、憲法に反する部分があれば、効力を有しません。また、憲法99条は、公務員等の憲法遵守義務を定めております。法務大臣は、憲法を遵守する義務を負っています。法務大臣は、憲法の枠内で、入管法に基づき、国家権力の行使である退去強制処分を行っているのです。行政が憲法の枠内で行われるということは当然のことです。

マクリーン判決自体も言っているように、憲法第3章の諸規定による基本的人権の保障は、権利の性質上日本国民のみをその対象としていると解されるものを除き、我が国に在留する外国人に対しても等しく及びます。法務大臣の退去強制処分は、これらの人権保障の枠の中で行わなければなりません。退去強制処分が憲法の保障する人権を制約する場合は、その制約が許されるかどうかを目的・手段の審査基準によって審査する必要があります。「外国人に対する憲法の基本的人権の保障は、右のような外国人在留制度のわく内で与えられているにすぎない」などという考え方は、法理論、憲法理論として通用するようなものではなく、明らかな誤りです。また、国際的にも通用しません。

2　――マクリーン判決当時、日本は国際人権条約を批准していなかったので、マクリーン判決自体は法務大臣の裁量と人権条約との関係を規律したものではないと考えます。ただ、この「外国人に対する憲法の基本的人権の保障は、右のような外国人在留制度のわく内で与えられているにすぎない」という判示が一人歩きし、在留資格のない外国人は、人権保障がないかのごとく扱われているように見えます。

そうですね。日本の裁判所は、マクリーン判決の誤った考え方を法務大臣の退去強制処分と国際人権条約との関係にも及ぼして、「国際人権条約による人権の保障は、外国人在留制度の枠内で与えられているにすぎないものと解するのが相当であって、在留の許否を決する国の裁量を拘束するまでの保障でない」と言っております。これも完全な誤りです。

条約は、入管法などの法律より上位の法規であり、憲法第10章最高法規の中の98条2項も「日本国が締結した条約及び確立された国際法規は、これを誠実に遵守することを必要とする」と規定しております。国家権力の行使も、我が国が締結した条約の下で行う必要があります。法務大臣は、我が国が締結した国際人権条約の下で退去強制処分を行う必要があります。

国際人権条約の規定の中には、個々の人に具体的・現実的権利を保障しており、裁判官の司法判断においてそれ自体で判断の根拠として用いうるもの、すなわち直接適用可能性（自動執行力ともいいます）を有する規定が多くあります。直接適用可能性を有する規定の場合、裁判所は、もっぱら当該規定のみを根拠として、個人の権利の救済を図ることができ、図るべきです。

条約の中で最も重要なのは「市民的及び政治的権利に関する国際規約」（自由権規約）で、外国人を含む日本の領域内にあるすべての個人の人権を保障し、その規定のほとんどが直接適用可能性を有しております。退去強制処分も、自由権規約17条１項及び23条１項による家族の保護、24条１項の児童の保護等の制限の下で行う必要があります。自由権規約委員会の日本政府に対する２０１４年総括所見は、「委員会は、締約国によって批准された条約が国内法の効力を有することに留意する一方、規約の下で保護される権利が裁判所によって適用された事例の件数が限られていることを懸念する」と述べています。日本の裁判所の解釈は、とても国際的に通用するものではありません。

そして、裁判所は、憲法と行政処分に関するマクリーン判決の誤った判断を、国際人権条約と行政処分との関係に及ぼしているうえに、国際人権条約と事実行為(収容)との関係にまで及ぼしているのです。マクリーン判決は、事実行為については何も触れておりません。

たとえば、東京地判平成29年12月12日は、原告が、退去強制手続により収容されることにより、原告の家族関係が破壊されるものであり、家族は社会の自然かつ基礎的な単位であり社会及び国による保護を受ける権利を有すると定めている自由権規約23条１項の趣旨に照らし、損なわれる利益は極めて大きいと主張したのに対し、「外国人を自国内に受け入れるかどうか、これを受入れる場合にいかなる条件を付すかは、国際慣習法上、当該国家が自由にこれを決することができるところ、自由権規約も、13条において外国人について法律に基づく退去強制手続を容認していることからすれば、上記国際慣習法上の原則を当然の前提とするものということができる。そうすると、自由権規約23条１項が、外国人の在留の権利を特に定めたものということはできず、同項が、……入国者収容所長等の裁量権を制約する根拠とはなり得ないというべきである」と判示しています。まず、指摘の国際慣習法が、外国人を自国に受け入れるかどうかを当該国家の自由に決するところに委ねているとしても、外国人が退去強制手続において自由権規約による人権保障を受けることを何ら否定するものではありません。13条自体も、外国人の追放は法律によるべきこと、外国人は追放について権限ある機関によって審査を受けることができること、その機関に代理人の出頭が認められることというもので、外国人の人権を保障する規定です。自由権規約委員会が個人通報に対して示した「見解」も、自由権規約の人権保障が外国人に及ぶことを当然のこととしております。現に、退去強制処分が23条1項に違反するとした見解(２０１８年7月17日等)や、不当に長い収容が9条1項に違反するとした見解(２０１５年3月26日)など、退去強制関係の処分を自由権規約違反とした見解はいくつもあります。この東京地裁判決は、何重にも誤りを犯しております。国際的にはとても通用しません。

マクリーン判決の誤りがここまで影響を与えているとすると、早く何とかしなければならないという思いを強くします。

Ⅳ　国際人権法を裁判に反映させるために

１　――収容の話が出ましたが、現在、退去強制令書に基づく「収容」に期限がなく、長期化していることが問題化しています。その収容の基準も曖昧で、治安維持のために収容を流用しているような事態が生じています。日本の入管行政の分野では、法律ではごく大雑把にしか決めず、すべて行政の裁量に任されているように見えます。外国人政策に法の支配を行き渡らせるために、裁判所や法曹実務家はどのような役割を果たせるでしょうか。

外国人政策に法の支配を行き渡らせるためには、裁判所や法曹実務家は、法務大臣のあまりに広い裁量に委ねている部分に憲法や国際人権条約の光を当てることだと思います。

収容の問題については、まずこの問題を法廷に持ち出すことだと思います。そこに、国際的な水準がどうであるかを持ち込むことが重要であろうと思います。たとえば、自由権規約委員会の日本政府に対する２０１４年の「総括所見」は、「庇護申請者及び不法移住者の退去及び収容」の中で「収容決定に係る独立した審査もない中での長期にわたる行政収容があることを懸念する（第2条、第7条、第9条及び第13条）」と指摘していますが、裁判官はこのような指摘を知らないでしょう。

２　――外国人事件の訴訟の中で、国際人権条約に基づく主張をしても結局は無視されてしまうので、条約は法源ではないと考えているのではないかと思ってしまうほどです。条約を裁判規範として用いることについて裁判所はどう考えていると思われますか。

裁判官が条約を法源と考えていない、ということはないと思います。たとえば、東京高判平成5年2月3日は「（自由権規約）14条3(f)に規定する『無料で通訳の援助を受けること』の保障は無条件かつ絶対的のものであって、裁判の結果被告人が有罪とされ、刑の言い渡しを受けた場合であっても、刑訴法１８１条1項本文により被告人に通訳に要した費用の負担を命じることは許されない」、高松高判平成9年11月25日は「（自由権規約）14条1項は、その内容として武器平等ないし当事者対等の原則を保障し、受刑者が自己の民事事件の訴訟代理人である弁護士と接見する権利をも保障していると解するのが相当であり、接見時間及び刑務官の立会いの許否については一義的に明確とはいえないとしても、その趣旨を没却するような接見の制限が許されない」（一審の徳島地判平成8年3月15日も同旨）、京都地判平成25年10月7日は「わが国の裁判所は、人種差別撤廃条約上、法律を同条約の定めに適合するように解釈する責務を負うものというべきである」、高松高判平成28年4月25日は、人種差別撤廃条約は国法の一形式として国内法的効力を有し、公権力と個人の関係を規律する、などと述べております。

ただ、裁判官は、国際人権条約にあまりなじんでいない、ということだと思います。先ほど述べた条約の直接適用可能性・自動執行力について理解している裁判官は少ないかもしれません。条約は国と国との約束であって、国内で条約の内容を適用するには国内法で定めることが必要なのではないかと思っている裁判官も多いかもしれません。当事者は、裁判官が国際人権条約を知らないという前提で、丁寧に説明する必要があるかと思います。

３　――泉先生はどうやって国際人権条約等の知識を得られたのですか。

私も若干の本を読んだだけです。私が述べていることは、先に挙げた判例や「見解」以外はすべて本に書いてあることです。しかし、裁判官で条約の勉強をしている人は少ないと思います。ですから、裁判官は知識がないという前提で丁寧に説明したほうがいいということです。

４　――そういう意味では、弁護士も同じなのかもしれません。つまり、裁判官に対し、一部のうるさい弁護士がなんか言っているなという感覚を抱かせてしまっているのではないか。弁護士自身も国際人権法を使っていろいろ主張するという努力をして、国際人権条約上の主張が全国の裁判所で一般的になれば裁判官の意識も変わるのではないでしょうか。

それはあると思います。裁判所の姿勢を変えていくためにはさまざまな努力が考えられますが、私が思うところは、以下の６点です。

①まずは、訴訟における主張の中で、国際人権条約の条文を持ち出すことだと思います。人権判断で消極的な

裁判所を動かすものは、関係する国際人権条約、外国の法制だと思います。最高裁大法廷判例の中でも画期的なものといえる平成元年３月８日判決は、法廷内メモを認めたものですが、自由権規約19条２項を引用しております。平成20年６月４日判決は、国籍法の婚外子差別を違憲としたもので、平成25年９月４日決定は、婚外子の相続分差別を違憲としたものですが、いずれも自由権規約、子どもの権利条約を引用しております。これまでの取扱いを変えるには国会、内閣、裁判所内部等、各方面を説得し納得させる必要があります。それには、我が国が批准した国際人権条約が一番有効な道具になるから引用しているのです。

②それから、条文のほかに、当該条文の解釈を示す判例ともいうべき国連の自由権規約委員会などの「見解」を提出すると、説得力を増すと思います。

③自由権規約の初期の草案をモデルとして作られた欧州人権条約には、自由権規約と同種の規定がありますから、欧州人権裁判所の判例を提出するのも有効であると思います。婚外子相続分差別を違憲とした平成25年大法廷決定は、ドイツおよびフランスの法改正を引用しておりますが、この法改正を引き出したのは欧州人権裁判所の判例です。東京地判平成25年３月14日は、成年被後見人の選挙権の一律剥奪を違憲としましたが、この判決を引き出したのも、当事者が証拠として提出した欧州人権裁判所の判例です。

④現在の裁判所が国際人権条約に直接向き合おうとしない最大の原因は、最高裁が条約違反の主張を無視しても、訴訟当事者は何もできないからです。条約は法律より上位の法規であるにもかかわらず、当事者が条約違反の主張をしても、単なる法令違反の主張にすぎない、適法な上告理由に当たらないとして上告不受理決定で済まされます。個人通報制度を導入し、当事者が国連の自由権規約委員会等へ申立てをすることができるようになれば、最高裁は条約違反の主張に緊張感をもって向き合うでしょう。ただ、日本に個人通報制度を導入することは、容易なことではありません。

⑤そこで、民事訴訟法、刑事訴訟法を改正して、条約違反の主張を上告理由に加えるのがよいと思います。弁護士会としても、この訴訟法の改正に力を入れてはどうかと思います。

⑥また、弁護士会は、この問題を国連の自由権規約委員会等の政府報告調査委員に訴えて、最高裁が人権条約違反の主張に向き合おうとしないことを説明し、そのことを政府報告に対する総括所見に反映してもらってはどうかと思います。もっとも、自由権規約委員会の２０１４年の総括所見を見ますと、弁護士会はすでにロビー活動をしているようですね。

Ⅴ　国際水準の人権判断へ

１　――今日、泉先生のお話を拝聴し、泉先生が今もなお勉強されていて、これまで法律家として歩んでこられた道というような、姿勢というようなものを目の当たりにした思いですが、先生の根本にある法の支配が行き渡っている社会という考え方には何か背景はあるのですか。

青臭いかもしれませんが、子どものときに戦前の日本を見てきましたから。戦前においては個人というものはなかったですよね。戦後、初めて個人の尊重が主張されて、それを柱にしようじゃないかということでできたのが今の憲法。これはアメリカの人たちが作ったものではあるけれど、個人の尊重を中心に据えて考えるというような発想は、戦前のことを多少とも知っている人間からすると、画期的なことなのです。そのことがだんだんと忘れ去られ、「右へならえ」的な動きが出てきて、個人の尊重を言うとバッシングを受けるような時代になってきています。だから、もう少し個人の尊重が中心だということにもっていかないと危ないぞという感覚があります。そういうものが背景にあるのではないでしょうか。

２　――最後に、若手弁護士に向けてのメッセージ、アドバイスをお願いします。

昨年末の在留外国人の数は２９３万人で、これからも増え続けるでしょう。私は、人数の多寡を図る基準として、生まれ故郷がある北陸三県を選びます。北陸三県の人口が２９４万ですが、在留外国人の数は間もなくこれを追い抜くでしょう。外国人の人権問題がますます増えてくると思います。しかし、この問題に対する我が国の態度はやや鎖国的で、法務大臣の処分も裁判所の判断も人権問題に理解があるとはいえません。

国際人権条約による人権の国際的保障は、個人の人権というものは、一国内の憲法、裁判所、国民の監視だけでは守られないという第２次世界大戦下の経験から生まれました。個人の人権を国際的連携によって守っていかなければならないという考えの下に、国際人権条約が生まれました。

若手弁護士には、繰り返しにはなりますが、自由権規約委員会などの「一般的意見」「総括所見」「見解」や、欧州人権裁判所の判例、その他の外国の法制を調べていただいて、これらを裁判所、法務省、国会等に持ち込んで、我が国の人権判断を国際水準に持っていってほしいと願っております。

初出：外国人事件ビギナーズ ver. 2（２０２０年）24頁

第5章　欧州裁判官評議会

Ⅰ　欧州評議会と欧州裁判官評議会

欧州評議会は、欧州連合(EU)の27か国に、ロシア、トルコ、南東欧諸国、旧ソ連邦諸国の一部を加えた47か国[1]で構成されており、約8億5千万人の住民を擁している。日本、アメリカ、カナダ、メキシコ、バチカンは、そのオブザーバーとなっている。欧州評議会は、人権、民主主義、法の支配という共通の価値の実現に向けた加盟国間の協調の拡大を目的として、フランスのストラスブールに設立されたもので、加盟国が欧州人権条約を締結し、欧州人権裁判所を設置している。

欧州評議会の閣僚委員会(加盟各国の外相によって構成)は、欧州評議会のメーン・テーマは法の支配にあり、司法がその土台をなすものであるとの認識の下に、欧州における裁判官の役割を強化するため、2000年、欧州裁判官評議会(Consultative Council of European Judges)を設置した。欧州裁判官評議会の主たる任務は、裁判官の独立、中立及び権限にかかわる一般的な問題について、閣僚委員会に意見書を提出することである。閣僚委員会は、加盟各国が意見書の指摘する問題に対応して司法の独立を確保するための施策等を講じているか否かにつき、これを監視する。

Ⅱ　欧州裁判官評議会意見書「司法判断の質」

私は、最高裁の出張命令で、２００８年の欧州裁判官評議会第９回会合に参加した。議題は、第11意見書案「司法判断の質（The quality of judicial decisions）」の検討・採択である。「裁判の質」といった方が分かりやすいかも知れない。採択された意見書は、「序論」、「司法判断の質の要素」、「司法判断の質の評価」からなっているが、その主要な点について、在ストラスブール日本国総領事館の鷹野旭領事（裁判官出身）がまとめたものを最高裁を通じていただいたので、そのままここに引用することをお許し願いたい。

【司法判断の質の要素】

①司法判断の質は、立法府が制定した法令の質に左右される。議会が、法令の司法制度に及ぼす影響を評価検討することが重要である。

②司法判断の質は、司法部門に分配される人的、財政的、物的資源や、個々の裁判官が受ける財政面での保障に依存している。

③裁判官及び他の法律専門家の法律教育及び研修の質は、司法判断の質を確保するために極めて重要である。

④裁判官に法以外の分野の研修を提供することや、裁判所職員に研修を受けさせることも重要である。

⑤司法判断の質は、司法制度における多数の関係者の相互作用の結果である。

⑥裁判官の専門家意識（プロフェッショナリズム）は、司法判断の質の主要な保障であり、司法判断に影響を及ぼす内部的環境のうちの重要な部分を占める。

⑦このような内部環境としては、他に、訴訟手続及び事件管理が重要である。事件管理のグッドプラクティスに関する標準モデルの確立が奨励される。
⑧欧州人権裁判所の判例が要求する全ての事件で弁論が開かれるべきである。
⑨手続の公平な運営、法原則の正しい適用、事実的背景の評価、そして執行可能であるということは、いずれも、司法判断の質に貢献する本質的要素である。
⑩司法判断は、明快かつ簡潔な言葉で書かれるべきである。各裁判官は、自分自身の様式を用いることも、標準モデル様式を利用することも許されるべきである。
⑪司法当局が、司法判断の起案を容易にするためのグッドプラクティスをとりまとめることを推奨する。
⑫司法判断には、原則として理由が付されるべきである。司法判断の質は、第一義的には、その理由付けの質による。
⑬各国の伝統にふさわしい形で、上級審への不服申立を規制するメカニズムを設けるべきである。
⑭裁判官の反対意見は、司法判断の内容を向上させることに貢献するとともに、司法判断及び法の発展を理解する一助となる。

【司法判断の質の評価】

①司法判断の質を評価するためには、司法制度全体が検討されなければならない。訴訟手続の長さ・透明性及び訴訟運営に注意が払われるべきである。
②司法判断の質の評価は、欧州人権条約の基本原則に則って行われなければならない。
③司法判断の質の評価は、司法全体の独立及び個々の裁判官の独立に干渉すべきではなく、自己目的化した官僚

的道具であるべきではなく、また、他の目的のために行われる個々の裁判官の職業能力の評価と混同されるべきでない。評価制度は、司法判断の正当性を脅かしてはならない。

④評価は、法令の改正、司法制度の改正・改善並びに裁判官及び裁判所職員の更なる研修について、その必要性の有無や具体的内容を特定することを目的として行われるべきである。

⑤評価に当たっては、複数の方法を組み合わせることが望ましい。

⑥裁判官同士の同僚による評価や自己評価を推奨する。また、司法の独立が尊重される限り、評価に外部の者が参加することを推奨する。

⑦各国の最上級裁判所は、その判例、司法実務の調査、年次報告により、司法判断の質とその評価に貢献できる。判例が明確で、一貫し、安定していることが極めて重要である。

⑧司法判断の評価は、司法評議会が存在する国では司法評議会の権能とすべきであり、存在しない国では裁判官の独立を保障する同等の独立機関の権能とすべきである。

Ⅲ　司法評議会

ちなみに、前記の「司法評議会(the Council for the Judiciary)」とは、欧州裁判官評議会が、２００７年の第８回会合で採択した第10意見書で、裁判官の独立を守るための機関として設置することが重要であると述べているものである。同意見書は、司法評議会は、裁判官の選任・昇任・評価、司法行政等について実質的な決定を行い、司法予算についても政府に意見を述べる権限が与えられるべきであり、国内の裁判官が選挙で選んだ裁判官のみで構成されるか、法律家、学者、学識経験者が加わるとしても、裁判官が過半数を占めるように構成されるべきであるとしている。

Ⅳ 「司法判断の質」の意義

第11意見書が述べていることは、我が国にとっては、特段目新しいことではないかも知れない。欧州評議会には、戦前の日本のように司法省が司法行政権を握っている国が多く、また、旧共産圏の国々も含まれており、司法権の独立、裁判官の中立、裁判手続の公正な運営が十分に保たれているとはいい難い国も少なくないため、意見書は、かなり基本的なことまで指摘しているようである。

Ⅴ チェコ及びハンガリーの裁判所

私は、2005年に、チェコとハンガリーの裁判所を訪問したことがある。両国とも、人口が1000万人余の小国であるにもかかわらず、憲法裁判所が設置されており、人口10万人当たりの裁判官数が日本の約10倍、裁判所職員数が日本の約5倍である。

私は、チェコの最高裁長官に会ったとき、まず裁判官数の多さに触れたが、裁判官は何でも一人でしなければならないので忙しいとのことであった。そして、長官は、「裁判官の人事や予算等は未だに司法省が握っている。他国のように裁判所の独立を確保したいのだが、今は無理なので、一種の政治的妥協の産物として、最高裁判事の一部で構成する裁判官評議会を設置し、どこの裁判所にだれが勤務するのがよいかなど、司法行政について意見を述べることができるようになったものの、決定権はない。裁判官は裁判を行う上において法律と条約のみに拘束されるという規定が憲法にあるが、それだけでは不十分で、実際の運営においても、裁判の公正が保障されなければならない。」と述べていた。プラハ控訴院長も、「司法省が裁判官の人事権等をなかなか離さず、裁判官の地位は低い。法律家の中で収入が高いのは、弁護士、次いで検察官で、裁判官の報酬は事務局の職員よりも低い。裁判官の報酬だけでは家族を養えないので、男性で裁判官になるものは少ない。最近になって若干改善されて、男性の裁判官志望者も出てきた。」と述べていた。

一方、ハンガリーは、同じ旧共産圏の国ながら、裁判所が立派で、最高裁長官の態度も自信に満ちていた。その話によると、「長官は大統領の推薦に基づき議会が決める。長官候補者は議会で質問を受ける。大統領は政党代表者で構成する推薦委員会の意見を聞いて長官候補者を決定する。長官以外の裁判官は、下級審の裁判官を含め、長官の推薦に基づき大統領が任命する。裁判官の推薦を含めた裁判所の司法行政の決定機関は、長官が議長を務める司法評議会である。司法評議会の構成は、長官のほかに、９人の裁判官、司法大臣、検事総長、弁護士会長、２人の国会議員である。９人の裁判官は、全国の裁判官から選挙された６人の代議員が選んでいる。司法評議会の構成員15人のうち10人が裁判官であるから、裁判官が司法行政の決定権を握っている。」とのことであった。つまり、ハンガリーには、欧州裁判官評議会の第10意見書が述べるとおりの司法評議会が設置されているのである。

Ⅵ　「司法判断の質」と日本

翻って我が国を見れば、欧州裁判官評議会の第11意見書が述べているようなことは既に実践済みであるということがいえるかも知れない。我が国の裁判官が清廉かつ勤勉で、立法や行政からの干渉を受けず、独立を保っていることは、誇るべきことと思う。ただ、仲間同士で褒め合っていたり、自己満足に陥っている組織は衰退する。日本の裁判官の大多数は他の職種を経験していないキャリア裁判官であること、裁判官は多数の事件を抱え、個人生活を少なからず犠牲にして事件に取り組んでいること、陳述書の多用や現場検証の回避等という効率策の上に裁判が成り立っていることなどは、常に意識の中に置いておくべきであろう。日本でも、現実を素直に直視しつつ、欧州裁判官評議会の第11意見書を読んでみることは、有益ではないかと考える。

初出：法の支配１５５（２００９年10月）号２頁

コラム 3

最高裁ウイスキー党物語

I

最高裁は、昭和49年に、現在の東京高・地裁の敷地にあった赤煉瓦から隼町へと移転した。

神戸弁護士会の山田作之助氏が最高裁判事として赤煉瓦3階の裁判官室に入ったのは、昭和35年暮れのことである。神戸の外国商社の支店長等は、執務机の中にウイスキーを用意しておき、何か愉快なことがあったときは、その場で客と乾杯するのが例になっていたようで、それに倣って、山田氏も裁判官室の机にウイスキーを忍ばせることにした。山田氏の所属した第二小法廷には、奥野健一氏が先任として在任していた。奥野氏は、大変な酒豪である。山田氏の机のウイスキーは、たちまち奥野氏の知るところとなり、同氏は合議の後などに、山田裁判官室をよく訪ねたという。昭和37年には、横田正俊氏が第三小法廷に入ったのに続き、齋藤朔郎《きたろう》氏が第一小法廷入りした。奥野、横田、齋藤の三氏は、戦前の司法省民事局時代、諸所を飲み歩いたという仲間である(奥野健一「斎藤朔郎君を憶う」法曹167号、横田正俊「斎藤朔郎君の思い出」同号、同「奥野健一君と私」同219号)。特に、奥野、横田の両氏は、夜ごと飲み屋に繰り出して午前様となり、翌朝の大森洪太民事局長を挟んでの会議では、両側から日本酒の息を吹きかけるものであるから、大森局長は、「君等、せめてウイスキーか何かにしてくれないと、日本酒でこれをやられてはたまらない。」といっては、煙草の煙で匂いを消していたとのことである。最高裁で三氏がそろってからは、大法廷合議の後には必ずといってよいほど山田裁判官室に集まり、チビリ、チビリやりながら自由勝手に議論しあっていた。当時は、大法廷事件が年間40件ほどあったから、かなり頻繁な集まりということになる。昭和39年に、田中二郎氏が第三小法廷に入ってから、公法の議論には同氏の存在が欠かせないということで、酒をあまり嗜まない同氏も議論の輪に引き込まれることになった。これが、山田氏の自称「ウイスキー党」である。山田氏は、『法窓回顧』(法律新聞社)の中で、次のように紹介している。

「ウイスキー党のことは時に庁内でも噂になったようであるが、元来、この連中は議論をするために集まって色々話し合うものだから、あまり問題の生ずる余地はなかった。時々、守田直人事局長が、私の室にまわってきて、裁判官の室の前に来ると、ウイスキーの臭いがして困りますよと笑って質問するのである。これに対し私は『連中は、よくまあ、肴もないのにウイスキーばかりチビチビ飲んで議論をするものだなあ』と笑って答えるのである。」

ただし、守田氏が苦情を述べたというわけではない。私は、初任のころ、判事補の待遇改善の要望をするため、東京地裁判事補会の幹事の後ろについて守田人事局長室を訪ねたことがある。守田氏は、「まあ一杯やれ。」とサントリー角瓶を取り出した。我々は、それに感激して引き下がってきた。守田氏は、むしろ、ウイスキー党のシンパであったと思う。

最高裁では、毎年６月ころに、高裁長官・地家裁所長の会同が開かれ、夜は最高裁裁判官ＯＢも招いての懇親会が開かれる。山田氏は、ご子息のお嫁さんである山田隆子弁護士のアシストを受けて、晩年までよく顔を出していた。いつもニコニコとした顔、春風をまとったような大柄な体は、親しみを感じさせ、ウイスキー抜きでも周りに人が集まってきたことと思われる。山田氏は、昭和41年の退官後、『訟廷余論』(有斐閣)を上梓している。

II

奥野健一氏は、村夫子然とした風貌とは裏腹に、大変頭の切れる人であった。私は、総務局付をしていたころ、最高裁判例委員会の書記役として、赤煉瓦3階南東角の裁判官会議室に列席した。楕円形の大机(現在は、最高裁図書館特別閲覧室に置かれている。)の委員長席には、飾りのマントルピースを背に、小柄の奥野氏が座っていた。その前で、調査官の鈴木重信氏や横山長氏らがかなり激しい議論を展開する。多少ハラハラしながら見ていると、奥野氏がこれを見事に捌くのである。その頭の回転の速さ、法律知識の豊富さには舌を巻いてしまった。奥野氏は、判決起案に精を出し、退庁時には膨大な資料を大きな鞄に詰め込んで持ち帰っていたとのことである。負けず嫌いで、合議では他を説得せざれば止まない趣で発言するものであるから、他の裁判官が自然と発言を控える程になり、それでは困るからということで、「奥野さんは長老裁判官だから発言は最後にして、むしろまとめ役をやって下さい。最初から発言されては困りますよ。」と田中氏に注文をつけられるほどであった。もっとも、他の裁判官が奥野氏に説得されてばかりいたわけではない。奥野氏の長男で文芸評論家の奥野健男氏がまとめた遺稿集『裁判と立法』(第一法規出版、1986年)には、90に及ぶ補足意見、意見及び反対意見が収録されているが、反対意見も少なくないのである。奥野氏は、「裁判雑感――最高裁判所を去るに臨んで」(法曹時報20巻11号)の中で、次のような言葉を残している。

「私が茲で云い度いことは『少数意見は生きている』と云うことである。少数意見は、合議において少数のため一旦は破れたりと雖も、決して死滅したものではない。抹殺されることなく、堂々と多数意見と肩を比べて併記されることとは、それが正しいものである限り、何時の日か、多数意見として浮かび上がる潜在的可能性を包蔵するものである。関税法における第三者の所有に係る物件の没収と憲法31条、29条との関係、利息制限法における制限超過の利息の任意支払と残存元本への充当の問題について、一旦は少数意見として排斥された意見が、日ならずして、多数意見となった事例は、吾人の記憶に新なるところである。私は、かかる可能性を期待しながら少数意見を書くとき、異常な生きがいさえ覚えたものである。」

III

横田正俊氏は、丸顔でやや太った体格であった。私には、総務局付をしていた昭和42年ころの高裁長官・地家裁所長会同の日に、午後の会議に入るため大会議室横の赤絨毯を一人ゆっくり歩いて来る横田氏の姿が印象深く残っている。横田氏が大会議室に入ったころ、廊下の先に、顔を紅潮させた吉田博徳委員長を先頭に全司法の幹部10人程が押し寄せて来た。当時は、全司法が、会同の日の昼休みに、赤煉瓦横の法務省寄りの小広場で大会を開くのが例となっていた。それを鹿児島地裁所長の飯守重任氏が2階の窓からカメラに収めたのである。吉田委員長らはその抗議に会同会場の大会議室にやって来たわけである。さあ大変と思っていたら、組合担当の武居二郎給与課長が姿を現し、まあまあとなだめて、大事には至らなかった。

横田氏は、長官就任後も第三小法廷の「○印事件」（問題を含んだ重要事件）の審議に加わり、退官後に『法の心』（毎日新聞社、１９７１年）を出版している。野村二郎『法曹あの頃』（日本評論社、１９８１年）には、横田氏の柔軟な思考と裁判を愛する心がよく出ているが、酒と健康法について、次のように語っている。

「酒は健康のバロメーターですね。長官時代に田中二郎君がからかうんです。『あれだけ飲んでいてどうして仕事ができるのか。いつ事件の記録をみるんだ』と。私は酔っ払いだと思われているんで、意地があって、朝早く起きるし、人一倍苦労はしていたんです。しかし、やはり酒は自分の体にはプラスになったと思っています。」

Ⅳ

齋藤朔郎氏は、大阪の人である。私は、修習地の大阪で、齋藤氏の令名を何度か耳にしているが、直接お顔を拝見したことはない。五尺八寸二〇貫の巨漢であったという。齋藤氏が松川事件判決（最高裁第一小法廷昭和38年9月12日判決・刑集17巻6号661頁）で書いた補足意見は、刑事裁判における事実認定のあり方を示すものとして、刑事裁判官であれば必ずや目を通すべき貴重な意見であるとしばしば紹介されているが、司法省民事局時代に「身元保証ニ関スル法律」を立案した人といえば、我々にも身近な存在になるのではないか。

齋藤氏は、大阪地裁判事、司法省民事局課長、大阪控訴院民事部裁判長、司法省人事課長を歴任した後、昭和20年5月に満州国へ赴任した。同期で満州国の司法部次長から文教部次長へ異動予定の前野茂氏の後を埋めるためである。なお、前野氏には、『生ける屍《ソ連獄窓十一年の記録》』全3巻（春秋社）の著書がある。齋藤氏は、最高法院次長を短期間務めた後、司法部次長となったが、終戦後、シベリアに1年10月間抑留され、昭和22年夏に帰国した。帰国後一時弁護士となり、大阪高裁刑事部裁判長、参議院法制局長を経て、昭和37年5月に最高裁判事に任命され、昭和39年8月に急逝した。齋藤氏は、酒を愛しながら長寿を保った奥野氏や横田氏と比べれば、悲運の人というべきであろう。その悲劇は、満州国への赴任から始まる。横田氏の「斎藤朔郎君の思い出」が、この点に触れている。

「当時、満州国や南方の占領地域へ、わが司法部から多くの人がその司法部又は行政府の要職に転出したのであるが、私に対してその勧誘がなかったのも、私に対する君の特別の配慮からではなかったかと思われる。しかも、当の君は、すでに敗戦の色の濃かった昭和20年5月に、満州国の最高法院次長（後に司法部次長）に転じ、終戦とともに自らはソ連に抑留の身となったばかりでなく、満州に伴った夫人その他の最愛の人々のすべてを失うという悲惨な運命に遇ったのである。満州に転ずる際、君が、『自分は、人事課長として、多くの人々に無理を言い、迷惑もかけて来た。その罪滅ぼしのためにも、この度のポストには、他の人に行ってもらわずに自分自身で行く』と漏らしていたことを忘れることができない。」

齋藤氏の家族は、終戦時に新京から大連行きの列車に乗ったようであるが、行方不明になっている。齋藤氏は、この悲劇については、人から尋ねられても一言も語らず、微笑をもって答えるのが常だったという。齋藤氏は、昭和27年8月に、司法省民事局時代の局長であった大森洪太氏の墓参りのため、伊賀上野の阿波という山奥の村を訪れ、「大森さんを憶う」（法曹37号）という一文を残しているが、その中でも自分が失った家族に触れるところはない。ただ、上野市の宿屋で夕食の給仕に出てきた女性が、かって満州にいたことがあって、前野氏など満州国司法部関係者と酒席で知り合った人物であったので、「退屈を予想していた一夜も、満州の話で時の経つのを忘れることができた。前野茂君といえばシベリヤに連行せられたことは確実であるのであるが、その後の消息は全く不明である。ソ連はこういう未帰還者について、シベリア抑留後の消息を個別的に知らせるのが、人道に合する遣り方であると思う。あくまで、頬被り主義で押し通そうとする態度には、私は常に憤りを感じている。」と記している。

齋藤氏は、昭和23年秋、娘一人を抱えた戦争未亡人と再婚し、それまでの旧姓辻から齋藤に改姓した。ここで、再び、横田氏「斎藤朔郎君の思い出」から引用する。

「また、本来いわゆる民事畑であった君が、終戦後はとくに刑事法を研究し、刑事裁判にいそしむようになった心境については、親しく聴く機会がなかったが、君が身をもって経験したソ連での抑留生活がその大きな動機となっており、また、事実認定ないし刑事裁判に関する君の考え方の根底にもそれが横たわっているように私には思われる。」

齋藤氏自身、「私は、あくまでも実務家である。学問を衒うつもりは少しもない。しかし、われわれ裁判官の大先輩は、『学なければ卑し』という言葉を以って実務家にも研究の必要を力説せられた(注・三宅正太郎『裁判の書』)。私も、その言葉を味わいつつ、平素から実務のかたわら、実務家としての研究を怠らないように、努めているつもりである。」と述べているが、民事から刑事へと分野を変えての齋藤氏の研究振りは、刮目に価する。過去のしがらみを捨て、新しく生まれ変わろうと必死に努力していたのではないかと映るほどである。齋藤氏は、昭和27年11月、「事実認定論」を書き上げ、昭和28年9月、立命館大学から博士号を授与され、昭和29年5月、他の論文も加えて有斐閣から『事実認定論』を出版した。『事実認定論』は、明らかに松川事件判決補足意見の下地になっている。

その松川事件のことであるが、1審の福島地裁判決(昭和25年12月6日)は20名全員有罪(5名死刑)、2審の仙台高裁判決(昭和28年12月22日)は3名無罪、17名有罪(4名死刑)であった。有罪となった17名が上告し、最高裁大法廷は、10回にわたり公判を開いて、昭和34年8月10日、破棄差戻しの判決を言い渡した。差戻後の仙台高裁判決(昭和36年8月8日)は全員無罪であった。その再上告事件を担当した最高裁第一小法廷の判決は、3(齋藤朔郎、入江俊郎、高木常七）対１（下飯坂潤夫）で、無罪の原判決を維持し、上告を棄却した。多数意見自体も、「静かに事実と論理を語る」のが判決文の本来のあり方であるとするなら、この判決はその範とすべきであろうと評されているが、後々よく引用されるのが、裁判長を務めた齋藤氏の補足意見である。その一部を紹介する。

「供述調書の内容に矛盾をふくんでいるとき……かような矛盾を解明するのが裁判官の職務であるといつても、容易にできることでない。信ずべき部分と信ずべからざる部分を区別するなどといつても、確固たる付随事情による補強が別に存在しない限りは、到底できないことである。もつとも、有罪であるとの心証を直感力で先取してしまえば、それに符合する部分を信ずべきものとすることは容易であるが。自由心証は、ある程度の直感力に基づくものとはいえ、その確信は、われわれの社会通念による論証に十分たえるものでなければならない。確信するが故に真実であるということは、成り立たない議論であること、いうまでもなかろう。」

「真実は期間に拘束されないといわれる。真実発見のためならば、訴訟はいくら長くかかつてもやむをえないという考え方である。しかし、さように実体的真実万能の考え方は、近代的な自由主義的法律思想の下では、存在を許されない考え方といわねばならない。むしろ、それは全体主義的国家の法律思想であり、そこでは、被告人は有罪か無罪かいずれかであることを証拠によつて確定しなければならないのであつて、証明不十分による無罪の裁判などすべき余地はないとせられている。証明がまだ十分でないときは、場合によつては捜査機関にまでも事件を差し戻して、あくまで有罪か無罪かを証拠によつて確定しようとすること（東独の１９５２年10月２日の刑事訴訟法１７４条参照）などは、刑事裁判の正しいあり方ではないと、私は信じる。刑事事件につき、公共の福祉の維持と個人の基本的人権の保障とを全うしつつ、事案の真相を明らかにし、刑罰法令を適正かつ迅速に適用実現することを目的とする、わが刑事訴訟法の下では、被告人が有罪であるか、無罪であるかが、証拠によつて確定できないという真相もまた、右刑訴1条にいう事実の真相の一つに外ならないと考えざるをえない。」

多数意見に1人反対した下飯坂氏の反対意見は、誠にすさまじい。判例集で実に379頁にわたる反対意見である。「要は裁判に対する態度の違いであり、極言すると、人生への生き方の相違でもあろう。私は失礼ながら斎藤裁判官の補足意見を拝見してその感を深うした次第である。」等と齋藤氏を攻撃している。

齋藤氏は、下飯坂氏の反対意見を意識しつつ、法の支配（昭和39年12月号）に「自由心証――すなわち、証拠の支配」を寄稿している。これが、齋藤氏最後の論文である。その一部を紹介しよう。

「人の上に人をつくらず、人の下に人をつくらずという意味の、福沢翁の名言は、私のつねに愛誦している言葉の一つである。人が人を裁くことを是認できるのは、裁く人が裁かれる人よりも上であるからではない。それは、裁く人が法と証拠という客観的なものに支配されているからこそ、他人を裁くことが許されるのである。もしも、裁く人が法と証拠の支配に従順に服するものでなければ、裁く人個人の良心によって、他人を支配することになる。近代の裁判制度の発達は、あらためていうまでもなく、いかにして人による支配の欠陥を防止しようとするかの努力の結晶にほかならない。」

「裁判官は、証拠の忠実な従僕として、その証拠のそなえている支配力に従順に服さなければならない。それは、その証拠のあるがままの姿、その証拠が現にそなえている証明力のそのままの程度を、裁判官の心証に写しとるということであって、これが裁判官の証拠に接する基本的な態度でなければならない。」

「同じ時代に、同僚としてひとしく、裁判所に職を奉じて、合議部を構成している裁判官のうちで、人生観を異にするがために、証拠の評価の結論を異にするような事例があろうとは思われない。その差異の生じる原因は、先に述べたように、証拠に接する当初における裁判官の基本的な態度、心理的状態の差異によるものと考える。自由心証の本質は、当該証拠が現にそなえている証明力を、それ以上にも、それ以下にも、評価しないで、そのあるがままの証明力の支配に忠実に服従すること以外にはないのである。」

齋藤氏は、この論文を書いてから約2か月後に胃穿孔性の腹膜炎で入院し、忽焉として逝去した。最高裁判事としての在任期間は2年2か月余で、その間、実質9件の補足意見、意見、反対意見を残しつつ、松川事件の処理に主力を注いだ。奥野氏は、齋藤氏の命を縮める原因の一半はウイスキー党との酒交であったかも知れないと臍を噛みつつ、英米独の判例学説に通じた該博な学識、哲学を土台とした法律世界観の持主の死を惜しんでいる。山田氏をはじめとするウイスキー党の面々は、齋藤氏追悼の意を込め、同氏の刑事訴訟に関する論文を『刑事訴訟論集』として、その他の法哲学、法律学一般、司法制度一般に関する論文・随筆を『裁判官随想』としてまとめ、有斐閣から出版した。『裁判官随想』に付された齋藤夫人の跋は、日本女性の涼しげな美しさの漂う文章であり、その末尾に次の三句が添えられている。

「看りより葬りを経たる髪洗ふ」「芙蓉咲き閉ぢて人亡きあとの日々」「より処なき巷に菊の鉢を買ふ」

V

田中二郎氏のお顔を私が初めて拝見したのは、旧東京地裁地下食堂で開かれた裁判官野球部の懇親会の席であった。懇親会の上座を占めたのはメーデー事件裁判長の浜口清六郎氏であったが、田中氏は、東大法学部教授野球チームの選手として、浜口氏の属する裁判官野球チームと何度か対戦しているという縁で、特別ゲストとして参加したのである。一塁手のポジションがぴったりの長身で穏やかなジェントルマン田中氏は、対戦の思い出を淡々と語っていた。田中氏のお顔に2度目に接したのは、昭和46年5月の「裁判官のあり方について」等をテーマとした高裁長官・地家裁所長会同の会場であった。ここでも、田中氏は、立ち上がり、きちんと整理された内容の意見を静かに述べていた。会同終了後の田中氏の席には、鉛筆書きのメモが残されていた。今では、あのメモを失敬しておけばよかったと思っている。

田中氏は、昭和48年3月、定年まで3年3か月余を残して退官した。田中氏の昭和57年の逝去後に同氏の論文を集めた『日本の司法と行政』が有斐閣から刊行された。その中の「田中二郎先生に聞く」などは、裁判関係者にとってとても興味深い内容のものであり、例えば「裁判に対する二つの考え方」として、横田、奥野の両氏が次のように取り上げられている。

「横田正俊、奥野健一といったベテラン裁判官は前から親しくしていただいた気易さから、勝手な議論をふっかけ、いろいろ、意見を闘わしたものです。両裁判官とも、とても頑固で、いったん言い出すと、決して譲らない点では共通したところがありました。この二人は、最も親しい友人同士でしたが、裁判のうえでは意見を異にすることが少なくなかったようです。それは、裁判に対する基本的な態度の違いによるものと思います。奥野さんのほうは、いつも法文の字句に忠実な形式論理的な議論を展開され、その結論が社会常識に合するかどうかということは意に介しないといった考え方でした。この考え方でいくと、論理が明快で、裁判の予測可能性もあり、法的安定のうえからも望ましいというので、裁判所では、案外、支持者が多いわけです。これに対し、横田さんのほうは、法文の字句に捉われない柔軟かつ弾力的な法解釈で、固定化した法律と社会の進歩発展とのギャップを埋め、具体的事件の適切妥当な解決を図るべきだという考え方で、各種利益の比較衡量とか、概念の相対性その他一般概括条項などを活用するわけです。この考え方でいきますと、具体的事件の適切妥当な解決は見出せても、多分に恣意的になり勝ちで、基準の不明瞭さによる法的不安定を避けがたいという批判を免れがたいわけです。……私は、もちろん、横田さんの考え方を支持し推進してきました。」

田中氏は、余力のあるうちに、美濃部達吉氏のあとを受け継ぎ、次代にリレーする行政法の体系をまとめておきたいという願いから、退官を申し出て研究生活に戻ったが、退官後の述懐の中に、次のような部分もある（『法曹あの頃』）。

「私が最高裁に入りました当時の空気と、やめる前の2、3年間のそれとではかなり違ってきたように感じました。初めのころは、裁判に関して意見が分かれ、大いに意見を戦わしても、一歩外に出ると、何のわだかまりもなく談笑し、一緒に旅行もしますし、一緒にゴルフを楽しむとか、一緒に飲み食いもするといった具合で、お互いに何か通じ合うものがありました。調査官諸君との間も同様で、毎日が楽しみでした。ところが、世の中が変わってきたせいもあるのでしょう、裁判官相互の気持ちの通い合いが薄れ、議論も自然ギコチなくなり、何となく重苦しい空気、といってはいいすぎかもしれませんが、発言しにくいような感じをもつようになりました。それは私の思いすごしかもしれませんが、当時は、そういう感じをもったことは事実です。」

裁判所は、常に時代の風の中にある。しかし、ウイスキー党の香りは、これからも受け継いでいきたいものである。

初出：法書680（2007年6月）号2頁

第6章　グローバル社会の中の日本の最高裁判所とその課題
——裁判官の国際的対話

Ⅰ　最高裁裁判官の外国裁判官との対話

１　私は、２００２年11月から２００９年１月にかけて約6年２か月最高裁判事を務めた。その経験に基づき、最高裁裁判官の外国裁判官との対話や国際人権法との関わりについて、現状と課題を報告する。

２　各国の裁判官は、国際的な双方向性の対話を通じ、その視野を広め、それぞれの司法判断の質を高めることができる。そして、人権規範に関する認識を共通にし、人権保障に関する国際的な判例法を形成することによって、国際的人権規範による国家権力の抑制が可能になってくる。

３　そこで、まず、最高裁裁判官の国際交流の現状について紹介すると、最高裁は、各国の最高裁長官などを毎年１人日本に招待し、２時間程度の懇談をしている。また、毎年約５人の日本の最高裁裁判官が国際会議出席、外国裁判所訪問等のため１週間程度海外出張している。

4　私は、2008年11月にストラスブールで開催された欧州裁判官評議会にオブザーバーとして出席した際、欧州人権裁判所においてコスタ所長やトゥルケン判事などに会見することができた。

コスタ所長は、「私は、日本の最高裁が今年2月19日に言い渡した写真集輸入規制と表現の自由に関する判決を読んだ。今日では、人権に関する裁判は世界中で読まれる。人権裁判に関する情報を共有していきたい。我々は、人権に関する各国裁判官との対話が重要であると考えている。」と述べ、冊子「Dialogue between judges 2007」を下さった。

私は、欧州でも婚外子差別の問題があるのかという質問をしたところ、コスタ所長は、かつてフランス、ベルギー、オーストリアで婚外子差別の問題があった、議会は自ら法改正に動こうとはしない、欧州人権裁判所が婚外子差別は欧州人権条約に違反すると判断したところ、各国の議会は法改正を行った、このような問題では裁判所が一歩前に出なければならない、といわれた。

トゥルケン判事は、死刑は最も重大な犯罪についてのみ科することができるとする自由権規約は日本で自動執行力を有しているのかという質問を発するとともに、日本の死刑制度運用に対する懸念を表明された。ちなみに、日本の最高裁における死刑事件の口頭弁論においても、弁護人が自由権規約に言及する例が多くなってきている。

5　ただ、日本の裁判官が外国裁判官と国際親善を図ることはともかくとして、直接的な対話によって具体的な人権問題につき意見交換をするということは、実際問題として容易なことではない。

米連邦最高裁の中間派のケネディ判事は、オーストリアのザルツブルク大学で法学生対象の夏季講座を持つようになったのが切掛けで、ザルツブルクを拠点に諸外国の裁判官と双方向性の対話を重ね、その影響で、死刑問題ではリベラルな姿勢を示し、Lawrence v. Texas（26 June, 2003）の意見の中で欧州人権裁判所のDudgeon v. United Kingdom（22 October, 1981）（同性愛行為を刑罰の対象とすることは、私生活を尊重される権利に不当に介入するものである。）を引用したといわれている（ジェフリー・トゥービン著、増子久美＝鈴木淑美訳『ザ・ナイン――アメリカ連邦最高裁の素顔』（河出書房新社、２０１３年）２３６頁）。

しかし、ケネディ判事のような外国裁判官との交流を日本の裁判官に求めることは無理である。

６他方、日本の裁判官にも比較的なじみやすいのは、担当する具体的事件に関して、関連する外国の判例を検索し、参照すること、判例参照を通しての間接的な対話を行うことである。現に、最高裁大法廷の法令違憲裁判13件中の少なくとも10件において、外国判例（特に米連邦最高裁判例）や外国法制が参考とされ、処分違憲裁判15件中の少なくとも5件において、同様の参照が行われている。このことは、裁判書には触れられていないものの、調査官解説で明らかにされている。

私自身の経験でも、２００４年の囮捜査事件、２００５年の外国籍公務就任権事件及び公立図書館図書廃棄事件、２００８年の婚外子国籍確認事件等で、米連邦最高裁判決を参照した。個人的にこのような調査をしている裁判官は、珍しくはないと思われる。

７また、日本の裁判所でも、国際人権条約に基づく主張が増えてきている。自由権規約に基づき設置される人権委員会（自由権規約委員会）などの国際人権条約機関は、国際人権条約の解釈運用に関する一般的意見、国際人権条約上の義務の履行に関する政府の報告に対する総括所見、個人通報に対する見解を発しているが、日本の裁判例を見る限り、日本の裁判所が国際人権条約機関の総括所見等を参酌するというのはごく例外的で、今後の課題といえる。

Ⅱ　最高裁における外国判例や国際人権条約等の援用の実状

1　ここで、最高裁が過去77年の歴史の中で、外国判例や国際人権条約等にどの程度触れているか、その概容を見ておくこととする。ただし、精緻な検証を経たものではないので、概容とさせていただく。

2　最高裁は、前記のような大法廷における違憲判断の裁判をする場合は別として、それ以外の裁判において外国判例等を参照することはあまり多くない。

3　最高裁が法廷意見（全員一致の意見）及び多数意見の中で外国判例や国際人権条約等を積極的に援用（判断の根拠として援用）したものは、次の7つにすぎない。

(1)　1948年7月7日大法廷判決（最高裁の違憲審査権）は、仮に憲法の81条の規定がなくても、98条の最高法規の規定又は76条若しくは99条の裁判官の憲法遵守義務の規定から、最高裁の違憲審査権が十分に抽出されると説き、「米国憲法においては、上記第81条に該当すべき規定は全然存在しないのであるが、最高法規の規定と裁判官の憲法遵守義務から、1803年のマーベリー対マデイソン事件の判決以来幾多の判例をもつて違憲審査権は解釈上確立された。」と述べている。

(2)　1964年11月18日大法廷判決（外国人と憲法14条）は、「法の下における平等の原則は、近代民主主義諸国の憲法における基礎的な政治原理の一としてひろく承認されており、また既にわが国も加入した国際連合が１９４８年の第3回総会において採択した世界人権宣言の7条においても、『すべて人は法の前において平等であり、また、いかなる差別もなしに法の平等な保護を受ける権利を有する。……』と定めているところに鑑みれば、わが憲法14条の趣旨は、特段の事情の認められない限り、外国人に対しても類推さるべきものと解するのが相当である。」と述べている。

(3)　１９８９年3月8日大法廷判決（法廷内メモ採取）は、情報等に接しこれを摂取する自由は、憲法21条1項の趣旨、目的から、その派生原理として当然に導かれるところであるとして、「市民的及び政治的権利に関する国際規約19条2項の規定も、同様の趣旨にほかならない。」と述べている。

(4)　２００８年6月4日大法廷判決（婚外子の国籍確認）は、国際的な社会的環境等の変化の一つとして、「諸外国においては、非嫡出子に対する法的な差別的取扱いを解消する方向にあることがうかがわれ、我が国が批准した市民的及び政治的権利に関する国際規約及び児童の権利に関する条約にも、児童が出生によっていかなる差別も受けないとする趣旨の規定が存する。」と述べている。

(5)　２０１３年9月4日大法廷決定（婚外子相続分差別）は、民法９００条4号ただし書前段の規定の立法に影響を与えた諸外国の状況も、大きく変化してきているとして、ドイツの１９９８年法改正、フランスの２００１年法改正等に触れ、「現在、我が国以外で嫡出子と嫡出でない子の相続分に差異を設けている国は、欧米諸国にはなく、世界的にも限られた状況にある。」、「我が国は、昭和54年に『市民的及び政治的権利に関する国際規約』を、平成

6年に『児童の権利に関する条約』をそれぞれ批准した。これらの条約には、児童が出生によっていかなる差別も受けない旨の規定が設けられている。また、国際連合の関連組織として、前者の条約に基づき自由権規約委員会が、後者の条約に基づき児童の権利委員会が設置されており、これらの委員会は、前記各条約の履行状況等につき、締約国に対し、意見の表明、勧告等をすることができるものとされている。我が国の嫡出でない子に関する前記各条約の履行状況等については、平成5年に自由権規約委員会が、包括的に嫡出でない子に関する差別的規定の削除を勧告し、その後、前記各委員会が、具体的に本件規定を含む国籍、戸籍及び相続における差別的規定を問題にして、懸念の表明、法改正の勧告等を繰り返してきた。最近でも、平成22年に、児童の権利委員会が、本件規定の存在を懸念する旨の見解を改めて示している。」と述べている。

(6)　2023年10月25日大法廷決定（性別の取扱いの変更）は、性同一性障害者の性別の取扱いの特例に関する法律（特例法）3条1項4号が憲法13条に違反すると判断し、「特例法の制定当時、法令上の性別の取扱いを変更するための手続を設けている国の大多数は、生殖能力の喪失を前記の変更のための要件としていたが、その後、生殖能力の喪失を要件とすることについて、2014年（平成26年）に世界保健機関等が反対する旨の共同声明を発し、また、2017年（平成29年）に欧州人権裁判所が欧州人権条約に違反する旨の判決をしたことなどから、現在では、欧米諸国を中心に、生殖能力の喪失を要件としない国が増加し、相当数に及んでいる。」と述べている。

(7)　2024年7月3日大法廷判決（優生保護法中のいわゆる優生規定）は、原審の適法に確定した事実関係等として、自由権規約委員会が日本政府の報告についての総括所見において、「障害を持つ女性の強制不妊の廃止を認識する一方、法律が強制不妊の対象となった人達の補償を受ける権利を規定していないことを遺憾に思い、必要な法的措置がとられることを勧告するとした」、「(日本政府はこの)勧告を実施すべきであるとした」、女子に対する差別の撤廃に関する委員会が日本政府の報告についての最終見解において、「優生保護法に基づく強制的な不妊手術を受けた全ての被害者に支援の手を差し伸べ、被害者が法的救済を受け、補償とリハビリテーションの措置の提供を受けられるようにするため、具体的な取組を行うことを勧告するとした」と述べている。

4　最高裁が、前記3の(4)及び(5)の大法廷の裁判で、自由権規約と児童の権利に関する条約を積極的に援用したことは、評価すべきものである。特に、(5)は、自由権規約委員会等の総括所見を初めて援用したもので、最高裁が国連委員会との対話に加わったことを示すものとして、注目に値する。ただし、自由権規約等の条文から婚外子差別規定を無効としたものではなく、国際的環境の変化を示す一事由として援用するにとどまっていることは、若干惜しまれるところである。

5　別表(章末)は、最高裁の個別意見(補足意見、意見及び反対意見)で外国判例、世界人権宣言または国際人権条約を明示的かつ積極的に援用した裁判の数を示している。合計33で、法廷意見等よりは多いものの、まだまだ少ないというべきであろう。なお、援用の対象は、外国判例から次第に国際人権条約へと移行してきている。別表の括弧内の数字は、法廷意見、多数意見及び個別意見において、国際人権条約等に消極的に言及したもの、つまり当事者の主張する権利が国際人権条約等でも保障されているとはいえないとした裁判の数を示しており、合計35である。当事者は国際人権条約による権利の保障を主張したものの、最高裁がその主張を裁判書で明示的に取り上げて応答することなく、適法な上告理由に当たらないと一蹴したものはかなり存在すると思われる。

6　自由権規約委員会の2014年総括所見は、「委員会は、締約国によって批准された条約が国内法の効力を有することに留意する一方、規約の下で保護される権利が裁判所によって適用された事例の件数が限られていることを懸念する（第2条）。」と述べているが、この指摘は正鵠を得たものといわざるを得ない。

Ⅲ　最高裁の憲法判断（人権判断）の問題点

1　このように、最高裁裁判官の国際的な裁判官等との対話は、比較的低調であるといわざるを得ないが、そのことが、最高裁の憲法判断（そのほとんどは個人の人権に絡むもので、人権判断といってもよい。）にどのような影を落としているのかを見ておきたい。

最高裁の憲法判断の問題点として、少なくとも次の5点が挙げられる（拙著『私の最高裁判所論』（日本評論社、2013年）151頁参照）。

(1)　77年間で法令違憲判断が13件、処分違憲判断が15件（内8件は訴訟手続に関するもの）と少ない。

(2)　人権に対する制約が許容されるものかどうかという視点からの審査が不十分で、制約している側の制度が合理性を有しているかどうかという審査に終始しがちであり、基本的に、立法裁量・行政裁量を広く認める「合理性の基準」によって審査している。米連邦最高裁は、制約される人権の重要性や制約理由の疑わしさに応じて、「合理性の基準」、「厳格な合理性の基準」、「厳格な審査基準」と、審査基準を厳しくする判例法を形成してきている。ドイツ連邦憲法裁判所も、基本権の制約に関する審査のプロセスとして「三段階審査」と呼ばれる手法を確立している。我が国の最高裁が基本的な違憲審査基準として採用している「合理性の基準」は、内容が抽象的であり、立法府等に広範な裁量を認めるものであって、それのみでは違憲審査基準が形成されているとはいい難い。最高裁も、２００５年９月14日大法廷判決（在外日本人選挙権確認事件）のように、米連邦最高裁の「厳格な審査基準」を範とした厳しい審査をすることがあるが、審査の寛厳がアドホックである。最高裁は、裁判規範となるような違憲審査基準を構築していないといわざるを得ない。違憲審査基準をあらかじめ裁判規範として確立しておかないと、安定的な権利擁護を図ることができず、国民が権利行使について萎縮することにもなりかねない。

⑶　憲法の人権保障規定について文面限定解釈を行うことが多く、人権保障規定の実効性を確保することについての考察が不十分である。例えば、米連邦最高裁は、合衆国憲法修正５条、６条の簡単な条文からミランダ・ルールを導き出しているが、日本の最高裁には、そのような例がみられない。

⑷　憲法訴訟について、大法廷の先例の趣旨を拡大解釈し、その趣旨に従うとして小法廷で合憲の裁判をする傾向が強い。

⑸　人権判断の国際水準化についての関心が薄い。

２　最高裁の憲法判断（人権判断）の問題点を示す一つの実例として、公立中学・高等学校の校長が教職員に対し卒業式等の式典における国歌斉唱の際に国旗に向かって起立し国歌を斉唱することを命じた職務命令が憲法19条に違反しないとした２０１１年５月30日二小判決、同年６月６日一小判決及び同月14日三小判決を挙げることができる。

３つの小法廷がほぼ同時期に同内容の判決をしているが、本稿に関係する判示は、次の３点である。

(1)　個人の歴史観ないし世界観に由来する行動（敬意の表明の拒否）と異なる外部的行為（敬意の表明の要素を含む行為）を求められることとなり、その限りにおいて、その者の思想及び良心の自由についての間接的な制約となる面があることは否定し難い。

(2)　しかし、その制限が必要かつ合理的なものである場合には、その制限を介して生ずる前記の間接的な制約も許容され得るものというべきである。

(3)　論旨は、違憲をいうが、その実質は事実誤認若しくは単なる法令違反をいうもの又はその前提を欠くものであって、民訴法３１２条１項及び２項に規定する事由のいずれにも該当しない。

３　思想及び良心の自由は、信仰の自由と共に、憲法が保障する基本的人権のコアをなすものであり、人間のアイデンティティを人格的に基礎付ける最も根本的な人権であるから、それに対する制約の憲法適合性の審査には、厳格な審査基準を適用すべきである。

しかし、前記３判決は、職務命令に必要性及び合理性があるかという観点からアプローチし、合理性の基準で職務命令の合憲性を肯定している。そして、本稿のテーマとの関連でいえば、上告理由は、自由権規約による思想・良心の自由及び信念を表明する自由の保障を主張し、また、米連邦最高裁の１９４３年 West Virginia State Board of Education v. Barnette 判決（生徒が起立しての国旗宣誓・敬礼を拒否した事案で、学校側は理性的な説明・意見交換の手段によって目的を達成すべきであるとして、強制の手段を採ることを違憲とした。）などの米国判例を援用したが、前記３判決は、これらの上告理由について個別に言及することなく、「単なる法令違反をいうもの又はその前提を欠くもの」として一蹴した。ここにも、人権保護の国際水準化に関する最高裁の消極性が現れている。

Ⅳ　最高裁の人権判断の国際水準化のための方策

１　当面の方策としては、次のようなことが考えられる。

(1)『ヨーロッパ人権裁判所の判例Ⅰ、Ⅱ』、『アメリカ憲法判例』、『ドイツの憲法判例』、『フランスの憲法判例』、『韓国憲法裁判所重要判例44』、『裁判官・検察官・弁護士のための国連人権マニュアル』等を最高裁の裁判官室・調査官室に備え付ける。

(2)上告理由書等に、外国判例、国際人権法学者の意見書を添付する。

(3)アミカス・キュリイ制度を導入する。

(4)国際人権条約に対する認識を高め、民訴法３１２条、刑訴法４０５条を改正し、条約違反を上告理由とする。

(5)自由権規約委員会等の総括所見を「裁判所時報」に掲載して全裁判官に配布する。

(6)　自由権規約第一選択議定書を批准して個人通報制度を導入する（締約国173か国中117か国が批准していること、第四審ではなく、とるべき救済措置について勧告する制度であることを周知させる。）。

(7)　最高裁に憲法調査官・憲法研究委員を配置する。

(8)　最高裁裁判官に公法学者を複数任命する。

2　前記(1)のような文献を裁判官・調査官の手元に配架することは、人権判断の国際水準化の意識を高める効果を有し、異なった角度から人権問題を再考するための材料を提供して、司法判断の質を高めることに貢献する。

3　そして、最も効果的な方策は、(2)に挙げたように、参照すべき外国判例や、外国法制・国際人権法等に関する学者の意見書を上告理由書に添付することである。上告理由書に添付されておれば、裁判官・調査官は必ず読む。

4　(2)を制度化するものが(3)のアミカス・キュリイ導入であり、司法判断の質を高めることは確実である。自由人権協会は、司法制度改革審議会にその導入の意見書を提出したが、取り上げられることはなかった。

5　条約は、法律より上位の法規であり、憲法98条で条約遵守義務が規定されていることに照らしても、(4)のように、条約違反を憲法違反と並べて上告理由にすべきである。条約違反を単なる法令違反として扱うことは、憲法における条約の位置付けにそぐわない。民訴法の重大な手続違反や、刑訴法の判例違反を上告理由から削除して、代わりに条例違反を上告理由に加えるべきである。その前提として、国際人権条約に対する実務家の認識を高める必要がある。我が国の裁判官は、憲法や民法、刑法等の条文を参照しながら裁判しているように、国際人権条約の条文を参照しているかといえば、そういう姿をあまり見かけない。市販の六法全書でも、国際人権条約は最後の条約編に収められて目立たないが、これを最初の憲法編に移せば、実務家の認識が高まるのではなかろうか。

６　日本政府が国際人権条約機関に対し条約上の義務の履行に関する報告を定期的に行い、国際人権条約機関がこれに対し質問を発し総括所見を行うという国家報告制度は、日本と国際人権条約機関との対話であり、個人通報制度が導入されていない現状において、人権規範の国際水準化を図る手段として重要な役割を果たしている。また、総括所見は、裁判所の人権判断や刑事司法の運営等にも触れている。総括所見の果たしている役割を考えれば、(5)のように、総括所見を「裁判所時報」に掲載して、裁判所全職員に配付すべきである。自由権規約委員会の２０２２年総括所見は、「委員会は従前の勧告を想起し、締約国に対し、規約及び規約の国内法における適用性について、裁判官、検察官、弁護士、法執行官、治安維持官、市民社会アクター及び一般市民に対して継続的に研修を行い、啓発をする努力を継続することを求める。また、締約国は、国内法秩序において規約を完全に実施し、国内法が規約上の義務に適合するように解釈、適用されることを確保すべきである。さらに、締約国は、規約の下で保護される権利の侵害に対して効果的な救済がされ得ることを確保すべきである。」と勧告している。司法研修所における新任判事補研修や部総括研修の一環として自由権規約等に関する講演が行われているようであるが、対象が限定的である。「裁判所時報」は、月２回発行され、全職員に配付され、総括所見の周知手段として最も適切である。

（別表）　外国判例・国際人権条約等についての「個別意見による積極的援用」

年度	外国判例	世界人権宣言	国際人権条約	年度	外国判例	世界人権宣言	国際人権条約
1950		1		1997			(1)
1956		(1)		1998	1(米仏)		(2)
1957		2		1999	1(米仏)		(1)
1960	1(米)			2000			4　(6)
1962	1(米)			2001		(1)	(1)
1964	1(米)			2002			1　(4)
1975	1(米)			2003			3　(1)
1976	(1)(米)			2004	1(米)		
1977	1(米)			2008			1　(1)
1978	1(独)			2009	1(米)		1　(1)
1979			(1)	2012	(2)(米)		
1981			(1)	2014	1(米)		(1)
1982			(1)	2015	1(2)(米)		1
1983	1(米)	(1)	(1)	2017			1
1989		(1)	(1)	2019	1(欧)		
1993			1　(1)	2021			1
1995			1	2023	1(独欧)		
1996			(1)				

（括弧内の数字は，「法廷意見・多数意見・個別意見による消極的言及」）

7　国家報告制度は、人権規範の国際水準化を緩やかに促す手段であると評価することができるが、国内で多数者と少数者の意見が厳しく対立する分野や、政治的な主義主張が絡む分野において、個人が自由権規約等で保障された権利の回復を図るためには、やはり個人通報制度の導入が必要である。個人通報制度によって人権保障を国際的監視の下に置き、国家権力の抑制を図らなければならない分野がどうしても残ると思われる。自由権規約委員会の2022年総括所見は、「締約国は、個人通報の審査を規定する規約の第1選択議定書を批准するために、更なる措置を講じるべきである。」と勧告している。(6)のように、個人通報制度に関する正確な情報を国民に提供し、第1選択議定書を速やかに批准すべきであると考える。個人通報制度の導入により、最高裁の憲法判断が国際水準化に向け大きく転換することは確実である。

8　最高裁の中には、憲法裁判について、諸外国の動向も含め、これを専門に調査研究をしている職員が1人もいない。(7)のように、憲法調査官等を配置すべきである。国会図書館の専門調査員や韓国憲法裁判所の憲法研究官を範とすべきであろう。

9　(8)のように、憲法問題や国際人権法等について研究歴を有する公法学者を各小法廷に1人でも任命すれば、全体の議論が活発化し、司法判断の質も向上することが確実である。

10　いろいろと方策を並べてみたが、一番現実的な方策は、(2)の上告理由書に外国法制、外国判例、国際人権法学者の意見書等を添付することである。訴訟関係者とアカデミアとの協働関係の更なる前進を期待したい。

初出：国際人権 No. 25（2014年）13頁改訂

第7章　ヨーロッパ人権裁判所との対話

Ⅰ　ヨーロッパ人権裁判所訪問

日本の最高裁判事は、ほぼ毎年１人、フランス・ストラスブールのヨーロッパ人権裁判所を訪問している。私も、最高裁判事在職中の２００８年11月に訪れ、コスタ所長にお会いした。イル川沿いの庁舎は、前部が丸い天秤、後部が細長い船の形をしており、法の支配を推し進める船をイメージしているように見えた。明るく透明で流動性に富んだデザインは、市民にオープンで常に前進する裁判所を表しているのだろう。所長室に入ると、円形の窓の下をうねるようにして流れるイル川が目に入り、船のブリッジにいるような感じを受けた。

日本は、１９９６年にヨーロッパ評議会のオブザーバーとなったが、その3年ほど前、当時最高裁人事局長の職に在った私は、外交官出身の中島敏次郎最高裁判事から、ストラスブールはヨーロッパの十字路である、ヨーロッパ議会、ヨーロッパ評議会、ヨーロッパ人権裁判所が置かれており、これらはますます存在感を増していくだろう、最高裁も在ストラスブール日本国総領事館を拠点にヨーロッパ人権裁判所との交流を強めていくべきだとのお話を伺った。１８７１年の普仏戦争でフランスが敗れてストラスブールがプロイセン領となり、ドイツ語での授業しか許されなくなったときのフランス語による最後の授業を描いたのがアルフォンス・ドーデの短編小説「最後の授業」だということも、その時中島判事から教えていただいた。私は、それ以来、一度は訪れてみたいものと思っていたが、念願かなっての訪問となった。

Ⅱ　コスタ所長との対話

コスタ所長は、ヨーロッパ人権裁判所の冊子「Dialogue between judges 2007」を手に、基本的人権に関する裁判官同士のグローバルな対話が人権の共通法を形成する上で重要であることを強調され、日本の裁判官や学者との交流が更に発展することを願っていると述べられた。私は、ヨーロッパ人権裁判所の判例がヨーロッパの枠を越えて国際的な基準になっていくのではないかとの感想を述べるとともに、日本では裁判員裁判の実施を間近に控えて、対象事件の報道規制が議論になっているが、その関係で、裁判継続中の事件に関する新聞記事差止命令をヨーロッパ人権条約違反とした１９７９年４月26日の The Sunday Times 対 U. K. 事件判決（江島晶子「裁判所侮辱法に基づく新聞記事差止命令」『ヨーロッパ人権裁判所の判例』（信山社、２００８年）３８４頁参照）が参考になると思っているとお話しした。コスタ所長は、今日では人権に関する裁判は世界中で読まれており、我々も日本の最高裁の判例に注意を払っている、最近では写真芸術家の主要な作品を収録した写真集について関税定率法にいう「風俗を害すべき書籍、図画」等に該当しないとしたメイプルソープ事件判決（２００８年２月19日）を読んだ、これからも人権裁判に関する情報を共有していきたいと話された（ちなみに、私の訪問から２年後のことになるが、ロシア政府の宗教団体に対する解散・活動禁止命令がヨーロッパ人権条約違反であるとしたヨーロッパ人権裁判所の２０１０年６月10日判決で、宗教上の信念から輸血を拒否している患者に説明をしないで輸血したことが不法行為になるとした日本の最高裁の２０００年２月29日判決が関連判例法の一つとして引用されている。）。

コスタ所長は、ヨーロッパ人権裁判所では、判例を硬直化させず、社会の変化・発展に合わせて人権判断を進化させていく必要がある、条約の制定当時の状況にとらわれることなく、現在の状況に合わせた条約解釈を行うべきであるという考え方を持っているが、日本のメイプルソープ事件判決も、同じような考えに立っているのではないかと言われた。

また、コスタ所長は、社会の変化に伴ってヨーロッパ人権裁判所には新しいタイプの人権問題が持ち込まれてきているとして、数週間後に判決が出される予定のＤＮＡ捜査事案に言及された。これは、S. & Marper 対 U. K. 事件[1]のことで、嫌疑を持たれたが有罪とはされなかった者の指紋・ＤＮＡ情報を捜査機関が保有し続けることの可否が問題となった。組織犯罪やテロなどから安全を確保する必要と人権擁護の必要との間のバランスが問題となる新しいタイプの事案である。

この事件については、２００８年12月４日、起訴されなかった者及び起訴されたが有罪とされなかった者の指紋・ＤＮＡ情報の保有は、私生活の尊重を受ける権利への不均衡な干渉となり、民主的社会に必要なものとみなすことはできず、ヨーロッパ人権条約８条違反であるとの判決が言い渡されている。日本でも、遠からず、同種の問題が提起されることになろう。

コスタ所長は、続けて、ヨーロッパ人権裁判所から見ていると、警察・司法関係のグローバル化が進んでいることを実感する、ヨーロッパでは、各国の類似の問題は最終的には統一的に解決されなければならないと認識しており、このようなグローバル化や警察・司法関係者間の交流は大変よいことだと考えていると述べられた。

私は、最高裁２００３年３月31日の婚外子相続分差別規定違憲訴訟判決で相続分差別規定は違憲であるとの反対意見を書いていることもあって、コスタ所長に対し、ヨーロッパでは婚外子差別の問題はないのかという質問を投げかけた。

コスタ所長は、ベルギー、オーストリア、フランスで婚外子を差別する法律があったが、議会はなかなか改正に踏み切らなかった、ヨーロッパ人権裁判所が婚外子差別はヨーロッパ人権条約違反であるとの判決をしたところ、議会はようやく法改正に動いた、この種の問題では司法が一歩前に出なければならないと言われた。

コスタ所長のいう判決とは、Marckx 対ベルギー事件判決（１９７９年６月13日）[2]、Inze 対オーストリア事件判決（１９８７年10月28日）、Mazurek 対フランス事件判決（２０００年２月１日）[3]を指している。

我が意を得たと思った私は、帰国後、早速に Marckx 対ベルギー事件判決の上記判例解説のコピーを調査官室に届けた。

ヨーロッパ人権裁判所訪問の際には、トゥルケン部長にもお会いすることができた。トゥルケン部長は、私に対し、市民的及び政治的権利に関する国際規約（以下「自由権規約」という。）は日本において自動執行力を有しているのかと尋ねられた。私は、もちろん自動執行力を有すると答えたが、トゥルケン部長の発言趣旨は、自由権規約６条に死刑は「最も重大な犯罪についてのみ科することができる。」と規定されているのに、日本では死刑判決が多すぎるということにある。

最高裁では、死刑事件については必ず弁論期日を開くことにしているが、最近では自由権規約６条に言及する弁護人が増えている。ヨーロッパ人権条約第６議定書は、死刑の廃止を規定している。日本は、米国などとともにヨーロッパ評議会のオブザーバーの資格を有しているが、同評議会議員会議では、日・米の死刑制度廃止を求める決議をしばしば行い、死刑廃止に向けた措置を採らない場合はオブザーバー資格を問題とする旨の決議も採択している。

トゥルケン部長の私に対する問いかけは、ヨーロッパ評議会との共通の基本的価値観の確立を目指している我が国にとって、大変重たい問題を含むものである。

Ⅲ　最近の裁判例とヨーロッパ人権裁判所判決

日本の最高裁の２０１３年９月４日大法廷決定は、婚外子の相続分差別に関し、「民法９００条４号ただし書前段の規定は、遅くとも平成13年７月当時において、憲法14条１項に違反していた。」との画期的な判断を示した。同決定は、理由中で、「(民法の上記規定を合憲と判断した)平成７年大法廷決定時点でこの差別が残されていた主要国のうち、ドイツにおいては１９９８年(平成10年)の『非嫡出子の相続法上の平等化に関する法律』により、フランスにおいては２００１年(平成13年)の『生存配偶者及び姦生子の権利並びに相続法の諸規定の現代化に関する法律』により、嫡出子と嫡出でない子の相続分に関する差別がそれぞれ撤廃されるに至っている。」と摘示しているが、フランスにおける２００１年の法改正は、ヨーロッパ人権裁判所が２０００年２月１日の Mazurek 対フランス事件判決で「姦生子」の相続差別はヨーロッパ人権条約の差別禁止及び財産権尊重の規定に違反すると判断したことを受けたものである(4)。

この判決も、前記のようにコスタ所長が言及されたものの一つである。ヨーロッパ人権裁判所の判決がフランスの法改正を導き、それが日本の最高裁大法廷決定へ、更に同決定を受けた２０１３年12月11日の民法改正へとつながっているのである。

東京地判２０１３年３月14日は、成年被後見人は選挙権を有しないと定めた公選法11条１項１号は憲法15条１項及び３項等に違反すると判断した。

同判決は、「選挙権を行使するに足る能力を欠く者を選挙から排除するという目的のために、制度趣旨が異なる成年後見制度を借用せずに端的にそのような規定を設けて運用することも可能であると解されるから、そのような目的のために成年被後見人から選挙権を一律に剝奪する規定を設けることをおよそ『やむを得ない』として許容することはできないといわざるを得ない。」と述べ、成年被後見人から選挙権を一律に剝奪することは「国際的潮流」、「内外の動向」に反するとしている。同判決は、ヨーロッパ人権裁判所の判決には言及していない。しかし、この事件の原告は、訴状において、ヨーロッパ人権裁判所の Alajos Kiss 対ハンガリー事件判決(5)を援用していた。同判決は、「限定的後見を必要とする精神的な障害を理由に、個別の司法判断をせずに選挙権を一律に奪うことは、選挙権を制限するための正当な事由とはならない。」としている。(6)東京地裁判決は、このヨーロッパ人権裁判所判決と趣旨を同じくするもので、実質的に同判決の影響を受け、後押しされたと考えられる。

Ⅳ　当事者によるヨーロッパ人権裁判所判決の援用

ところで、我が国憲法の第3章が定める「国民の権利及び義務」の大半は、ヨーロッパ人権条約第1節の「権利及び自由」と同種のものである。我が国が１９７９年に批准した自由権規約は、自動執行力を有し、裁判規範となるものであるが、そこで規定されている権利及び自由の大半も、ヨーロッパ人権条約第1節の「権利及び自由」と重なっている。したがって、ヨーロッパ人権裁判所がヨーロッパ人権条約第1節の「権利及び自由」に関して示した判断は、我が国の裁判所においても参照に値し、国際的水準の人権規範を形成していく上においての重要な指針となるものである。

例えば、自由権規約の17条1項は「何人も、その私生活、家族、住居若しくは通信に対して恣意的に若しくは不法に干渉され又は名誉及び信用を不法に攻撃されない。」と規定し、23条1項は「家族は、社会の自然かつ基礎的な単位であり、社会及び国による保護を受ける権利を有する。」と規定している。一方、ヨーロッパ人権条約８条も1項で「すべての者は、その私的及び家族生活、住居並びに通信の尊重を受ける権利を有する。」と規定し、２項で同権利に対する公の機関による介入を制限している。両者は、家族生活の権利保護について趣旨を同じくするものといってよいであろう。そこで、退去強制令書発付処分により家族が離別することとなる事案の取消請求訴訟において、原告側から自由権規約17条1項及び23条1項の解釈の参照判例として、ヨーロッパ人権条約８条に関するヨーロッパ人権裁判所の判例がしばしば援用されることになる（最高裁２００８年９月26日決定の上告理由など）。

自由権規約24条1項は、すべての児童は出生によるいかなる差別もなしに国による保護の措置を受ける権利を有すること等を規定し、同条３項は、「すべての児童は、国籍を取得する権利を有する。」と規定している。同条項の解釈の参照判例として、婚外子の差別はヨーロッパ人権条約の８条（家族生活の尊重）及び14条（出生等による差別の禁止）に違反するとした前記の Marckx 対ベルギー事件判決が援用されている（大阪高判１９９８年９月25日）。

自由権規約14条３項ｆは、裁判所において使用される言語を理解することができない刑事被告人に対し無料で通訳の援助を受ける権利を保障している。同規定の解釈について、同様の規定であるヨーロッパ人権条約６条３項ｅに関するヨーロッパ人権裁判所の判例が援用された例もある（東京地判１９９１年12月18日など）。

Ⅴ　裁判所によるヨーロッパ人権裁判所判決の援用

他の分野で、裁判所自身がヨーロッパ人権裁判所の判例を積極的に引用した例は、若干ながら存する。大阪高判１９９４年10月28日は、在留外国人に対する指紋押捺義務及び違反した場合の刑罰を定める外国人登録法に関し、「ヨーロッパ人権裁判所は、１９７８年４月25日、タイラー対マン島事件の判決において、刑罰の種類としての体罰が、拷問や非人道的な刑罰には当たらないが、品位を傷つける刑罰に当たるとし、これが犯罪の抑止に効果があるとしても、ヨーロッパ人権条約３条に違反する刑罰は許されないとした。」ことも一考慮要素として、外国人登録法を平和条約に基づき国籍を離脱した者等に適用する限り、自由権規約７条前段の「品位を傷つける取扱い」の禁止に「違反する状態だったのではないかとの疑いを否定できないものであった。」と判示した（ここで引用されているタイラー判決については門田孝「刑罰としての樺棒による殴打は、条約３条に違反する」『ヨーロッパ人権裁判所の判例』１３４頁参照）。

高松高判１９９７年11月25日は、自由権規約14条１項の「すべての者は、裁判所の前に平等とする。すべての者は、その刑事上の罪の決定又は民事上の権利及び義務の争いについての決定のため、法律で設置された、権限のある、独立の、かつ、公平な裁判所による公正な公開審理を受ける権利を有する。」との規定は受刑者が自己の民事事件の訴訟代理人である弁護士と接見する権利をも保障していると解するのが相当であるとし、「ところで、（自由権）規約草案を参考にして作成されたヨーロッパ人権条約では、（自由権）規約14条１項に相当するその６条１項で、同規約と共通する内容で公正な裁判を受ける権利を保障しており、右条約に基づき設置されたヨーロッパ人権裁判所におけるゴルダー事件においては、右６条１項の権利には受刑者が民事裁判を起こすために弁護士と面接する権利を含む、との判断が、また同裁判所におけるキャンベル・フェル事件においては、右面接に刑務官が立ち会い、聴取することを条件とする措置は右６条１項に違反する、との判断がなされている。ヨーロッパ人権条約は、その加盟国が（自由権）規約加盟国の一部にすぎず、我が国も加盟していないことから、条約法条約31条３(c)の『当事国の間の関係において適用される国際法の関連規則』とはいえないとしても、ヨーロッパの多くの国々が加盟した地域的人権条約としてその重要性を評価すべきものであるうえ、前記のような（自由権）規約との関連性も考慮すると、条約法条約31条３項における位置づけはともかくとして、そこに含まれる一般的法原則あるいは法理念については（自由権）規約14条１項の解釈に際して指針とすることができるというべきである。」と判示した（ここで引用されているゴルダー判決については北村泰三「受刑者と弁護士との間の訴訟相談のための接見拒否が、公正な裁判を受ける権利を侵害するとした事例」『ヨーロッパ人権裁判所の判例』275頁参照。一審の徳島地判1996年3月15日も同旨の判示をしている。)。なお、国家公務員法違反被告事件の東京地判2006年6月29日は、「なお、弁護人は、(自由権)規約を解釈適用するに当たっては、条約法に関するウィーン条約31条、32条等や同規約の実施機関である規約人権委員会において採択される一般的意見等、更には、同規約と類似の規定を置くいわゆるヨーロッパ人権条約及びヨーロッパ人権裁判所の判例が解釈基準として用いられるべきである旨主張するが、当裁判所も、基本的には、これを是とするものである。」と述べている。

Ⅵ　韓国憲法裁判所との対話

私は、2015年4月に韓国憲法裁判所を訪問した。図書室で『ヨーロッパ人権裁判所の判例』などの日本の出版物を含む諸外国の文献が多数配架されているのを見学した後、金庸憲事務処長を表敬して、同裁判所の機構や活動についてのご説明を伺った。裁判部の蘇恩瑩・憲法研究員(東北大学法学博士)には、通訳等でお世話になった。

韓国憲法裁判所は、1988年9月発足後の25年4か月で、違憲・憲法不合致・限定違憲・限定合憲の決定を合計728件も出している。9人の裁判官は、憲法裁判のみに取り組んでいる。特筆すべきは、裁判部に、憲法研究官(65人。通常裁判所等からの派遣員を含む。)、憲法研究官補(7人)、憲法研究員(4人。公法分野の博士号所持者等を契約公務員として採用。)、憲法研究委員(4人。憲法学者等を3年以内の任期で任命。)、合計80人のスタッフを配置していることである。韓国憲法裁判所は、2014年9月には、ヨーロッパ評議会の諮問機関であるヴェニス委員会(正式名称は「法による民主主義のためのヨーロッパ委員会」で、憲法裁判に関する情報の提供等を行っており、韓国は正規メンバー、日本はオブザーバーである。）の第３回憲法裁判世界会議を主催している。この会議には、約１００か国の憲法裁判所や最高裁等の代表が参加している。

韓国憲法裁判所は、憲法裁判の中・長期的な研究・調査のため、２０１１年、憲法裁判研究院（定員33人）を設置した。憲法裁判研究院は、国際調査研究チーム（15人）などを設け、世界の憲法裁判を紹介する「世界憲法裁判動向」を２か月に１回刊行しており、国際シンポジウムも２０１２年から毎年開催している。

韓国憲法裁判所の活発な違憲判断は、このような豊富な陣容で国際的な憲法裁判の研究・調査を行っていることに負うところが大きいと考えられる。

Ⅶ　ヨーロッパ人権裁判所判例の法廷提出

我が国の裁判所は、韓国のような憲法裁判を専門として調査研究を行うスタッフを擁していない。国連の自由権規約委員会２０１４年7月24日総括所見は、批准された条約が国内法の効力を有するにもかかわらず、日本では自由権規約の下で保護される権利が裁判所によって適用された事例の件数が限られており、自由権規約の適用及び解釈が裁判官等に対する専門職業的研修の一部となることを確保するよう求めるとしている。人権判断の国際水準化は、我が国裁判所の重要課題である。

裁判の当事者も、積極的に、ヨーロッパ人権裁判所の判例などの外国の人権裁判例や、外国法制・国際人権法等に関する研究者の論文・意見書を上告理由書や準備書面に添付し、あるいは書証として法廷に提出することが望まれる。これらの資料は、国際的な視野の下で人権問題を再考する材料となり、司法判断の質の向上に貢献する。法学者等による外国憲法裁判の調査研究は、法律実務家にとり、誠に貴重な存在である。アカデミアと実務家との協働関係の更なる発展を期待してやまない。

初出：小畑郁ほか編『ヨーロッパ人権裁判所の判例Ⅱ』（信山社、2019年）xxviii頁

コラム4

金敬得さんを憶う

私が、初めて金敬得さんにお会いしたのは、昭和51年10月19日のことである。当時、私は、最高裁人事局任用課長の職に在った。金さんは、その年の司法試験に合格され、最高裁に司法修習生採用選考申込書を提出しておられた。「司法修習生は、司法試験に合格した者の中から、最高裁判所がこれを命ずる」との裁判所法の規定に基づき、最高裁が司法修習生の採用選考を行っているが、最高裁は、司法修習生採用選考公告に、選考の欠格事由の一つとして「日本の国籍を有しない者」を掲げていた。裁判官や検察官の下で実際の事件を教材として実務修習をする司法修習生は、国家公務員に準ずる地位にあるということを理由にするものである。それが、当時における我々の「常識」であった。そこで、外国籍の方々には、日本に帰化した上で司法修習生になっていただくという取扱いをしていた。現に何人かの方々が日本に帰化して司法修習生になっておられた。そのことを説明するため、担当の私が金さんをお呼びしたのである。金さんは、弁護士の原後山治さん、愛知県立大助教授の田中宏さんと共に、任用課長室へ来られた。

金さんは、「私は、大韓民国籍のまま『金敬得』として司法修習生への採用を申し込みます。」とおっしゃった。語気を強めるわけでも、拳を握るわけでもない。笑みをたたえながらの穏やかな話し振りだった。しかし、土俵で四つに組んで一歩も退かないという信念のようなものが感じられた。これまでの取扱いやその理由を説明すれば分かってもらえるのではないかと思っていた私は、思惑が外れ、ややとまどったのも事実であるが、再度の説得は無理である、我々も金さんが提起した問題に四つに取り組む必要があると、その場で覚悟を決めた。

その後も、金さんや支援の弁護士の方々が何度かお見えになった。私も、最高裁裁判官会議の最終決定を待つ身であり、決定が出るまでは建前論を繰り返すほかなかったが、裁判官会議にできるだけ詳しい状況説明を行い、その了解の下に、法務省、外務省等への意見照会などを行っていた。その後の経緯は、原後弁護士からいただいた『司法修習生＝弁護士と国籍』に詳しく紹介されている。金さんが、外国籍のままでの司法修習生採用という扉を開いてから、毎年数名の在日朝鮮人の方が何の問題もなく韓国籍・朝鮮籍のままで司法修習生に採用されている。金さんの信念で「常識」の中身が１８０度変わったのである。

金さんは、弁護士登録を終えてから、原後弁護士と共に、私の部屋に挨拶に来られた。そういう律儀な面もお持ちだった。

金さんと最後に言葉を交わしたのは、平成15年3月18日に最高裁で開催された崔鍾泳大韓民国大法院長歓迎レセプションの席であった。新聞等で拝見していた金さんの活躍振りに話を向けたが、照れたように笑っておられた。

そして、金さんのお声を最後に聞いたのは、平成16年12月15日に最高裁大法廷で開かれた東京都管理職選考受験資格確認等請求事件の口頭弁論であった。私は、図らずも、法壇から弁論を聴く身となったが、法廷中に響き渡る大きな声で、予定時間をオーバーし、滔々と論ずるお姿は、それまで私の頭の中にあった「静かなる男・金敬得」のイメージとは全くの別人であった。国籍差別の是正論に、「在日朝鮮人二世・金敬得」の自分史が重なって、胸中の思いのほとばしるような弁論になったのであろう。その日の私の日記には、「金敬得弁護士熱弁なり」と記してある。

この事件に対する最高裁大法廷判決の多数意見は、地方公共団体が管理職への昇任につき日本国民と在留外国人とを区別することには合理的理由がある、特別永住者も在留外国人である、という論理で鄭香均さんの請求を棄却すべきものとした。私は、これに対し反対意見を述べたが、当然のことながら、金さんとの行き掛かりとは全く関係のないことである。私は、特別永住者を他の在留外国人と同一視するのではなく、国が法律で特別永住者にどのような地位を認めているのか、その法律の枠の中で地方公共団体は特別永住者の権利をどこまで制限できるのかというアプローチを採った。「外国人の類型化と権利の性質から、生活実態に即した外国人の人権論が導かれなくてはならない」という近時の学説に近いといえるかもしれない。米国連邦最高裁でも6件ほど類似事件が取り上げられており、その判決を参照したのも事実である。

最高裁大法廷での弁論から約1年後に、金さんは逝去された。あの時、既に病魔を抱えておられたのかも知れないと思うと、大法廷での弁論が凄味をもってよみがえってくるのである。

初出：金敬得弁護士追悼文集編集委員会編『弁護士・金敬得追悼集』（新幹社、2007年）119頁

第2部　違憲審査の在り方

第1章　婚外子相続分差別規定の違憲決定と「個人の尊厳」

１　婚外子相続分差別規定

民法９００条４号は、子が数人あるときは各自の相続分は相等しいものとするとした上、「ただし、嫡出でない子の相続分は、嫡出である子の相続分の２分の１とする」と定めている。この婚外子相続分差別規定（本件規定）について、本年（２０１３年）９月４日の最高裁大法廷決定は、「遅くとも２００１年７月当時において、憲法14条１項に違反していた」と判断した。

本件規定は、１８９８年に制定された旧民法に由来している。現行の憲法は、「すべて国民は、個人として尊重される」（13条前段）、「すべて国民は、法の下に平等であつて、人種、信条、性別、社会的身分又は門地により、政治的、経済的又は社会的関係において、差別されない」（14条１項）、「配偶者の選択、財産権、相続、住居の選定、離婚並びに婚姻及び家族に関するその他の事項に関しては、法律は、個人の尊厳と両性の本質的平等に立脚して、制定されなければならない」（24条２項）と規定している。本件規定は、憲法のこれらの条文に明らかに違反している。憲法施行は、本件規定を廃止する絶好の機会であったが、憲法施行に伴う民法改正の国会審議において、「個人の尊厳」、「人間の平等」の観点から本件規定に懸念・反対を表明した議員は２人にすぎなかった。かくして、婚外子相続分差別は、１１５年間も続くことになった。

2　規定を合憲とした1995年の最高裁大法廷決定

１９９３年と１９９４年の2回にわたり、東京高裁が本件規定を違憲としたが、１９９５年7月5日の最高裁大法廷決定は、本件規定を合憲と判断した。

１９９５年の大法廷決定は、まず、「相続制度をどのように定めるかは、立法府の合理的な裁量判断にゆだねられているものというほかない」、「本件規定における嫡出子と非嫡出子の法定相続分の区別は、その立法理由に合理的な根拠があり、かつ、その区別が右立法理由との関連で著しく不合理なものでなく、いまだ立法府に与えられた合理的な裁量判断の限界を超えていないと認められる限り、合理的理由のない差別とはいえず、これを憲法14条1項に反するものということはできないというべきである」として、本件規定の憲法適合性の審査につき、「合理性の基準」を採用することを明らかにした。

最高裁は、立法が合憲か否かを審査する際、ほぼ一貫して、立法府が広範な裁量権を有していることを前提に、立法で国民を規制・区別することの目的に合理的根拠が認められ、その目的を達成する手段として採用された具体的な規制・区別の手段が目的に合理的に関連していると認められる限り、憲法に違反するものではないという「合理性の基準」を採用してきている。しかし、立法府に広範な裁量権を認める「合理性の基準」では、ほとんどの立法が合憲としてパスしてしまう。最高裁が過去66年間に法令を違憲とした裁判は8件にとどまっていた。経済活動の規制等は、基本的に「合理性の基準」で審査してもよいであろう。そして、当該経済政策等の当否は、国民が選挙で政権を交代させるかどうかという形で最終判断すればよいともいえよう。

しかし、①国民が投票所において正当に意見を表明するための民主的システム(知る権利、集会・結社・言論・出版の自由、公正平等な選挙制度)を護るのは司法の役割である。また、②国民の多数決による判断に委ねるべきではない個人の基本的人権(思想・良心・信教・表現の自由等)、特に③出生児の約2%を占めるに過ぎない婚外子のように、選挙では多数派とはなり得ない社会的少数者の人権を保護救済するのは、司法の役割である。これらの事項についても、現行の選挙制度等に利害関係を有し、また、多数決原理で行動する立法府の広範な裁量に委ねていては、国民主権による民主主義と、個人の権利・自由の尊重を柱とする憲法秩序が危ういものとなる。

裁判所は、憲法によって与えられた違憲立法審査権の行使にあたり、これらの事項については、規制・区別の立法目的が重要なものであり、規制・区別の手段が立法目的と事実上の実質的関連性を有するかを審査する「厳格な合理性の基準」を用いるべきであり、精神的自由のような個人の自己決定権、人格的アイデンティティーの基盤をなす権利に対する規制・区別については、さらに厳しく、規制・区別の立法目的が「やむにやまれぬ」必要不可欠なものであり、規制・区別の手段がその目的を達成するための必要最小限度のものであるかを審査する「厳格な審査基準」を適用すべきである(1)。

しかし、１９９５年の大法廷決定は、「合理性の基準」を採用することより、民法が定める相続制度の合理性の審査に終始し、本件規定の立法目的が「法律婚の尊重」にあり、「本件規定が非嫡出子の法定相続分を嫡出子の２分の１としたことが、右立法理由との関連において著しく不合理であり、立法府に与えられた合理的な裁量判断の限界を超えたものということはできない」と判断した。差別される側の婚外子の個人の尊厳に触れるところがない。ただし、大法廷を構成する15人の裁判官のうち５人が違憲の反対意見を述べている。

３　少数の反対意見が多数意見へと成長

その後、１９９５年決定に従って本件規定を合憲とした最高裁小法廷の裁判が、公刊されたものだけでも５件出ているところ、常に１人又は２人の裁判官が違憲の反対意見を述べている。

裁判官の反対意見は、司法判断の内容を向上させることに貢献するとともに、司法判断及び法の発展を理解する一助となるものである。反対意見の表明は、全体の議論の質を高める。そして、少数である反対意見が、時間を経て多数意見へと成長することが少なくないのである。

私も、この問題で、2回にわたり反対意見を書いた。私は、反対意見の中で、「(この)差別は、自己の意思によらずに、出生によって決定された嫡出でない子という地位ないし身分によるものであるが、憲法14条1項は、『社会的身分』を特に掲げて、すべて国民は社会的身分等によって差別されないと規定している。また、かかる差別は、憲法13条及び24条が掲げる個人としての尊重、個人の尊厳の理念をも後退させる性質のものである」、「嫡出でない子が被る平等原則、個人としての尊重、個人の尊厳という憲法理念にかかわる犠牲は重大であり、本件規定にこの犠牲を正当化する程の強い合理性を見いだすことは困難である」、「本件が提起するような問題は、立法作用によって解決されることが望ましいことはいうまでもない。しかし、多数決原理の民主制の過程において、本件のような少数グループは代表を得ることが困難な立場にあり、司法による救済が求められていると考える」と述べた。

本件規定は、相続制度の一環を成し、全国民が関心を寄せる性質のものであるから、立法によって改正することが望ましいが、国会が自ら本件規定に手を付けるということは期待できない。1979年に法務省民事局参事官室が差別を解消する「相続に関する民法改正要綱試案」をまとめたが、世論調査の結果などからして、改正は時期尚早ということになった。1996年に法制審議会が「民法の一部を改正する法律案要綱」をまとめたが、自民党により国会提出を拒まれた。民主党の「政策集インデックス2009」には相続差別廃止が謳われており、民主党政府は2010年に法律案を準備したが、国会提出には至らなかった。選挙による多数派形成を第一義とする国会議員が、少数者のために自ら動くということを望むのは無理である。少数者の憲法で保障された人権を擁護するのは司法の役割である。

私は、2008年に欧州人権裁判所のコスタ所長と会見し、欧州の状況を尋ねたところ、コスタ所長は、フランス、ベルギー、オーストリアでも婚外子差別の問題があった、議会は自ら差別解消に動くことを渋っていた、しかし欧州人権裁判所が婚外子差別は欧州人権条約に違反するとの判決を出したところ、議会は差別法を廃止した、このような問題では司法が一歩前に出なければならない、と語ってくれた。

我々が反対意見を述べ続けたことは、決して無駄にはならなかった。２００８年の最高裁大法廷判決は、国籍の取得につき婚外子を差別する国籍法３条１項が憲法14条１項に違反すると判断した。２０１０年の東京高裁判決、２０１１年の大阪高裁決定及び名古屋高裁判決は、立て続けに本件規定を違憲とした。そして、今回の大法廷決定で、14人の関与裁判官全員が、本件規定を違憲とした。少数の反対意見がついに多数意見に転じたのである。

４　「個人の尊厳と法の下の平等」を中心に据えた今回の決定

今回の大法廷決定は、本件規定の憲法適合性の審査につき、文面上では「合理性の基準」を踏襲してはいるが、本件規定の合理性については「個人の尊厳と法の下の平等」を定める憲法に照らして不断に検討・吟味されなければならないとしており、１９９５年の大法廷決定が民法の定める相続制度の合理性の審査に終始したのとは異なり、差別される側の婚外子の尊厳・平等を中心に据えて憲法適合性を審査しており、実質的には「厳格な合理性の基準」を採用していると解される。「非嫡出子」という言葉の使用も、意識的に回避している。

そして、今回の大法廷決定は、１９４７年の民法改正以降の婚姻・家族の実態の変化、その在り方に対する国民の意識の多様化など、本件規定の合理性に関連する種々の事柄の変遷を挙げる中で、①現在、我が国以外で相続分に差異を設けている国は、欧米諸国にはなく、世界的にも限られた状況にあること、②１９７９年に「市民的及び政治的権利に関する国際規約」(自由権規約)、１９９４年に「児童の権利に関する条約」が批准され、両条約は児童が出生によっていかなる差別も受けない旨の規定を設けている上、前者の条約に基づき設置された自由権規約委員会が1993年以降繰り返し本件規定の削除等を勧告し、後者の条約に基づき設置された児童の権利委員会が2010年に本件規定の存在を懸念する旨の見解を示していることに言及している。そして、これらの変遷等を総合的に考察すれば、「家族という共同体の中における個人の尊重がより明確に認識されてきたことは明らかであるといえる」、「父母が婚姻関係になかったという、子にとっては自ら選択ないし修正する余地のない事柄を理由としてその子に不利益を及ぼすことは許されず、子を個人として尊重し、その権利を保障すべきであるという考えが確立されてきているものということができる」として、遅くとも「2001年7月当時においては、立法府の裁量権を考慮しても、嫡出子と嫡出でない子の法定相続分を区別する合理的な根拠は失われていたというべきである」と判断した。

5　もう一つの注目点は「人権保護の国際標準化」

今回の大法廷決定を一番後押ししたものは、婚外子の相続分差別の廃止が世界的趨勢になっているという事実であろう。

最高裁は、2008年の国籍法違憲判決でも、社会的環境等の変化の一つとして、前記の2条約を掲げているが、自由権規約委員会等の「総括所見」にまで触れたのは、今回の大法廷決定が初めてである。小法廷における個々の裁判官が補足意見や反対意見の中で言及したことはこれまでにもあったが、大法廷の裁判官全員による法廷意見が総括所見を取り上げたことは画期的なことである。

国連の自由権規約等は、全締約国間における「人権規範の共通化」、「人権保護の標準化」を通じ、国家権力による人権侵害を制限・防止する機能を有する。自由権規約等は、国内における新たな立法や行政措置を待つことなく直ちに裁判所で適用可能な自動執行力を有するものであるが、その第一次的な解釈権限は締約国に属する。しかし、締約国に解釈権限を委ねているだけでは、条約という枠組みで国家権力を抑制するという目的を達することはできない。自由権規約委員会等と締約国との「対話」を通じて、人権規範の共通化を目指していく必要がある。

そのため、締約国は、自由権規約委員会等に対し、自由権規約等において認められている権利の実現のためにとった措置及びこれらの権利の享受についてもたらされた進歩に関する報告を行うことになっている。自由権規約委員会等には、非政府団体（ＮＧＯ）がカウンターレポートの形で締約国における人権状況に関する情報を提供している。自由権規約委員会等は、カウンターレポートも参考にしながら、締約国に質問を発し、その報告を審査し、審査の後に総括所見を出す。総括所見には法的拘束力はなく、あくまでも勧告にとどまるものであるが、この手続を通じ緩やかな形で「人権規範の共通化」が図られていく。

今回の大法廷決定が自由権規約委員会等の総括所見を本件規定の合理性に関連する「事柄の変遷等」の一つとして認定したことは、最高裁が「人権規範の共通化」を強く意識して、自由権規約委員会等との「対話」に乗り出したことを意味するものである。

６　次は国会による規定の削除

憲法81条は、最高裁が一切の法律、命令等が憲法に適合するかしないかを決定する権限を有する終審裁判所であると規定している。

最高裁は、２０１３年９月５日、今回の大法廷決定を国会に送付した。国会は、仮に最高裁の判断内容に不満を持ったとしても、少なくとも最高裁が違憲と判断した本件規定を削除しなければならない。それによって、憲法秩序が保たれるのである。

かつては、最高裁が違憲と判断した刑法の尊属殺重罰規定を国会が22年間も放置するということがあった。最近でも、最高裁が違憲状態と判断した衆議院議員選挙区画定審議会設置法の一人別枠方式について、その廃止には小選挙区の21増21減が必要であるにもかかわらず、国会は０増５減にとどめて、実質的に一人別枠方式の効果の大部分を温存した。

国会は、本件規定や、出生届に「嫡出子又は嫡出でない子の別」の記載を要求している戸籍法の規定を速やかに廃止すべきである。

初出：世界２０１３年11月号２２９頁

コラム5

中野次雄刑裁教官のことなど

1961年4月18日、15期司法修習生334人の修習が始まった。私は、京大吉田寮を出て、教科書を詰めたリンゴ箱と一緒に文京区の研修所指ケ谷寮に入った。

寮の前の坂道を下り、都電で指ケ谷町から水道橋に出て、中央線の四ツ谷駅で降り、20分ほど歩いて紀尾井町の旧行政裁判所跡地にあった研修所へ通った。

刑裁教官の中野次雄氏は、総合判例研究叢書などにも執筆している学究派である。司法省刑事局や陸軍司政官の勤務歴を全く感じさせることのない温厚な人格者であった。ご自分で修習生に裁判官任官を勧誘するようなことは全くなかったが、実務家でありながら研究生活を続ける中野教官の姿に憧れて任官する教え子が多かった。クラス仲間と西荻窪のご自宅に押しかけ、松子夫人から白菜たっぷりの鶏鍋をご馳走になった。

その中野教官が、ある日、本日は2度目の渡米のため待機中の田辺公二教官に特別講義をお願いすることになったと、10歳ほど年下の田辺氏をあたかも先輩のように紹介された。私は、これは特別な人に違いないと思い、最前列に席を占めた。田辺氏から、いろいろ質問が発せられる中で、私は、「それは、こうじゃないですかね」、と軽率な答えをしてしまった。早速、「法律の議論は勘に頼ってはいけない。君の机の上にある六法を開き、条文の根拠を示し、筋道を立てて説明すべきだ」ときついお叱りを受けた。田辺氏は、学徒出陣で戦艦大和の護衛艦「冬月」の乗組員となって奇跡的に生還し、１９５４年の日米法学交流計画で学者などと2年間米国ロースクールに学び、帰国後に研修所付となって『民事訴訟の第一審訴訟記録について』、『民事判決起案の手びき』、『供述心理』等の教材作成に携わり、研修所教育の基礎を作った裁判所一の俊英であったが、43歳で急逝した。田辺氏から落とされた雷は、私の宝物である。

前期が終わり全員が修習地に散っていく。研修所主催の壮行会が東大植物園の本館前辺りで開かれ、生ビールの樽も持ち込まれた。夏の日のビールの味が忘れられない。戦時中には、同じ場所で、東大の出陣学徒壮行会が開かれているから、申し訳ない気もしている。

大阪での修習では、裁判所敷地内にあった拘置所の死刑執行室見学で、板の間の中央部分が下にバタンと観音開きで開く様子を見たときのことが、忘れられない。

前期修習終了間際の授業で、中野教官から、実務修習中に論文を一つまとめて提出するようにとのお達しがあった。私は、「包括一罪としての連続犯」を書いた。後期修習に入って配られてきた「司法研修所報」を見ると、修習生論文の登載は、松沢智氏と私のものだけである。私は、全員が出すものと思い込み、拙稿を人目にさらすことになって、恥ずかしい思いをした。

後期は起案の連続であったような記憶である。トイレでたまたま中野教官と肩を並べることになったとき、「君の起案が教官室の模範解答に一番近かったよ」と言われた。場所柄、うつむくしかなかったが、密かに自分も刑事裁判官を目指そうと決めた。

２０１２年5月12日に本林徹氏の旗振りで15期50周年記念祝賀会が開かれ、１１７人が品川プリンスに集まった。再会できなかった人の顔も次々と頭に浮かんだ。

初出：LIBRA2015年3月号52頁

第2章　政教分離
――最高裁判例を読み直す

はじめに

1　立憲主義

立憲主義は、憲法に基づいて国政を行うという原理である。憲法は、13条の「すべて国民は、個人として尊重される」との個人の自律的存在を尊重する総則的規定の下で、具体的な基本的人権を定めており、その一つが20条の「信教の自由」である。そして、憲法は、個人の基本的人権の保障を中心に据えて、それが国家権力によって侵されることのないことを保障するため、国民自らが積極的に統治に参加する国民主権の代表民主主義を基本的原理として定め、国家権力の濫用を防止するため、立法・行政・司法の三権分立により権力相互の抑制と均衡を図っている。さらに、憲法は、司法に違憲審査権を付与することにより(81条)、憲法の最高法規性(98条)を確保している。本稿は、司法が信教の自由をどのように扱ってきたかについて、最高裁判例を中心に概観するものである。

2　信教の自由

憲法20条は、信教の自由を保障する規定であるが、2種類の性格を異にする規定を含んでいる。同条は、まず、1項で「信教の自由は、何人に対してもこれを保障する」、2項で「何人も、宗教上の行為、祝典、儀式又は行事に参加することを強制されない」と規定しているが、これらは、個人の基本的人権としての信教の自由を直接保障する規定である。この信教の自由は、①内心における信仰の自由、②宗教的行為の自由、③宗教的結社の自由を含む。これは、個人の権利自由であるから、それが国家により侵害された場合は、個人は裁判所にその救済を求めることができる。

３　政教分離

次に、憲法20条は、1項で「いかなる宗教団体も、国から特権を受け、又は政治上の権力を行使してはならない」、3項で「国及びその機関は、宗教教育その他いかなる宗教的活動もしてはならない」と規定し、憲法89条は、「公金その他の公の財産は、宗教上の組織若しくは団体の使用、便益若しくは維持のため、……これを支出し、又はその利用に供してはならない」と規定している。これらの規定は、信教の自由をより完全に保障するために、国家が宗教と結び付くことを禁止し、更にそれを財政的側面において徹底するものである。この政教分離の原則は、①宗教団体に対する特権付与の禁止、②宗教団体の政治上の権力の行使の禁止、③国の宗教的活動の禁止、④宗教団体に対する公金支出・公財産利用供与の禁止を含む。これらの規定は、個人の信教の自由を直接保障するものではないが、信教の自由を一層確実なものとするために、立法によって侵害することのできない制度として、政教分離という制度を客観的に保障するものである。国民に直接権利を付与するものではないから、国家が政教分離に違反する行為をしたからといって、国民が当然に裁判所に救済を求めることはできない。地方公共団体の政教分離違反行為については、住民訴訟という民衆訴訟によって争う途があるが、国の政教分離違反行為については、国政レベルの納税者訴訟のような民衆訴訟が設けられていない現状では、国民が裁判所で争うことができない。

4　自由権規約

市民的及び政治的権利に関する国際規約(自由権規約)は、我が国において自動執行力を有し、特段の立法措置を待つことなく、そのまま裁判規範となるものである。そして、自由権規約は、憲法98条2項の条約の遵守規定に照らしても、憲法に準ずる地位を占めるものである。最高裁は、条約違反の主張について、単なる法令違反をいうものとして上告理由に該当しないというが、本来は上告理由に取り込むべきである。いずれにしても、自由権規約は、憲法が掲げる基本的人権について、これを更に具体的に規定している面があり、宗教の自由についても18条で詳しく規定しており、裁判の場で積極的な活用が望まれる。

5　宗教的少数者の視点

神仏が習合し、多くの宗教的行事が世俗化した生活慣習の中で暮らす一般の国民は、宗教への関心が高くなく、宗教的な感覚に鋭敏とはいい難い面がある。信教の自由について十分な敏感さを持たなければ、往々にして宗教的少数者の人権を侵害することになる。信教の自由は精神的自由の中核を成すものであり、精神的自由は人間が自己の生き方を自律的に決めるための基礎となるものとして、少数者を含む国民一人一人に保障されなければならず、多数の意思をもって奪うことのできないものであることを十分に認識する必要がある。信教の自由の過小評価は、精神的自由一般の安易な制限へとつながる危険性を有する。また、信教の自由の過小評価が、戦前において、国家神道体制の形成を容易にし、全体主義による悲劇を招いたことにも、十分留意する必要がある。最高裁判例を読み直して一番懸念されたことは、何人も参加を強制されない宗教上の行為等の範囲と、国家及びその機関が禁止される宗教的活動の範囲を別個のものとし、後者について「一般人の見解」ないし「一般人の目」を評価の基準とすることにより前者よりも狭いものとして捉えていることである。宗教意識において敏感さを有するとはいえない我が国の一般人の目を基準とすると、宗教的意義を軽視し、その効果を過小に評価するおそれがある。この間隙から国家と宗教との結び付きが生まれ、それと相容れない宗教的少数者の信教の自由が侵害されるに至ることが危惧される。政教分離原則は国家と宗教との結び付きを一切排除するものである、宗教的少数者の宗教や良心の自由に対する侵犯は多数決をもってしても許されないものであるとの視点で、信教の自由、政教分離を考えるべきである。

Ⅰ　信教の自由

1　信仰の自由

(1) 信仰の自由は、宗教を信仰し、又は信仰しないこと、信仰する宗教を選択し変更することについて、各人が任意に決定することができる自由である。個人の内心の自由である信仰の自由は、国家に対する関係で絶対的に保障されなければならない。

信仰の自由を実質的に保障するため、信者の心の負担を取り除くための特別の措置を採るべき宗教への配慮が求められる場合がある。最二小判平成8年3月8日[1]は、市立高等専門学校の校長が、信仰上の理由により剣道実技の履修を拒否した学生に対し、代替措置につき何ら検討することなく、2年連続して原級留置処分をし、さらに、それを前提として退学処分をしたことは、裁量権の範囲を超える違法なものであると判断した。

(2) 信仰の自由が私人間においても保障されるかについて、憲法第3章の基本的人権の保障規定は、信仰の自由を含め、国又は公共団体の統治行動に対して個人の基本的な自由と平等を保障する目的に出たもので、もっぱら国又は公共団体と個人との関係を規律するものであり、私人相互の関係を直接規律することを予定するものではないと解されている[(2)]。最一小判昭和42年5月25日[(3)]は、特定の住居で布教又は祭祀を行わない旨の私人間の約束は憲法20条1項に違反しないとしている。

ただし、私人間においても、各人が享有する人権との調整、私的自治及び契約自由との関係での調整が必要であり、憲法の人権保障の趣旨に違反するような行動は私法の一般条項を通じて排除されるべきである。

最大判昭和63年6月1日[(4)]は、殉職自衛官の妻と合祀した宗教法人山口県護国神社の間の私法上の関係につき、「私人相互間において憲法20条1項前段及び同条2項によって保障される信教の自由の侵害があり、その態様、程度が社会的に許容し得る限度を超えるときは、場合によっては、私的自治に対する一般的制限規定である民法1条、90条や不法行為に関する諸規定等の適切な運用によって、法的保護が図られるべきである」とした上、「原審が宗教上の人格権であるとする静謐な宗教的環境の下で信仰生活を送るべき利益なるものは、これを直ちに法的利益として認めることができない性質のものである」としたが、「現代社会において、他者から自己の欲しない刺激によって心を乱されない利益、いわば心の静穏の利益もまた、不法行為法上、被侵害利益となりうるものと認めてよい」とする伊藤正己反対意見の方が説得性を有する。

その点はおくとして、妻の主張する権利を「宗教上の人格権」等と抽象化して法的利益とは認められないとする手法は問題である。妻は、キリスト教徒であるところ、自衛官として殉職した亡夫の遺骨をキリスト教会の納骨堂に納め、毎年同教会の永眠者記念礼拝に出席し、日曜日には教会で礼拝し、亡夫の死の意味を求め、追悼し、キリスト教の信仰を心のよりどころとして生活している。神社は、自衛隊地方連絡部職員等による合祀申請を受け、亡夫を祭神として合祀する鎮座祭を斎行し、直会の儀を挙行し、慰霊大祭を斎行し、永代にわたって奉斎するとともに公衆礼拝の対象としている。妻が合祀により侵害されたと主張している利益は、キリスト教徒である妻が他の宗教団体の宗教的行為に干渉されることなくキリスト教信仰の立場から亡夫の死の意味を深めて信仰生活を送るべき利益である。このような利益は、「一般人の目」には映りにくいとしても、法的に保護されるべき利益である。

最一小判平成11年3月25日[5]は、「自己の帰依する宗教団体及び信仰の対象である主宰者をひぼう中傷されることにより宗教上の領域における心の静穏を乱されることのない利益」について、精神的苦痛が社会通念上甘受すべき限度を超えて、かつ、侵害の態様、程度が社会的に許容できる限度を超える場合に初めて、法的に保護されるとしている。

一方、最三小判平成12年2月29日[6]は、「患者が、輸血を受けることは自己の宗教上の信念に反するとして、輸血を伴う医療行為を拒否するとの明確な意思を有している場合、このような意思決定をする権利は、人格権の一内容として尊重されなければならない」としている。

(3)　首相の靖国参拝について、最二小判平成18年6月23日[7]は、国、首相個人及び靖国神社に対する損害賠償請求訴訟で、「人が神社に参拝する行為自体は、他人の信仰生活等に対して圧迫、干渉を加えるような性質のものではないから、他人が特定の神社に参拝することによって、自己の心情ないし宗教上の感情が害されたとし、不快の念を抱いたとしても、これを被侵害利益として、直ちに損害賠償を求めることはできない」として、その余の点については判断を示さなかった。被侵害利益を否定する以上、首相の靖国参拝の憲法適合性については判断する必要がないともいえるが、立憲主義の下で違憲審査を託された最高裁としては憲法適合性の判断を示すのが妥当であったと考えられる。

最大判平成27年12月16日[8]は、女性について6箇月の再婚禁止期間を定める民法733条1項を改廃する立法措置を採らなかった立法不作為を違法とする国賠請求について、最三小判平成7年12月5日[9]と同様に国賠は認められないとしつつも、同規定のうち１００日を超えて再婚禁止期間を設ける部分は憲法14条１項、24条２項に違反するとの判断を示している。厳密にいえば判決の結論を導くために必要がないとしても、中心的な争点である民法７３３条１項の合憲性についての判断を避けるべきではないとの考慮によるものである。この違憲判断によって法改正が始まり、立憲主義が守られることになる。

また、最高裁は、最大判昭和28年12月23日[10]、最大判昭和40年7月14日[11]、最大判昭和42年5月24日[12]において、訴えの利益が失われたとしながらも憲法解釈に関する見解を示している。当事者が憲法問題について十分に主張立証を尽くしていて、他にも同種の事案が想定される場合には、違憲審査権を有する裁判所としては、たとえ傍論となっても、憲法解釈を示すことが望まれ、その判断は尊重されるべきものである。

大阪高判平成17年9月30日[13]は、首相の靖国神社公式参拝は、信仰の自由等の国民個人の具体的権利・自由を侵害したとはいえないとしながら、憲法20条3項で禁止された宗教的活動に該当すると判示した[14]。

２　宗教的行為の自由

宗教的行為の自由は、礼拝、祭祀、布教など外的な行為の自由であり、他者の基本的な権利及び自由を保護するための必要最小限の制約に服する。最大判昭和38年5月15日[15]は、病気平癒を祈願するために宗教行為として加持祈禱行為がなされた場合でも、それが他人の生命、身体等に危害を及ぼす違法な有形力の行使に当たるものであり、それにより被害者を死に致したものである以上、憲法20条1項の信教の自由の保障の限界を逸脱したものとして刑法２０５条により処罰することができると判示した。

３　宗教的結社の自由

宗教的結社の自由は、同じ宗教を信じるものが集まり、一つの信仰共同体（宗教団体）を結成する自由である。宗教団体が形成されてくると、その資産を共同体の資産として管理運営することが必要となり、その団体が社会とのかかわりを増すにつれて、法人格（権利義務の主体となる能力）を備える必要性が増してくる。宗教団体に法律上の能力を与えることを目的とするのが宗教法人法である。

宗教法人法81条は、宗教法人が法令に違反して著しく公共の福祉を害すると明らかに認められる行為をした場合等に、裁判所がその解散を命ずることができるとしているが、解散命令は、法人格を奪うだけのもので、信者の宗教上の行為を禁止したり制限したりする法的効果を一切伴わない。ただ、解散命令が確定し清算手続が行われる結果、礼拝施設その他の宗教上の行為の用に供していたものも処分されることになるから、これらの財産を用いて信者らが行っていた宗教上の行為を継続するのに何らかの支障が生じることはあり得る。最一小決平成８年１月30日[16]は、宗教法人に関する法的規制については、憲法が許容するものであるかどうかを慎重に吟味しなければならないとした上で、オウム真理教に対する解散命令を「必要でやむを得ない法的規制」であるとした。

Ⅱ　政教分離

１　制度的保障

憲法の政教分離規定について、最大判昭和52年７月13日[17]は、「政教分離規定は、いわゆる制度的保障の規定であつて、信教の自由そのものを直接保障するものではなく、国家と宗教との分離を制度として保障することにより、間接的に信教の自由の保障を確保しようとするものである」と判示する。すなわち、政教分離規定は、個人の信教の自由を直接保護するものではなく、信教の自由を間接的・側面的に確保するためのものであるから、政教分離規定に違反する国家行為があっても、国民が主観訴訟でこれを争うことはできず、地方公共団体の違反行為についてのみ、地方自治法242条の2の住民訴訟を足がかりに争うほかない。

2　目的効果基準

最大判（津地鎮祭）は、津市体育館の起工式が津市の主催により、4名の神職主催の下に神式に則り挙行され、市長が挙式費用7663円（神職に対する報償費4000円、供物料3663円）を市の公金から支出したことにつき、その政教分離規定違反が住民訴訟で争われた事案である。

最大判は、「（要旨）憲法20条3項にいう宗教的活動とは、国及びその機関の活動で宗教とのかかわり合いをもつすべての行為を指すものではなく、①当該行為の目的が宗教的意義をもち、②その効果が宗教に対する援助、助長、促進又は圧迫、干渉等になるような行為をいう」とする。この判断は、目的効果基準によるものと解釈されている。ただし、最大判は、続けて、「ある行為が右にいう宗教的活動に該当するかどうかを検討するにあたつては、当該行為の主宰者が宗教家であるかどうか、その順序作法（式次第）が宗教の定める方式に則つたものであるかどうかなど、当該行為の外形的側面のみにとらわれることなく、当該行為の行われる場所、当該行為に対する一般人の宗教的評価、当該行為者が当該行為を行うについての意図、目的及び宗教的意識の有無、程度、当該行為の一般人に与える効果、影響等、諸般の事情を考慮し、社会通念に従つて、客観的に判断しなければならない」という。すなわち、最大判は、ある行為の「目的」と「効果」を独立して審査するというのではなく、総合的考量によって右のような目的と効果を持った宗教的活動に当たるかどうかを判断するというのである。その上で、「本件起工式は、宗教とかかわり合いをもつものであることを否定しえないが、その目的は建築着工に際し土地の平安堅固、工事の無事安全を願い、社会の一般的慣習に従つた儀礼を行うという専ら世俗的なものと認められ、その効果は神道を援助、助長、促進し又は他の宗教に圧迫、干渉を加えるものとは認められないのであるから、憲法20条3項により禁止される宗教的活動にはあたらない」と判断した。

ちなみに、右の目的効果基準の範となったアメリカ判例のレーモン・テストは、「①問題となった国家行為が、世俗的目的をもつものかどうか、②その行為の主要な効果が、宗教を振興しまたは抑圧するものかどうか、③その行為が、宗教との過度のかかわり合いを促すものかどうか、という3要件を個別に検討することによって、政教分離原則違反の有無を判断し、一つの要件でもクリアーできなければ右行為を違憲とするものである(18)」。

右最大判については、二つの面からの批判が可能である。

まず、レーモン・テストが①目的、②効果、③かかわり合いの程度の3要件を「個別に」検討するものであるのに対し、右最大判は、諸般の事情を考慮しての総合考量である。総合考量は、最高裁判例一般の通弊であり、一見もっともらしさを有し、どのような事件にも対応できるものとはいえ、裁判官の主観と恣意性を許し、人権の客観的保障の障害をなすものである（例えば、最二小判平成23年5月30日判時2123号3頁は、国歌斉唱職務命令の合憲性は、職務命令の目的及び内容並びに思想良心に対する制約の態様等を総合的に較量して、職務命令に右制約を許容し得る程度の必要性及び合理性が認められるか否かという観点から判断するのが相当であるとしている）。この事案でも、結局は、神職4名主宰の神式による起工式が宗教的活動に当たらないという不合理な結論を導いている。違憲審査基準の客観化、厳格化が必要である。

もう一つの問題点は、「一般人の宗教的評価」、「一般人に与える効果」を考慮要素として、一般人の目から見た評価を基準としていることである。右最大判は、「社会生活上における国家と宗教とのかかわり合いの問題である以上」「当然に一般人の見解を考慮に入れなければならないものである」というが、これでは、宗教的少数者を含む個人の信教の自由の保障を間接的に確保しようとする政教分離規定の趣旨が全うされない。一般人の目には問題視するほどのものでないとしても、宗教上の儀式である以上、公共団体等の権力がこれを公的行事に取り入れることにより当該宗教と結び付くことに変わりはない。そして、当該宗教と相いれない宗教的少数派が社会生活の上で排除され、その信仰の自由が侵害されるに至るおそれが生まれてくるのである。信教の自由を保障するためには、公的権力と宗教との結び付きを一切排除すべきであるとの藤林益三・吉田豊・団藤重光・服部高顕・環昌一反対意見、「たとえ、少数者の潔癖感に基づく意見と見られるものであつても、かれらの宗教や良心の自由に対する侵犯は多数決をもつてしても許されない」との藤林益三反対意見を正当というべきである。

右最大判が示した政教分離に関する合憲性審査基準は、最大判（殉職自衛官合祀）、最二小判昭和63年12月16日[19]、最一小判平成4年11月16日[20]、最大判平成9年4月2日[21]、最一小判平成11年10月21日[22]、最三小判平成14年7月9日[23]、最一小判平成14年7月11日[24]、最二小判平成16年6月28日[25]で踏襲された。

このうち、最大判（愛媛玉串料）は、愛媛県が靖国神社又は護国神社の挙行した例大祭、みたま祭又は慰霊大祭に際し玉串料、献灯料又は供物料を県の公金から支出して奉納したことは憲法20条3項、89条に違反すると判断している。

3　空知太判決以後の政教分離審査基準

最大判平成22年1月20日[26]は、市が連合町内会に対し市有地を無償で建物（地域の集会場等であるが、その内部に祠が設置され、外壁に神社の表示が設けられている）、鳥居及び地神宮の敷地としての利用に供している行為は、憲法89条、20条1項後段に違反すると判断した。

最大判（空知太神社）は、政教分離原則違反の有無に関する審査基準に関し、「憲法89条は、公の財産を宗教上の組織又は団体の使用、便益若しくは維持のため、その利用に供してはならない旨を定めている。その趣旨は、国家が宗教的に中立であることを要求するいわゆる政教分離の原則を、公の財産の利用提供等の財政的な側面において徹底させるところにあり、これによって、憲法20条1項後段の規定する宗教団体に対する特権の付与の禁止を財政的側面からも確保し、信教の自由の保障を一層確実なものにしようとしたものである。しかし、国家と宗教とのかかわり合いには種々の形態があり、およそ国又は地方公共団体が宗教との一切の関係を持つことが許されないというものではなく、憲法89条も、公の財産の利用提供等における宗教とのかかわり合いが、我が国の社会的、文化的諸条件に照らし、信教の自由の保障の確保という制度の根本目的との関係で相当とされる限度を超えるものと認められる場合に、これを許さないとするものと解される」とした上、「国公有地が無償で宗教的施設の敷地としての用に供されている状態が、……信教の自由の保障の確保という制度の根本目的との関係で相当とされる限度を超えて憲法89条に違反するか否かを判断するに当たっては、当該宗教的施設の性格、当該土地が無償で当該施設の敷地としての用に供されるに至った経緯、当該無償提供の態様、これらに対する一般人の評価等、諸般の事情を考慮し、社会通念に照らして総合的に判断すべきものと解するのが相当である」と判示した。

最大判(空知太神社)は、最大判(津地鎮祭)が「宗教とのかかわり合いをもたらす行為の目的及び効果にかんがみ」そのかかわり合いが相当とされる限度を超えるものと認められる場合に政教分離原則違反となるとしていた「目的及び効果」に触れるところがなく、これとは異なる審査基準を採用していると見られなくもない。

しかし、最大判(空知太神社)は、その判断対象が一時的行為ではなく、長期にわたる無償での敷地提供であったため、かかわり合いの相当性の着眼点として行為の目的及び効果に言及しなかっただけのことで、政教分離原則に違反するかどうかは「諸般の事情を考慮し、社会通念に照らして総合的に判断すべきものと解するのが相当」としており、憲法で禁止された宗教的活動かどうかは「諸般の事情を考慮し、社会通念に従つて、客観的に判断しなければならない」とする最大判（津地鎮祭）と基本的に同じ判断基準を採用しているといえる。

なお、最一小判平成24年2月16日[27]は、右の違憲性を解消するため、市が市有地の一部を氏子総代長に適正な賃料で賃貸することは、憲法89条、20条1項後段に違反しないと判断した。

最大判平成22年1月20日[28]は、市が町内会に対し無償で神社施設の敷地としての利用に供していた市有地を同町内会に譲与したことは、①市有地の提供行為をそのまま継続することは、一般人の目から見て、市が特定の宗教に対して特別の便益を提供し、これを援助していると評価されるおそれがあったこと、②右譲与は、市が、監査委員の指摘を考慮し、憲法の趣旨に適合しないおそれのある状態を是正解消するために行ったものであること、③右市有地は、もともと右町内会の前身の団体から戦前に小学校の教員住宅用地として寄附されたが、戦後、上記教員住宅の取壊しに伴いその用途が廃止されたものであることなどの事情の下では、憲法20条3項、89条に違反しないと判断した。この判決は、無償譲与といっても、当該土地を戦前に市に対し寄附した者に返還するものであることを重視したものであって、その趣旨が一般の政教分離事件に当てはまるものではない。

最一小判平成22年7月22日[29]は、神社の鎮座２１００年を記念する大祭に係る諸事業の奉賛を目的とする団体の発会式に地元の市長が出席して祝辞を述べた行為は憲法20条3項に違反しないとしたが、その理由中で、市長が発会式に出席して祝辞を述べた行為は、市長としての社会的儀礼を尽くす目的で行われたものであり、特定の宗教に対する援助、助長、促進になるような効果を伴うものでもなく、「宗教とのかかわり合いの程度が、我が国の社会的、文化的諸条件に照らし、信教の自由の保障の確保という制度の根本目的との関係で相当とされる限度を超えるものとは認められず」と述べ、最大判（津地鎮祭）の枠組みに従った判断をしている。

最大判令和3年2月24日[30]は、市長が市の管理する都市公園内の国公有地上に孔子等を祀った施設を所有する一般社団法人に対し同施設の敷地の使用料の全額を免除した行為は憲法20条3項に違反すると判断したが、政教分離規定に違反するか否かにつき最大判（空知太神社）の判断枠組みによって判断している。

Ⅲ　宗教団体の内部紛争

1　司法権の範囲

憲法は、76条1項で「すべて司法権は、最高裁判所及び法律の定めるところにより設置する下級裁判所に属する」と規定しているが、「司法権」について定義するところはないので、憲法の関連規定を総合して「司法権」の中身を導くほかない。法の支配の制度化のため憲法が採用する三権分立の下で、立法は法律の制定、行政は法律の執行を担っており、これらの権限は司法に属さない。一方、憲法32条は「何人も、裁判所において裁判を受ける権利を奪はれない」と規定しており、国民の「裁判を受ける権利」に応えて、法の執行における争いを裁判することが「司法権」の中核を成すものということができる。裁判の主体は内閣により任命される裁判官であり、裁判官は「憲法及び法律にのみ拘束される」（憲法76条3項、79条1項、80条1項）。裁判は、「公開法廷」という空間で「対審」の形式で（憲法82条1項）法定の手続で行われる（憲法31条）。これらの規定から、判例は、「司法権」の対象は「当事者間の具体的な権利義務ないし法律関係の存否に関する紛争であって、かつそれが法律の適用によって終局的に解決し得べきもの」であるとの解釈を導き出している。そして、判例は、裁判所法3条1項が「裁判所は、日本国憲法に特別の定のある場合を除いて一切の法律上の争訟を裁判し、その他法律において特に定める権限を有する」と規定している中の「法律上の争訟」とは、前記の司法権の対象となる法的紛争を指していると解している。(31)

一方、裁判所が司法権を行使し得る範囲は、憲法の他の規定から一定の制限を受ける。その一つが政教分離原則に由来する制限である。憲法20条は、宗教的結社の自由を保障し、国及びその機関の宗教的活動を禁止しているから、裁判所は、宗教団体内部の宗教的紛争に介入することはできない。また、憲法21条は結社の自由を保障しているから、裁判所は結社内部の自治的紛争に介入することはできない。そのほか、憲法23条は学問の自由、憲法28条は勤労者の団結権、憲法92条は地方自治を保障しているから、裁判所は大学、労働組合、地方議会の自治に介入することはできない。これらの団体等は、それぞれの目的に適した自主的規範を持ち、組織を自主的に運営することを憲法で保障されている。

したがって、裁判所が本案の裁判を行うためには、①まず、訴訟物が法律上の争訟に当たるかを審理し、②次に、憲法で保障された団体等の自律的決定権との関係で裁判権を制限されることがないかを審理することになる。

２　訴訟物による制限

⑴　宗教法人には、３人以上の責任役員を置き、そのうちの１人を代表役員とし、責任役員は、宗教法人の事務を決定し、代表役員は、宗教法人を代表し、その事務を総理する（宗教法人法18条）。代表役員や責任役員は、世俗的な業務を行う機関であって、法律上の規制の対象となる。これに対し、住職は、宗教上の主宰者であって、法律上の規制は及ばない。ただ、宗教法人の内部規則で、代表役員には住職の地位に在る者を充てると定めている場合、裁判で「住職」たる地位の確認を求めることができるかが問題となる。

最一小判昭和44年７月10日[32]は、ただ単に住職たる地位の確認を求める訴えは不適法であるとして、「慈照寺の住職たる地位は、元来、儀式の執行、教義の宣布等宗教的な活動における主宰者たる地位であつて、同寺の管理機関としての法律上の地位ではないというのであるから、住職たる宗教上の地位に与えられる代表役員および責任役員としての法律上の地位ならびにその他の権利義務（たとえば、報酬請求権や寺院建物の使用権など）のすべてを包含するいみにおいて、権利関係の確認を訴求する趣旨であれば格別、右代表役員および責任役員としての法律上の地位の確認請求をすると共に、これとは別個にその前提条件としての住職たる地位の確認を求めるというのは、単に宗教上の地位の確認を求めるにすぎないものであつて、法律上の権利関係の確認を求めるものとはいえず、したがつて、このような訴は、その利益を欠くものとして却下を免れない」と判断した。

(2)　次に、宗教団体内の「懲戒処分」の無効確認を求める訴えが認められるかどうかであるが、最一小判平成４年１月23日[33]は、「宗教団体内部においてされた懲戒処分が被処分者の宗教活動を制限し、あるいは当該宗教団体内部における宗教上の地位に関する不利益を与えるものにとどまる場合においては、当該処分の効力に関する紛争をもって具体的な権利又は法律関係に関する紛争ということはできないから、裁判所に対して右処分の効力の有無の確認を求めることはできない」と判断した。

(3)　また、「信者」の地位の確認を求める訴えが許されるかどうかであるが、宗教法人法は、宗教法人の自主性を尊重しつつその最終的な意思決定に信者の意見が反映されるよう、宗教法人の一定の重要な行為につき、「信者その他の利害関係人」に対して公告をするものとし（12条３項、23条、26条２項、34条１項、35条３項、44条２項）、また、「信者その他の利害関係者」は財産目録等の書類又は帳簿を閲覧することができ（25条３項）、解散につき意見を述べることができるとしている（44条３項）ものの、信者と宗教法人との間の権利義務ないし法律関係について直接明らかにする規定を置いていない。宗教法人法は、信者が宗教上の地位（２条にいう教化育成の対象としての地位）を有するにとどまるのか、市民的・経済的な法律上の地位をも有するかについて明らかにしていない。最三小判平成７年７月18日[34]は、そのような理解に立って、「壇徒等の信者の地位が具体的な権利義務ないし法律関係を含む法律上の地位ということができるかどうかは、当該宗教法人が同法12条１項に基づく規則等において壇徒等の信者をどのようなものとして位置付けているかを検討して決すべきこととなる」とした上、宗教法人満徳寺において壇信徒名簿が備え付けられていて壇徒であることが同法人の代表役員を補佐する機関である総代に選任されるための要件とされており、予算編成、不動産の処分等の同法人の維持経営に係る諸般の事項の決定につき、総代による意見の表明を通じて壇徒の意見が反映される体制となっており、檀徒による同法人の維持経営の妨害行為が除名処分事由とされているという事実関係の下においては、同法人における檀徒の地位は、具体的な権利義務ないし法律関係を含む法律上の地位ということができる、と判断した。宗教法人が、規則で、総代を住職の補助者として定めているのであれば、檀徒も法律上の地位とはいえないであろうが、満徳寺では総代を代表役員の補助機関として定め、総代であることを代表役員以外の責任役員に選任されるための要件としていたことから、檀徒が法律上の地位とされたものである。

３　宗教団体の自律的決定権との関係による制限

（1）訴訟物自体は法律上の争訟に当たる場合であっても、その解決のために宗教上の教義・信仰の内容などの宗教団体の自律的決定に委ねられている事柄に関する判断が必要なものは、司法権の行使が制限される。

最三小判昭和56年４月７日[35]は、錯誤による贈与の無効を原因とする不当利得返還請求訴訟について、要素の錯誤があったか否かの判断には、信仰の対象についての宗教上の価値や、宗教上の教義に関する判断が必要であり、いずれも法令を適用することによっては解決することのできない問題であるとして、訴えを不適法として却下すべきであると判断した。この結論は正当であるが、法令を適用することによっては解決することができないというよりは、むしろ、宗教上の教義等に関する判断が必要になるから、司法権の行使が制限されると考えるべきであろう。

(2)　住職たる地位自体の確認請求が法律上の争訟に当たらないことは前述のとおりであるが、最三小判昭和55年1月11日[36]は、「具体的な権利又は法律関係をめぐる紛争があり、その当否を判定する前提問題として特定人につき住職たる地位の存否を判断する必要がある場合には、その判断の内容が宗教上の教義の解釈にわたるものであるような場合は格別、そうでない限り、その地位の存否、すなわち選任ないし罷免の適否について、裁判所が審判権を有する」と判断した。また、最一小判昭和55年4月10日[37]は、宗教法人における特定人の住職たる地位の存否が同人の当該宗教法人における代表役員、責任役員たる地位の存否の確認を求める請求の当否を判断する前提問題となっている場合には、裁判所は、当該宗教法人の教義等に照らして同人が住職として活動するのにふさわしい適格を備えているかどうかなどその宗教団体内部で自治的に決定せられるべき事項について判断するものでない限り、右住職たる地位の存否について審理判断する権限を有すると判断した。具体的には、特定人が住職選任の手続上の準則に従って選任されたかどうか、手続上の準則が何であるかに関する問題については、審理判断できるとした。

(3)　一方、最二小判平成1年9月8日[38]は、日蓮正宗の末寺である蓮華寺が、日蓮正宗から擯斥(僧籍剝奪)処分を受けた住職に対し、蓮華寺所有建物の明渡しを求めた事案につき、具体的な権利義務ないし法律関係に関する訴訟であっても、宗教団体内部においてされた擯斥処分の効力が請求の当否を決する前提問題となっており、その効力の有無が当事者間の紛争の本質的争点を成すとともに、それが宗教上の教義、信仰の内容に深くかかわっているため、右教義、信仰の内容に立ち入ることなくしてその効力の有無を判断することができず、しかも、その判断が訴訟の帰すうを左右する必要不可欠のものである場合には、右訴訟は、裁判所法3条にいう法律上の争訟に当たらないとして、訴えを却下すべきものとした。擯斥処分の効力の有無を判断するについては、住職の言説が日蓮正宗の本尊観及び血脈相承に関する教義及び信仰を否定する異説に当たるかどうかの判断が不可欠であり、教義、信仰の内容に立ち入ることなくして判断することのできない性質のものであるとするものである。最高裁は、その後の同種事案で、この判決に従った判断を行っている。国家は宗教上の事項に介入せず、抗争するどちらの立場にも肩入れすることを避けるべきであり、抗争に伴う混乱は当該宗教団体の内部において長年月をかけても自治的に解決されるべきであるという考え方が根底にあるのだろう。

ただし、このような考え方に対しては、建物の明渡し等といった法律関係の紛争について、裁判を受ける権利を無視することになってもよいのか、裁判所は既判力をもって権利関係を確定すべきではないかという批判がある。

批判的立場からは、①住職に対する建物明渡請求等の当否を決する前提問題として、日蓮正宗の住職に対する懲戒処分の効力の有無を判断する必要があるときは、懲戒処分が日蓮正宗の自律的な決定によるものであるか否かを審理、判断し、それが日蓮正宗の自律的な決定によるものと認められるときには、裁判所はこれを尊重して法律上の請求の当否を判断すべきである(39)、懲戒処分の当否は、当該宗教法人が自治的に定めた規範が公序良俗に反するなどの特別の事情のない限り、同規範に照らして決すべきである(40)、その処分が日蓮正宗の宗規に従い、被処分者に懲戒条項に該当する行為があったとして、宗規に定める手続により行われたか否かを審理すれば足り、懲戒条項への該当性の判断が宗教上の教義の解釈を要するときは、法人が自律的にした判断を尊重して判決するをもって足りる(41)、②Xが宗教法人日蓮正宗の代表役員でないことの確認請求の当否を決する前提問題として、Xが日蓮正宗の法主の地位にあるか否か判断する必要があるときは、法主選定に対する日蓮正宗内の自律的決定ないしこれと同視し得るような間接事実の存否を審理、判断し、裁判所はそれに基づいて法律上の請求の当否を判断すべきである(42)、日蓮正宗が自律的に法主の選定をしたかどうかは、血脈相承の有無を直接判断することなく、代表役員選任登記のある法人登記簿の謄本や、登記申請書に添付された宗教法人法63条2項に定める登記事由を証する書面の存在、就任式の挙行や就任あいさつ状の送付、あるいは新法主による儀式の開催の事実等によって、教義や信仰の内容に立ち入ることなく認定・判断することが可能である、[43] 裁判所は、宗教団体の宗教的判断を受容し、これを前提として法令を適用しなければならない[44]と主張されている。

これらの反対意見は、宗教団体内部で自治的に決定せられるべき事項について判断するものでない限り住職たる地位の存否について審理判断することができるとの種徳寺判決、本門寺判決の趣旨に通じるところがある。宗教団体内部の抗争に端を発する寺院の明渡し請求等について裁判所が判断を回避すると、当該宗教団体の自律的決定に基づいた寺院等の宗教施設の使用について裁判による救済を求めることができないという結果にもなる。信教の自由と裁判を受ける権利の調和を図ろうとする反対意見の立場が妥当である。

（4）最三小判平成21年9月15日[45]は、裁判所は、住職に対する擯斥処分の効力を判断するため、「宗旨又は教義に異議を唱え宗門の秩序を紊した」という擯斥事由の存否を判断することはできないとしたものの、傍論として、「宗制に違反して甚だしく本派の秩序を紊した」との擯斥事由の存否であれば判断できるとした。この判決にも、所有権に基づく寺の境内地の明渡請求といった法律上の紛争については、裁判所は可能な限り本案の判断を示すべきであるという姿勢が現れているということができる。

Ⅳ　部分社会の内部紛争

1　部分社会における法律上の紛争

宗教団体の内部紛争に関する司法審査の制限と同様のことが、部分社会における内部紛争について問題となる。判例は、一般市民社会の中にあってこれとは別個に自律的な規範を有する特殊な部分社会における法律上の紛争は、それが一般市民法秩序と直接の関係を有しない内部的な問題にとどまる限り、その自主的、自律的な解決に委ねるのを適当とし、裁判所の司法審査の対象とならない、ただし、部分社会における法律上の紛争が、単なる内部的紛争にとどまらず、一般市民法秩序と直接関係する場合（被処分者の一般市民としての権利利益を侵害する場合）については、裁判所の司法審査が及ぶ、としている。しかし、「部分社会」という憲法にない概念で包括的に司法審査の制限を論じることには問題がある。司法審査の制限は、「結社の自由」などの憲法上の規定から論じるべきであり、司法審査の制限の範囲は、組織それぞれの目的、性格、機能等から個別に判断すべきものであろう。

2　地方議会

(1)　最大判昭和35年3月9日(46)は、地方議会の議員の除名処分の取消を求める訴えは、議員の任期が満了したときは訴えの利益が失われると判断したが、任期満了前であれば訴えが許されるという前提に立っている。しかし、報酬請求権を回復させるためには、除名処分の取消しが必要であるから、訴えの利益は失われないとする少数意見を是とすべきであろう。

(2)　最大判令和2年11月25日(47)は、地方議会の議員に対する出席停止の懲罰の適否は司法審査の対象となると判示し、「出席停止の懲罰を科された議員がその取消しを求める訴えは、法令の規定に基づく処分の取消しを求めるものであって、その性質上、法令の適用によって終局的に解決し得るものというべきである」とした上、憲法上の住民自治の原則を具現化するため議員が負うべき責務を説き、「出席停止の懲罰は、上記の責務を負う公選の議員に対し、議会がその権能において科する処分であり、これが科されると、当該議員はその期間、会議及び委員会への出席が停止され、議事に参与して議決に加わるなどの議員としての中核的な活動をすることができず、住民の負託を受けた議員としての責務を十分に果たすことができなくなる。このような出席停止の懲罰の性質や議員活動に対する制約の程度に照らすと、これが議員の権利行使の一時的制限にすぎないものとして、その適否が専ら議会の自主的、自律的な解決に委ねられるべきであるということはできない。そうすると、出席停止の懲罰は、議会の自律的な権能に基づいてされたものとして、議会に一定の裁量が認められるべきであるものの、裁判所は、常にその適否を判断することができるというべきである」と述べている。これは、地方議会の議員に対する出席停止の懲罰の適否は、法律上の争訟の対象となり、専ら議会の自主的、自律的解決に委ねられるべきものではない、としたもので、出席停止が議員報酬の減額を伴うということは問題としていない。この判示からして、地方自治法135条1項の懲罰のうち、除名はもちろん、戒告、陳謝の適否も司法審査の対象となると解釈することになろう。ただし、戒告、陳謝の適否は専ら議会の自主的、自律的解決に委ねるべきであるという解釈の余地もある。なお、この判決は、地方議会議員の出席停止の懲罰の適否が司法審査の対象とならないとした最大判昭和35年10月19日[48]を変更したものである。

3　大学

(1)　最三小判昭和52年3月15日[49]は、「大学は、国公立であると私立であるとを問わず、学生の教育と学術の研究とを目的とする教育研究施設であつて、その設置目的を達成するために必要な諸事項については、法令に格別の規定がない場合でも、学則等によりこれを規定し、実施することのできる自律的、包括的な権能を有し、一般市民社会とは異なる特殊な部分社会を形成しているのであるから、このような特殊な部分社会である大学における法律上の係争のすべてが当然に裁判所の司法審査の対象になるものではなく、一般市民法秩序と直接の関係を有しない内部的な問題は右司法審査の対象から除かれるべきものである」として、単位授与(認定)行為は、学生が当該授業科目を履修し試験に合格したことを確認する教育上の措置であり、純然たる大学内部の問題として大学の自主的、自律的な判断に委ねられるべきものであって、裁判所の司法審査の対象にはならないと判断した。

(2)　一方、最三小判昭和52年3月15日[50]は、「国公立の大学は公の教育研究施設として一般市民の利用に供されたものであり、学生は一般市民としてかかる公の施設である国公立大学を利用する権利を有するから、学生に対して国公立大学の利用を拒否することは、学生が一般市民として有する右公の施設を利用する権利を侵害するものとして司法審査の対象になるものというべきである」として、専攻科に入学した学生は専攻科を修了することによって、専攻科入学の目的を達することができるのであって、国公立の大学が専攻科修了の認定をしないことは、学生が一般市民として有する公の施設を利用する権利を侵害するものであるから、専攻科修了の認定、不認定に関する争いは司法審査の対象になると判断した。この趣旨に照らせば、退学処分、卒業認定も司法審査の対象となる。

4　政党

最三小判昭和63年12月20日[51]は、「政党に対しては、高度の自主性と自律性を与えて自主的に組織運営をなしうる自由を保障しなければならない」とし、「政党が組織内の自律的運営として党員に対してした除名その他の処分の当否については、原則として自律的な解決に委ねるのを相当とし、したがつて、政党が党員に対してした処分が一般市民法秩序と直接の関係を有しない内部的な問題にとどまる限り、裁判所の審判権は及ばない」としたが、除名処分によって被処分者が党の建物の使用収益ができなくなる場合は、処分が一般市民としての権利利益を侵害することになるので、裁判所は処分の当否を審査することができると判断した。

その上で、「右処分の当否は、当該政党の自律的に定めた規範が公序良俗に反するなどの特段の事情のない限り右規範に照らし、右規範を有しないときは条理に基づき、適正な手続に則つてされたか否かによつて決すべきであり、その審理も右の点に限られるものといわなければならない」としている。これは、Ⅲの３(3)に掲げた蓮華寺判決等とは流れを異にするが、同項に掲げた反対意見と同じ趣旨の判断といえる。最高裁判例が一貫しているとは必ずしもいえないことに、留意が必要である。

初出：『法曹実務にとっての近代立憲主義』（判例時報社、２０１７年）91頁一部改訂

第3章　憲法及び自由権規約上の弁護人依頼権

はじめに

私は、大阪弁護士会の２０１６年度選択型実務修習プログラム「憲法」の中で、「最高裁判所判事の職務と憲法」というテーマを与えられて講演した。修習生の分かりやすさを考え、最三小判平成16年9月7日を題材に、「公権力による弁護人依頼権に対する制約の違憲審査」について、具体的な話をした。この判決は、警察の留置係官が、弁護人と被疑者が接見中の接見室に入って、消灯した上、被疑者の左腕をつかんで連れ出し、接見を中断させた行為を適法と判断したものである。

私は、この講演が縁で、２０１７年に大阪弁護士会の憲法問題連続学習会に招かれたが、その際に、企画担当の吉原裕樹弁護士から、大阪拘置所では弁護人が面会室に携帯電話を持ち込むことを禁止され、ロッカーに預けるよう求められるという話を伺った。

裁判例を調べると、弁護人が、面会室で、精神に異常をきたしているらしい被疑者、逮捕時の拘束で腕を負傷したという被疑者、又は拘置所職員の暴行で頬を負傷したという被告人を写真撮影しようとして、職員に阻止されたケースで、写真撮影の阻止が適法と判断されている。以上のいずれの裁判例も、合憲性の問題については、深く立ち入った判断を示していない。そこで、憲法が定める弁護人依頼権の範囲について改めて考え、日本の裁判例が世界的な基準に適合するものかどうかの検証を試みることとした。

Ⅰ　憲法上の弁護人依頼権（1）

1　憲法34条前段

(1)　憲法34条前段は、「何人も、理由を直ちに告げられ、且つ、直ちに弁護人に依頼する権利を与へられなければ、抑留又は拘禁されない。」と規定している。「抑留又は拘禁」された者には被疑者及び被告人が入るが、公訴提起後の被告人が弁護人依頼権を有することについては憲法37条３項でより詳細に定められており、憲法34条前段は公訴提起前の逮捕勾留された被疑者について実質的意義を有する。

(2)　憲法34条前段の弁護人依頼権について、最高裁判例は、「この弁護人に依頼する権利は、身体の拘束を受けている被疑者が、拘束の原因となっている嫌疑を晴らしたり、人身の自由を回復するための手段を講じたりするなど自己の自由と権利を守るため弁護人から援助を受けられるようにすることを目的とするものである。したがって、右規定は、単に被疑者が弁護人を選任することを官憲が妨害してはならないというにとどまるものではなく、被疑者に対し、弁護人を選任した上で、弁護人に相談し、その助言を受けるなど弁護人から援助を受ける機会を持つことを実質的に保障しているものと解すべきである。」（最大判平成11年3月24日判時１６８０号72頁）と判示している。

そして、弁護人依頼権の中核をなす弁護人との接見交通について、「弁護人等との接見交通権は、身体を拘束された被疑者が弁護人の援助を受けることができるための刑事手続上最も重要な基本的権利に属するものであるとともに、弁護人からいえばその固有権の最も重要なものの一つであることはいうまでもない。

身体を拘束された被疑者の取調べについては時間的制約があることからして、弁護人等と被疑者との接見交通権と捜査の必要との調整を図るため、刑訴法39条３項は、捜査のため必要があるときは、右の接見等に関してその日時・場所・時間を指定することができると規定するが、弁護人等の接見交通権が前記のように憲法の保障に由来するものであることにかんがみれば、捜査機関のする右の接見等の日時等の指定は、あくまで必要やむをえない例外的措置であつて、被疑者が防禦の準備をする権利を不当に制限することは許されるべきではない（同項但書）。

捜査機関は、弁護人等から被疑者との接見の申出があつたときは、原則として何時でも接見の機会を与えなければならないのであり、現に被疑者を取調べ中であるとか、実況見分、検証等に立ち会わせる必要がある等捜査の中断による支障が顕著な場合には、弁護人等と協議してできる限り速やかな接見のための日時等を指定し、被疑者が防禦のため弁護人等と打ち合せることのできるような措置をとるべきである。」（最一小判昭和53年７月10日判時９０３号20頁）と判示し、接見交通権が弁護人にとってもその固有権に属することを認めている。

また、「右にいう捜査の中断による支障が顕著な場合には、捜査機関が、弁護人等の接見等の申出を受けた時に、現に被疑者を取調べ中であるとか、実況見分、検証等に立ち会わせているというような場合だけでなく、間近い時に右取調べ等をする確実な予定があって、弁護人等の必要とする接見等を認めたのでは、右取調べ等が予定どおり開始できなくなるおそれがある場合も含むものと解すべきである。」（最三小判平成３年５月10日判時１３９０号21頁）と判示している。

(3)　ただし、最高裁判例は、被疑者段階における国選弁護人選任請求権を否定している。すなわち、「憲法37条３項は『刑事被告人』という言葉を用いていること、同条１項及び２項は公訴提起後の被告人の権利について定めていることが明らかであり、憲法37条は全体として公訴提起後の被告人の権利について規定していると解されることなどからみて、同条３項も公訴提起後の被告人に関する規定であって、これが公訴提起前の被疑者についても適用されるものと解する余地はない。」（最大判平成11年３月24日判時１６８０号72頁）と判示している（なお、平成16年及び平成28年の改正により、現在の刑訴法37条の２第１項本文は「被疑者に対して勾留状が発せられている場合において、被疑者が貧困その他の事由により弁護人を選任することができないときは、裁判官は、その請求により、被疑者のため弁護人を付さなければならない。」と規定しているが、逮捕段階での国選弁護人選任請求権は認めていない。）。

また、最高裁判例は、捜査機関の被疑者取調べに対する弁護人の立会権はないという前提に立っている。

(4)　しかし、憲法34条前段の解釈として、逮捕段階から被疑者の国選弁護人選任請求権が認められると解すべきであり、捜査機関の被疑者取調べに対する弁護人の立会権も認められると解すべきである。そして、逮捕時点で、被疑者に対し弁護人選任権及び国選弁護人選任請求権を告知しなければならないと解すべきである。

(5)　すなわち、憲法34条前段の弁護人依頼権は、憲法31条の法定の手続の保障及び憲法38条１項の黙秘権の保障の一環をなすものであり、これらの保障を実現させるものとして、その中身を解釈すべきである。

(ア)　まず、憲法31条は、「何人も、法律の定める手続によらなければ、その生命若しくは自由を奪はれ、又はその他の刑罰を科せられない。」と規定している。ここに「法律の定める手続」とは、形式的意味の法律に定める手続のみをいうのではなく、憲法をはじめとする現代の全法律秩序に適合した手続をいうものである。例えば、刑罰を科する実体法は、犯罪の構成要件を明確に定めたものでなければならず、手続法は、告知、弁解、防御の機会を与えるものでなければならない。最高裁判例も、「第三者の所有物の没収は、被告人に対する附加刑として言い渡され、その刑事処分の効果が第三者に及ぶものであるから、所有物を没収せられる第三者についても、告知、弁解、防禦の機会を与えることが必要であつて、これなくして第三者の所有物を没収することは、適正な法律手続によらないで、財産権を侵害する制裁を科するに外ならないからである。」(最大判昭和37年11月28日判時319号15頁)、「憲法31条が法の適正な手続を保障していること等にかんがみると、証拠物の押収等の手続に、憲法35条及びこれを受けた刑訴法218条1項等の所期する令状主義の精神を没却するような重大な違法があり、これを証拠として許容することが、将来における違法な捜査の抑制の見地からして相当でないと認められる場合においては、その証拠能力は否定されるものと解すべきである。」(最一小判昭和53年9月7日判時901号15頁)等と、憲法31条が「適正な法律手続」、「法の適正な手続」を保障するものであることを明らかにしている。憲法31条は、米合衆国憲法修正5条の「何人も、法の適正な手続(due process of law)によらずに、生命、自由又は財産を奪われることはない。」との規定に等しいものと考えられる。

憲法31条で規定する刑罰を科する手続は、逮捕の段階から始まる。法の適正な手続の保障の下、刑事訴訟は検察官と被疑者・被告人とが当事者として対立的手続の権利(right to adversarial procedure)をもって関与し、両者は対等な武器(equality of arms)の下で平等に手続に参加すべきものである。

当事者というのは公訴提起後の観念で、公訴提起前には厳密な意味での当事者ではない。しかし、公訴提起前の被疑者を単なる取調べの客体として扱い、検察官側が一方的に証拠固めをするのを認めておいて、起訴後は当事者平等であるといっても、真に当事者平等の手続とはいえない。逮捕された被疑者に対する取調べ及び捜索差押えは、有罪証明の証拠収集のために行われ、その証拠の多くが起訴後の公判廷に提出されるものであって、有罪証明の公判手続につながっているものである。したがって、起訴時ではなく、逮捕時の被疑者から当事者としての対等な地位を可能な限り認めるのでなければ、刑事手続全体としての法の適正な手続、当事者平等主義は実現しない。

そして、逮捕勾留された被疑者は、刑事手続の一方当事者として捜査機関と平等の地位に立つといっても、拘禁され自由を奪われ行動を著しく制限され、精神的にも物理的にも孤立無援の状態に置かれて、防御を行うことが極めて困難である。憲法34条前段は、このような被疑者の苦痛を和らげ、不自由をカバーして、被疑者が可能な限り当事者として行動できるようにするため、被疑者に弁護人依頼権を保障した。弁護人依頼権は、法による適正な手続保障の中核をなすものである。

(イ)　また、憲法38条1項は、「何人も、自己に不利益な供述を強要されない。」として被疑者等の黙秘権を保障している。しかし、逮捕勾留により孤立無援となった被疑者が黙秘権を行使することは相当に困難であり、外部から遮断された状態では自白の強制等が誘発されやすく、強制等による自白は内容的に虚偽のおそれがある。

憲法38条2項が「強制、拷問若しくは脅迫による自白又は不当に長く抑留若しくは拘禁された後の自白は、これを証拠とすることができない。」と特に規定しているのも、自白の強制等を防止することを目的としている。黙秘権の正当な行使のためには、弁護人の援助が不可欠である。弁護人依頼権は、黙秘権の保障の中核をなすものである。

(ウ)　このように、憲法31条の法による適正な手続の保障及び憲法38条1項の黙秘権の保障の一環として憲法34条前段の弁護人依頼権を捉えるとき、その内容については、次のように解すべきである。

すなわち、被疑者は、弁護人依頼権に基づき、逮捕後、まず弁護人と迅速に連絡する権利を有し、弁護士と完全に秘密裡に面会する権利を有する。面会は、法執行官の視野の及ぶ範囲内(within sight)で行われることはかまわないが、法執行官の聴力の及ばない状態(not within the hearing)で行われるべきである。

被疑者は、捜査機関の尋問にどのように対応するかについて、弁護人と事前に相談することはもとより、尋問中も弁護人の立会いを求め相談する権利を有する。被疑者が弁護人の助言を最も必要とする被疑者取調べの場面での弁護人の立会権を認めるのでなければ、弁護人依頼権がかなりの程度阻害されることになる。弁護人は、被疑者と相談して積極的に証拠収集を行い、被疑者の精神的肉体的状況を把握し、被疑者を精神的に支え、適正な医療を受けられるよう援助し、拘禁が被疑者に対し必要以上に苦痛を与えるものになっていないよう、拘禁状況をチェックすべき役割(checking of the conditions of detention)を担っている。(2)

そして、少なくとも必要的弁護事件のような重い罪の嫌疑を受けているような被疑者が、経済的理由で弁護人を選任できない場合、弁護人なしで捜査を進めることは法の適正な手続の保障に違反することになる。逮捕の段階から国選弁護人選任請求権を認めるべきである。そして、逮捕時点で、被疑者に対し弁護人選任権及び国選弁護人選任請求権を告知すべきである。

2　憲法37条3項

(1)　憲法37条3項は、「刑事被告人は、いかなる場合にも、資格を有する弁護人を依頼することができる。被告人が自らこれを依頼することができないときは、国でこれを附する。」と規定している。

(2)　憲法37条3項の弁護人依頼権について、最高裁判例は、「憲法37条3項前段所定の弁護人に依頼する権利は被告人が自ら行使すべきもので同条項は裁判所が被告人に対し国選弁護人の選任を請求し得る旨を告知すべき義務を課したものではなく、裁判所は被告人にこの権利を行使する機会を与えその行使を妨げなければいいのである。」(最三小判昭和26年5月15日刑集5巻6号1152頁。同旨、最大判昭和24年11月30日刑集3巻11号1857頁、最大判昭和28年4月1日刑集7巻4号713頁)とし、被告人が貧困のため弁護人を選任し得ない旨の回答(最三小決昭和34年1月30日集刑129号11頁)や、弁護人を私選しない旨の意思表示(最大決昭和32年7月17日刑集11巻7号1842頁)は、これをもって積極的に弁護人選任を請求したとはいえないとしている。また、最高裁判例は、「如何なる被告事件をいわゆる必要弁護事件となすべきかは、専ら刑訴法によつて決すべきものであつて、憲法31条、37条3項によつて定まるものではないから、公判期日に被告人並びに弁護人不出頭のまま審理をとげたとしても違憲でない」（最大判昭和25年2月1日刑集4巻2号100頁、最三小判昭和30年1月11日刑集9巻1号8頁）としている。

(3)　しかし、憲法37条3項の刑事被告人の弁護人依頼権も、憲法31条の法の適正な手続保障に発しているものであり、刑事公判手続を当事者平等原則の下で進め、被告人に十分な防御権を行使させるためには、弁護人依頼権を実質的に保障する必要がある。したがって、裁判所は、被告人に対し、積極的に国選弁護人選任請求権を告知する義務を負うというべきである。また、少なくとも必要的弁護事件のような重い罪の事件につき、弁護人の不在・不出頭のまま審理を進めることは、特段の事情のない限り憲法37条3項に違反するというべきである。

Ⅱ　自由権規約上の弁護人依頼権

1　自由権規約の規定

(1)　我が国も批准している自由権規約（市民的及び政治的権利に関する国際規約）の14条3項は、「すべての者は、その刑事上の罪の決定について、十分平等に、少なくとも次の保障を受ける権利を有する。」として、「(b)防御の準備のために十分な時間及び便益を与えられ並びに自ら選任する弁護人と連絡すること。」、「(d)自ら出席して裁判を受け及び、直接に又は自ら選任する弁護人を通じて、防御すること。弁護人がいない場合には、弁護人を持つ権利を告げられること。司法の利益のために必要な場合には、十分な支払手段を有しないときは自らその費用を負担することなく、弁護人を付されること。」と規定している。なお、この条文は、後に述べる欧州人権条約６条３項とほぼ同じであり、その解釈には欧州人権条約に関する欧州人権裁判所の判例が参考となる。

(2)　自由権規約14条３項は、法律による媒介を経るまでもなく、直接に個人の権利を明確な言葉で保障するものであり、我が国において裁判規範となるものである。最高裁も、自由権規約14条３項が裁判規範となること自体は認めている（最二小判平成15年９月５日判時１８５０号61頁）。

２　人権委員会の見解

(1)　自由権規約の第一選択議定書の締約国の管轄下にある個人で国内的な救済措置を尽くした者は、自由権規約によって保障された人権が侵害されていることを、自由権規約に基づき設置された人権委員会に通報することができる。人権委員会は、通報者に対する救済と再発の防止を求める勧告を付した見解（Views）を採択する。人権委員会の見解は、通報者及び当該締約国に送付する。人権委員会の見解には、判決のような法的拘束力はなく、勧告的効力しかない。日本は、第一選択議定書を未だ批准していないので、日本人が通報を行うことはできない。しかし、人権委員会の見解は、自由権規約の公的な解釈を示す判例としての意義を有するものであり、我が国の裁判所も自由権規約の解釈適用に当たりこれを尊重すべきである。

(2)　人権委員会の見解は、自由権規約14条３項(b)(d)の解釈適用について、次のように述べている。

①重罪事件の被疑者が私選弁護人と接触することを禁じ、その間に被疑者を尋問し、被疑者を立ち会わせて他の捜査を行うことは、自由権規約14条３項(b)(d)に違反する。(3)

②とりわけ死刑事件の被疑者・被告人は、逮捕取調べを含む刑事手続のすべての段階で、弁護人の効果的な弁護を受けられなければならない。(4)

③死刑事件の被疑者が、弁護人を選任されること、その弁護人と連絡すること、その弁護人を取調べに参加させることを要求した後に、弁護人を選任すること及び被疑者が選任された弁護人と連絡することを拒否し、被疑者を取り調べることは、自由権規約14条３項(b)に違反し、また、その後に選任された弁護人と被疑者が秘密裡に接見することを認めなかったことは同項(b)に違反する。(5)

３　人権委員会の総括所見

(1)　自由権規約40条1項は、「この規約の締約国は、(a)当該締約国についてこの規約が効力を生ずる時から1年以内に、(b)その後は委員会が要請するときに、この規約において認められる権利の実現のためにとった措置及びこれらの権利の享受についてもたらされた進歩に関する報告を提出することを約束する。」として国家報告制度を定めている。そして、同条4項は、人権委員会は、締約国の提出する報告を検討し、人権委員会の報告(総括所見)及び適当と認める一般的な性質を有する意見を送付しなければならないと定めている。総括所見には法的拘束力はなく、あくまでも勧告にとどまるものである。

(2)　人権委員会の日本政府報告に対する２０１４年8月20日の総括所見は、「締約国は、代替収容制度を廃止する、もしくは、規約第9条及び第14条における全ての保障に完全に準拠していることをとりわけ以下の点を保障することによって確保する、ためのあらゆる措置をとるべきである。

(a)　起訴前の勾留期間において、保釈といった勾留の代替手段が十分に検討されること。

(b) 全ての被疑者が、逮捕時から弁護人を依頼する権利が保障されること、及び弁護人が取調べ中に立ち会うこと。」を求めている。(6)

4　国連総会の決議

２０１２年12月20日国連総会決議の付属文書である法律援助国連原則・指針(7)は、加盟国に対し、実効的な法律援助の提供を確保する措置を採択し強化すること等を要請するものであるが(8)、次のような項目を含んでいる。

①国家は、あらゆる質問の前に、及び自由の剝奪の時に、人が法律援助の権利及びその他の手続保障並びにこれらの権利を任意に放棄した場合に生じ得る結果について告知されることを確保しなければならない。

②国家は、以下の措置を導入すべきである。(a) 被拘束者、被逮捕者、容疑者、被告人に対し、手続のあらゆる段階で、特に当局より質問を受ける前に、速やかに、その黙秘権、弁護人の助言を受ける権利、もし適格があれば法律援助提供者の助言を受ける権利を告知するための措置。同じく、質問されている間、及び他の手続的行為の間、独立の弁護人又は法律援助提供者により援助される権利を告知するための措置。(b) やむを得ない事情が存しない場合において、人が弁護人の立会いを受ける権利を告知されかつその権利を放棄することに任意で同意したときでない限り、弁護人が不在の状況で警察がその人に対しいかなる質問をすることも禁止する措置。その人の前記権利放棄の同意の任意性を証明する仕組みを確立する措置。質問は、法律援助提供者が到達するまで始まるべきではない。(c) 外国人の被拘禁者及び被収監者に対し、その理解できる言葉で、遅滞なく彼らの領事機関とコンタクトすることを要求する権利を告知する措置。(d) 人が逮捕後迅速に十分な秘密性を保って弁護人又は法律援助提供者と面会することを確保する措置。その他の連絡の秘密性も保たれなければならない。

５　自由権規約14条３項の解釈

（1）前記の人権委員会の見解及び総括所見並びに国連総会の決議に照らすと、自由権規約14条３項(b)(d)は、被疑者・被告人に対し、次のような権利を保障していると解される。
①被疑者・被告人は、防御の準備のために弁護人と連絡し、秘密裡に弁護人と面会することができる。
②被疑者・被告人は、弁護人を通じて防御することができる。
③被疑者・被告人は、弁護人のいない場合には、弁護人を持つ権利を告げられる。
④被疑者・被告人は、司法の利益のため必要な場合には、十分な支払手段を有しないときは自らその費用を負担することなく、弁護人を付される（司法の利益のため必要な場合とは、被疑者・被告人が自ら防御する十分な能力を有しないとき、あるいは重罪の罪責を問われているときをいう(9)）。
⑤弁護人は、被疑者の取調べに対する立会権を有する。
（2）日本における被疑者・被告人は、条約である自由権規約によって直接に前記のような権利を保障されており、これを否定する刑事手続は条約違反となる。

Ⅲ　欧州人権条約の下における弁護人依頼権

１　弁護人依頼権の保障の国際的基準

前記Ⅰにおいて我が国憲法上の弁護人依頼権の保障、前記Ⅱにおいて自由権規約上の弁護人依頼権の保障についての解釈を述べた。これは、我が国で現に保障されるべき弁護人依頼権である。その中で、被疑者の取調べに弁護人の立会権が認められるべきこと、被疑者が必要的弁護事件のような重い罪の容疑を受け、経済的に弁護人を依頼できないときは、逮捕の時点から国選弁護人選任請求権を有することを述べたが、この解釈が弁護人依頼権の保障に関する一般的に承認された国際的基準に適合するか否かを知るため、欧州人権条約、ＥＵ指令、米合衆国憲法の下における弁護人依頼権の保障の状況を瞥見することにする。結論を先に述べると、前記のような解釈は国際的基準からは当然のものであることを知ることができる。

２　欧州人権条約

(1)　１９４９年に、人権、民主主義、法の支配の分野で国際社会の基準策定を主導する汎欧州の国際機関として、フランスのストラスブールに設立された欧州評議会は、その後に東欧や旧ソ連邦の諸国の加入を得て、現在では46か国の加盟国を擁している。日本や米国を含む５か国は、欧州評議会のオブザーバーの資格を得ている。欧州評議会は、主要な目的の一つとして、人権と基本的自由の理想の維持及びいっそうの実現を掲げており、１９５０年に欧州人権条約を採択している。そして、現在では加盟国46か国のすべてが欧州人権条約の締約国になっている。

(2)　欧州人権条約は、同条約において締約国が行った約束の遵守を確保するため、常設の機関である欧州人権裁判所を設置している。締約国による欧州人権条約上の権利の侵害の被害者であると主張する個人等は、すべての国内的な救済措置を尽くした後で、欧州人権裁判所に権利救済を申し立てることができる。欧州人権裁判所の判決は、締約国を拘束する。

(3)　欧州人権条約の「公正な裁判を受ける権利」を定める６条の１項は、前段で「すべての者は、その民事上の権利及び義務の決定又は刑事上の罪の決定のため、法律で設置された、独立の、かつ、公平な裁判所による妥当な期間内に公正な公開審理を受ける権利を有する。」と規定し、同条の3項は、次のように規定している。

「3　刑事上の罪に問われているすべての者は、少なくとも次の権利を有する。

(a) 速やかにその理解する言語でかつ詳細にその罪の性質及び理由を告げられること。

(b) 防御の準備のために十分な時間及び便益を与えられること。

(c) 自ら又は自己が選出する弁護人を通じて、防御すること。弁護人に対する十分な支払手段を有しないときは、司法の利益のために必要な場合には無料で弁護人が付されること。

(d) 自己に不利な証人を尋問し又はこれに対し尋問させること並びに自己に不利な証人と同じ条件で自己のための証人の出席及びこれに対する尋問を求めること。

(e) 裁判所において使用される言語を理解し又は話すことができない場合には、無料で通訳の援助を受けること。」

3　欧州人権裁判所の判例

欧州人権裁判所は、弁護人依頼権に関して次のような判断を示している。

①欧州人権条約6条の第一の目的は法廷における公正な裁判を確保することにあるが、同条が起訴前の手続に適用されないということにはならない。6条、特にその3項は起訴前の手続にも適用され、起訴前の手続がこれに従っていない場合には、裁判の公正が著しく損なわれる。6条3項(c)は、同条1項が規定する公正な裁判の一要素をなすものである。刑事罪責を問われている者が弁護人(必要な場合は公選弁護人)による効果的な弁護を受けることは、公正な裁判の重要な要素をなすものである。6条は、被疑者が警察の尋問の最初の段階から弁護人の援護を受

けられることを要求するものである。被疑者が最初の段階から弁護人の援護を受けられるということは、誤判の防止に役立ち、６条の目的の実現、特に捜査訴追側と被疑者との間の武器の対等に貢献するものである。６条１項、３項(c)により、被疑者には警察の尋問の最初の段階から弁護人を付さなければならない。(10)

②被疑者は、拘禁されれば直ちに弁護人の援護を受けることができる。被疑者は、尋問中だけでなく、すべての面での法的援助を受けることができる。弁護人は、事件についての協議、防御の組立て、被疑者に有利な証拠の収集、尋問の準備、苦しい立場の被疑者のサポート、拘禁状態のチェックなど、被疑者弁護の基本的な側面で制限なく弁護権を行使することができなければならない。(11)

③６条に明記された公正の概念は、被疑者は警察の尋問の当初から弁護の利益が与えられることを求めるものである。やむを得ない事情がないにもかかわらず、尋問中に弁護人の助けを欠くことは、被疑者の防御権を制限するものである。特に、少年の被疑者には強い保護が必要である。起訴後の公判で、私選弁護人が付き、当事者対立主義の手続が執られ、自白が任意のもので証拠として許容されるとされたとしても、起訴前の手続でデュープロセス違反によって被った被告人の不利益は治癒されない。(12)

④被疑者が警察により拘禁されてから20時間弁護人の援護を受けることができず、そのため警察の尋問の前に弁護人が被疑者に対し黙秘権及び自己負罪拒否権を告げることができず、被疑者が尋問された時に弁護人が被疑者を援護することができないという状態に置いたことは、６条１項及び３項に違反して被疑者の黙秘権及び自己負罪拒否権を侵害するものである。(13)

Ⅳ　ＥＵ指令の下における弁護人依頼権

１　EU指令2013年48号

ＥＵ（欧州連合。加盟27か国）の指令は、加盟国間での規制内容の統一（調整）を目的とする法令で、原則としてＥＵ加盟国の裁判規範としてそのまま執行力を有するものではないが、加盟国は、指令で定められた期日までに指令に適合するよう国内法を整備する必要がある。

ＥＵの２０１３年指令48号「刑事手続及び欧州逮捕令状手続における弁護人へのアクセス権、自由をはく奪されたことを第三者に通知してもらい、自由をはく奪されている間に第三者及び領事と連絡をする権利についての指令」[14]は、先に述べた欧州人権裁判所の判例を踏まえ、被疑者（起訴後の被告人を含む。Ⅳにおいて同じ。）の弁護人へのアクセス権等を定め、加盟国に対し２０１６年11月27日までに本指令を遵守するために必要な法律、規程、行政規定を発効させることを命じるものであるが、本指令が認めている被疑者の権利の主要なものは次のとおりである。

①被疑者は、防御権を実際的かつ効果的に行使することができる時期と方法によって弁護人にアクセスする権利を有する。

②被疑者は、不当な遅滞なく弁護人にアクセスする権利を有する。いかなる場合でも、被疑者は、次のいずれか最も早い時点から、弁護人にアクセスする権利を有する。(a)警察等による取調べ（氏名確認の目的のため等の予備的な取調べを含まない）の前、(b)捜索又は証拠収集活動の実行時、(c)自由はく奪の後不当な遅滞のない時期、(d)刑事事件につき権限ある裁判所から召喚されている場合の出頭前の相当な時期。

③被疑者は、警察等による尋問の前を含めて、被疑者を代理する弁護人と秘密に接見し、連絡する権利を有する。

④被疑者は、尋問を受ける際に、弁護人を立ち会わせ、効果的に参加させる権利を有する。弁護士は、この取調べへの参加において、質問を発し、説明を求め、意見を陳述することができる。弁護人の尋問への参加は、記録

される。

⑤被疑者は、面通し、対質、犯罪現場の再現に加わる場合には、弁護人を立ち会わせる権利を有する。

⑥被疑者は、弁護人と秘密に連絡をする権利を有する。

⑦被疑者は、自由をはく奪されたことを、その指定する親戚、雇用主等のうちの少なくとも1人に遅滞なく通知することを求める権利を有する。

2　EU指令2016年1919号

EU指令2016年1919号「刑事手続における被疑者及び被告人並びに欧州逮捕令状手続における被請求者に対する法律扶助」(15)は、EU指令2013年48号の定める弁護人へのアクセス権の実効性を確保するため、法律扶助についての共通最小限の規則を定め、加盟国に対し2019年5月25日までに本指令を遵守するために必要な法律、規程、行政規定を発効させることを命じるものである。(16)本指令にいう法律扶助とは、弁護人へのアクセス権の行使を可能とするため弁護人の援助の費用を加盟国が負担することである。本指令には、次のような規定がある。

①加盟国は、弁護人の援助に対する支払いの十分な資力がない被疑者及び被告人が、司法の利益がそう要求する場合は、法律扶助に対する権利を有することを確保すべきである。

②加盟国は、法律扶助が不当な遅延なく与えられることを確保すべきであり、少なくとも警察、その他の法執行機関、司法機関の尋問の前に、あるいは面通し、対質、犯罪現場の再現を含む捜査又は証拠収集の前に、法律扶助が与えられることを確保すべきである。

V　米合衆国憲法の下における弁護人依頼権

1　修正5条

米合衆国憲法修正5条には、「何人も、刑事事件において、自己に不利益な供述を強制されることがない。」との規定が含まれている。米連邦最高裁は、この自己負罪拒否特権の規定から次のような解釈を導いている。(17)

①第1に、身柄拘束中の者が取調べを受ける場合には、彼は最初に明瞭明確な言葉で彼が黙秘する権利を有することを告知されなければならない。このような告知は、取調べの雰囲気の内在的圧力を克服する上での絶対的前提条件である。

②黙秘権の告知には、供述されたことはいかなることも法廷でその者に不利益な証拠として用いられ得るという説明を伴っていなければならない。

③修正5条の特権を保障するためには、取調べの時に弁護人を立ち会わせる権利が欠かせない。修正5条の特権を保障するための弁護人の必要性は、取調べの前に弁護人と相談する権利のみでなく、被疑者が希望すればいかなる取調べにも弁護人を立ち会わせる権利を含む。取調べのため身柄を拘束された者は、弁護人と相談する権利があること、取調べ中に弁護人と一緒にいる権利があることを明確に告知されなければならない。この告知は、黙秘権の告知及び供述したいかなることも自己に不利益な証拠として用いられ得るとの告知とともに、取調べの絶対的な前提条件である。

④もし個人が取調べが始まる前に弁護人の援助を希望すると述べた場合は、当局は、その個人が弁護人を選任していないとか経済的に弁護人を選任できないという理由で、その要求を合理的に無視又は拒否することはできな

い。取調べを受けている個人に、この制度の下における彼の権利の範囲を十分に告知するためには、彼が弁護人と相談する権利を有することのみならず、彼が貧困であれば彼を弁護する弁護人が任命されるということも告知しなければならない。

⑤要約すると、個人が当局により身柄を拘束され、あるいは他の重要な方法で自由を奪われて取調べを受けるときは、自己負罪拒否特権は危うくなる。特権を保障するための手続的保護手段が採用されなければならない。そして、その人に黙秘権を告知するための、また黙秘権の行使が誠実に尊重されることを確保するための他の十分に効果的な方法が採用されない限り、以下の手段が必要である。

その人は、いかなる質問にも先だって、黙秘権を有すること、述べたいかなることも法廷で自己に不利益な証拠として使用され得ること、弁護人に立ち会ってもらう権利があること、経済的に弁護人を依頼することができない場合で希望するのであれば、いかなる取調べにも先立って弁護人が選任されることが告知されなければならない。取調べの全期間を通じ、これらの権利を行使する機会が与えられなければならない。このような告知をされ、このような機会が与えられた後に、その個人は、これらの権利を十分に認識した上で理性的に放棄し、質問に答えあるいは供述することに同意することができる。しかし、このような告知と放棄が公判で訴追側によって立証されない限り、取調べの結果として得られたいかなる証拠も、彼に不利な証拠として用いることはできない。

2　修正6条

米合衆国憲法6条後段は、「被告人は、……自己の防禦のために弁護人の援助を受ける権利を有する。」と規定している。米連邦最高裁は、この弁護人依頼権の規定から、次のような解釈を導いている。

①連邦捜査官が、起訴後の被告人から、彼の弁護人がいないところで、意図的に引き出した自己負罪の言葉を、

彼の公判で彼に不利に用いることは、修正６条の弁護人依頼権という基本的保障を否定するものである[18]。

②捜査がもはや未解決の犯罪の一般的捜査ではなく、特定の被疑者に焦点を当て始め、その被疑者が警察に拘束され、警察が容疑を認める供述を引き出すための捜査を開始し、被疑者がその弁護人と相談する機会を求めたにもかかわらず拒否され、警察が被疑者に絶対的な憲法上の黙秘権を有効に告知していなかったときは、その被告人は修正14条を介して州をも拘束する修正６条に違反して弁護人依頼権を否定されたことになり、その取調べ中に警察によって得られたいかなる供述も刑事裁判において被告人に不利な証拠として用いられてはならない[19]。

Ⅵ　被拘禁者の弁護人依頼権に対する制約の違憲審査

１　国家行為による弁護人依頼権の制約

ここまで概観してきた弁護人依頼権の国際的な基準に照らすと、我が国における弁護人依頼権はかなりの制約を受けていることが分かる。比較的最近の判例の中にも、弁護人と被拘禁者との接見時間の制限、弁護人による面会室内における被拘禁者の写真撮影の禁止の例をみることができる。ここでは、これらの判例を取り上げ、国家行為（公権力の行使）による弁護人依頼権に対する制約が憲法34条前段に適合しているかどうかの審査の在り方について考えることとする。

２　違憲審査基準

近年、我が国においては、憲法が保障する基本的人権を公権力が制約する場合にその制約が違憲かどうかを審査する手法として、ドイツの公法学で育てられ憲法裁判で実践されている違憲審査手法をモデルとした三段階審査論が提唱され、勢いを増してきている。

三段階審査論の要点は、次のように説明されている[20]。

特定の国家行為による法益侵害的結果が存在する場合、第1に、当事者の主張する利益が憲法のどの基本権に関わり、その基本権は本当に当事者の主張利益を保護しているのか（国家行為によって影響を受ける個人の行為・自由・状態が基本権の保護範囲に入るのか）を審査する。

何らかの基本権の保護範囲に該当することが明らかになれば、第2に、その国家行為が当該基本権を「制限」といい得るほど強く制約しているかどうかを審査する。

基本権の制約が確認された場合、第3に、その制約が憲法上正当化できるかどうかの審査を行う。正当化の審査は、形式・実質の両面から行う。形式的正当化とは、基本権の制約が憲法の要求する形式を備えているかどうかの審査で、その典型は基本権の制約が法律の根拠を有するかどうか、すなわち法律の留保原則に適しているかどうか、規範の明確性の要件を満たしているかどうかの審査である。実質的正当化とは、基本権の制約が憲法の要求を満たしているかどうかの論証であり、その典型は、当該制約が正当な目的を達成するのに適合的かつ必要不可欠で、しかも目的に比して均衡の取れた手段になっているかの審査、すなわち比例原則に適っているかどうかを審査するものである。比例原則とは、正当な規制目的があることを前提に、その目的を達成するための規制手段が、規制目的を達成するための手段として役立つことを要求する（適合性）、規制手段が規制目的を達成するのに本当に必要であることを要求する（必要性）、かつ規制により失われる利益に比して得られる利益が大きいことを要求する（狭義の比例性）もので、当該規制を許容する実質的正当化の論証である。

以上に要約した三段階審査論は、裁判実務の積み重ねから導き出されたものらしく、審査の対象として挙げる項目のどれを取っても、日本の憲法裁判では外してよいと思われるようなものが見当たらない。ここでは、三段階審査論の手法により、違憲審査を試みる。

3　接見時間の制限

(1)　接見等の指定

(ア)　刑訴法39条1項は、「身体の拘束を受けている被告人又は被疑者は、弁護人又は弁護人を選任することができる者の依頼により弁護人となろうとする者と立会人なくして接見し、又は書類若しくは物の授受をすることができる。」と規定しているが、同条3項は、「検察官、検察事務官又は司法警察職員は、捜査のため必要があるときは、公訴の提起前に限り、第1項の接見又は授受に関し、その日時、場所及び時間を指定することができる。但し、その指定は、被疑者が防禦の準備をする権利を不当に制限するようなものであつてはならない。」と規定している。

(イ)　法務省刑事局長昭和62年12月25日通達「事件事務処理規程の改正について」は、「接見等の指定を行うことがあると認める場合には、監獄の長に対して（中略）『接見等の指定に関する通知書』によりその旨を通知することとされたい。」と定めており、この法務省通達を受けて、警察庁官房長昭和63年1月28日通達「刑事訴訟法第39条第3項の規定による検察官等の指定に係る事件事務規程の改定について」は、「通知書が発せられた被疑者について、弁護人等から接見等の申出があった場合には、その者が接見等に関する指定を受けているときを除き、当該通知書による協力依頼に基づき、速やかに申出があった旨を検察官等に連絡すること」と定めている。

(2)　最三小判平成16年9月7日判時1878号88頁の事案

(ア)　被疑者Aは、平成10年6月28日、旭警察署の留置場に勾留された。被疑者Bも、同日、曽根崎警察署の留置場に勾留された。大阪地検検察官は、同年7月1日、被疑者Aとの接見につき旭警察署長に対し、被疑者Bとの接見につき曽根崎警察署長に対し、それぞれ、「被疑者と弁護人又は弁護人を選任することができる者の依頼により弁護人となろうとする者との接見又は書類（新聞、雑誌及び書籍を含む。）若しくは物（糧食、寝具及び衣類を除く。）の授受に関し、捜査のため必要があるときは、その日時、場所及び時間を指定することがあるので通知する。」と記載された「接見等の指定に関する通知書」（本件通知書）を送付した。

被疑者A・Bの弁護人であるXは、同月4日（土曜日）午前9時35分ころ、事前の連絡なしに曽根崎警察署に赴き、留置係官に対し、被疑者Bとの接見を申し出た。これに対し、留置係官は、検察官から本件通知書を受けているので、検察官に接見指定をするかどうかを確認するとして、Xに対し待機を求めた。留置係官は、直ちに大阪地検に電話をし、検察官が接見指定をするか否かを照会した。大阪地検は、同日午前10時15～20分ころ、留置係官に対し、接見指定をしないと伝えた。Xは、同日午前10時25分ころ接見室に案内され、午前11時ころまで被疑者Bと接見した。なお、被疑者Bの取調べは、同日午後から開始された。

Xは、同月16日（木曜日）午前8時45分ころ、事前の連絡なしに旭警察署に赴き、被疑者Aとの接見を申し出た。これを受け付けた留置係官Cは、本件通知書が発せられていることを失念し、接見指定書の有無を確認することなく、直ちにXを接見室に案内し、被疑者Aとの接見を開始させた。

その直後、同警察署の留置係官Dは、留置係官Cから接見指定書の有無を確認していないことを聞き、直ちに接見室に入り、Xに接見指定書の提示を求め、Xがこれを持参していないことを知り、「指定書がなければ会わせられない。」といって、被疑者Aを接見室から連れ出そうとした。Xはこれに抗議し、被疑者Aも抵抗の姿勢を示したが、留置係官Dは、接見室を消灯し、被疑者Aに対し立つことを命じ、その左腕をつかんで接見室から連れ出した。

留置係官Dは、同日午前8時54分ころまでに大阪地検に電話をし、接見指定をするか否かを照会した。大阪地検は、同日午前9時28分ころ、同警察署の留置係官に対し、接見指定をしない旨の回答をした。Xは、被疑者Aとの接見を再開し、同日午前9時50分ころまで接見した。なお、被疑者Aは、当日は取調べがなく、終日在監していた。

(イ)　本件は、Xが、これら接見開始遅延及び接見中断は国賠法上違法であるとして、損害賠償を請求している事件である。

(ウ)　最三小判は、次のように判断した。

①刑訴法39条３項が憲法34条前段、38条１項に違反するものでないことは、当裁判所の判例とするところである（最大判平成11年３月24日）。

②検察官、検察事務官又は司法警察職員（捜査機関）は、弁護人又は弁護人を選任することができる者の依頼により弁護人となろうとする者（弁護人等）から被疑者との接見又は書類若しくは物の授受（接見等）の申出があったときは、原則として、いつでも接見等の機会を与えなければならないのであり、捜査機関が現に被疑者を取調べ中である場合など、接見等を認めると取調べの中断等により捜査に顕著な支障が生ずる場合に限り、接見等のための日時、場所及び時間を指定することができるが、その場合には、弁護人等と協議してできる限り速やかな接見等のための日時等を指定し、被疑者が弁護人等と防御の準備をすることができるような措置を採らなければならないものと解すべきである（前掲最大判参照）。そして、弁護人等から接見等の申出を受けた者が、接見等のための日時等の指定につき権限のある捜査機関でないため、指定の要件の存否を判断できないときは、権限のある捜査機関に対して申出のあったことを連絡し、その具体的措置について指示を受ける等の手続を採る必要があり、こうした手続を要することにより、弁護人等が待機することになり、又はそれだけ接見等が遅れることがあったとしても、それが合理的な範囲内にとどまる限り、許容されているものと解するのが相当である。そして、接見等の申出を受けた者が合理

的な時間の範囲内で対応するために採った措置が社会通念上相当と認められるときは、当該措置を採ったことを違法ということはできない。

③本件通知書は、弁護人等から接見等の申出があったときに接見指定をすることがあり得る旨を通知する捜査機関の内部的な事務連絡文書であって、検察官が接見指定権を適切に行使する機会を確保するとともに、接見交通権の行使と捜査の必要との調整を図ることを目的として発出されるものであるから、これを発出すること自体を違法ということはできない。

④「接見等の指定に関する通知書」を発した検察官は、留置係官から接見等の申出があったことの連絡を受けたときは、合理的な時間内に回答すべき義務があり、これを怠ったときは、弁護人等の接見交通権を違法に侵害したものと解すべきであるが、本件における担当検察官の回答は、約40ないし45分又は約34分間を要しているものの、いずれも合理的な時間内にされたものというべきであり、これを違法ということはできない。

⑤留置係官Dの前記行為は、その態様等を考慮しても、社会通念上相当と認めることができ、これを違法ということはできない。

(3)　最三小判の問題点

(ア)　本件においては、検察官と留置係官の各行為が一体となって被疑者と弁護人との接見交通を遅延又は中断させているのであるから、検察官及び留置係官の各行為を一つの公権力の行使(共同行為)と捉えて、その国賠法上の違法性を論じるべきである。本判決は、検察官の行為、留置係官の行為を分断して、それぞれの行為の国賠法上の違法性を論じている。そのため、弁護人が接見の申し出をした場合、現に取調べ中でなくても、捜査に支障が生ずるか否かを念のため確認するというだけのために、検察官と留置係官が連絡を取り合って接見の開始を遅延させ又は接見を中断させることが違法かどうかの審査が欠落している。ここに本判決の第1の誤りがある。

本判決は、国賠法1条1項に「国又は公共団体の公権力の行使に当る公務員が、その職務を行うについて」とあるため、国賠法上の違法性は個別の公務員ごとに論じるべきであると解したものと思われる。しかし、国賠法上の違法性は、当該国家行為にかかわる公務員を全体的一体的にとらえて、組織体として手落ち手抜かりが存したかどうかという観点から検討すべきである。(21)

(イ)　本判決は、検察官等は、刑訴法39条3項により、捜査のため必要があるときは、接見等の時間を指定することができる、という立場を採っている。しかし、憲法34条前段の弁護人依頼権は、取調べの前の接見交通権、取調べ中の弁護人立会権を含むという立場からすれば、刑訴39条3項そのものが、憲法34条前段に違反するということになる。

ただ、現在の判例は、憲法34条前段の弁護人依頼権は弁護人の取調べ立会権を含むものではないという立場を採っている。この弁護人の取調べ立会権を否定する考えの下で、三段階審査論を参考に、本件の接見開始遅延・中断行為が憲法34条前段に違反しないかどうかを検討してみることにする。

(ウ)【第1段階の審査】　本件でXが国家行為である接見開始遅延・中断行為によって侵害されたと主張している利益は、被疑者と弁護人の接見交通する利益である。この接見交通する利益は、憲法34条前段の弁護人依頼権(弁護人固有の権利である弁護権を含む。以下同じ。)に関わっている。そして、憲法34条前段の弁護人依頼権は、前記の接見交通する利益を保護していることが明らかである。

(エ)【第2段階の審査】　前記の接見開始遅延及び中断は、時間としては40分程度と短いが、弁護人が既に留置施設に到着していていつでも接見を開始できる状態の下での遅延であり、又は弁護人が現に被疑者と接見している途中での中断であり、特に中断の方は、接見室を消灯し被疑者の腕を引っ張って接見室から連れ出すという物理的強制力を伴っているものであるから、憲法34条前段の弁護人依頼権を「制限」したことは明らかである。

(オ)【第3段階の形式的正当化の審査】　本件の接見開始遅延・中断行為は、一応、刑訴法39条3項という法律を根拠としており、法律の留保の要件を満たしているといえなくもない。ただ、厳密にいえば、刑訴法39条3項が定める規制要件は「捜査のため必要があるときは」というもので、「捜査のため必要があるかどうかを確認するため」ではないから、本件の接見開始遅延・中断行為は法律上の根拠がないということになる。本件の接見開始遅延・中断行為は、前記の法務省刑事局長昭和62年12月25日通達という行政機関内部の通達を根拠としたものであり、憲法上の権利自由を制約するには国会の制定した法律に基づかなければならないという法律の留保の要件を満たしていないというべきである。

(カ)【第3段階の実質的正当化の審査】　本件の接見開始遅延・中断行為が刑訴法39条3項の「捜査のため」といい難いことは前記のとおりである。仮に、「捜査のため」を広く解釈し、本件の接見開始遅延・中断行為も「捜査のため」といい得るとしても、「捜査のため」という規制目的を達成するのに本当に必要であることを要するとする「必要性」の要件は明らかに欠いている。検察官が留置施設に到着して取調べを開始する時、あるいは検察庁への押送を開始する時に、接見を中断することで、「捜査のため」という目的を十分に達成することができる。また、本件の接見開始遅延・中断行為により接見交通の利益が確実に失われるのに対し、捜査のために得られる利益は何もないから、「狭義の比例性」の要件も明らかに欠いている。

(キ)以上のように、本件の接見開始遅延・中断行為は、形式的正当化及び実質的正当化の要件を欠くものであり、明らかに憲法34条前段に違反する。本判決は間違いといわざるを得ない。

(ク)付言すると、刑訴法39条3項の時間指定は、現在、検察官等が弁護人・被疑者の接見する時間を指定するという形式で行われているが、捜査機関側が弁護人と被疑者で行う接見時間を指定するというのは「捜査のため必要」という範囲を超えるものであり、せいぜいが「この時間帯は取調べを行う」という形式の時間指定にすべきである。現在の形式は、逮捕勾留した被疑者は捜査機関側が確保している取調べの客体であり、弁護人との接見は捜査機関側が特別に許可するものであるという思考をうかがわせる。しかし、逮捕勾留された被疑者も、刑事手続の当事者として捜査機関と対等な立場にあり、弁護人とはいつでも接見できるというのが原則である。

４　面会室における被拘禁者の写真撮影の阻止

(1)　面会室における写真撮影の規制

(ア)　刑事収容施設及び被収容者等の処遇に関する法律(収容法)の１１７条で未決拘禁者の弁護人等との面会について準用される１１３条は、１項で「刑事施設の職員は、未決拘禁者又は面会の相手方が同項ロの『刑事施設の規律及び秩序を害する行為』に該当する行為をした場合には、その行為を制止し、又はその面会を一時停止させることができる。この場合においては、面会の一時停止のため、未決拘禁者又は面会の相手方に対し面会の場所からの退出を命じ、その他必要な措置を執ることができる。」旨規定し、２項で「刑事施設の長は、前項の規定により面会が一時停止された場合において、面会を継続させることが相当でないと認めるときは、その面会を終わらせることができる。」旨規定している。

(イ)　法務省矯正局長の刑事施設等の長あて平成19年5月30日付け依命通達「被収容者の外部交通に関する訓令の運用について」の「７　面会の相手方に対して告知すべき事項について」の(2)は、「未決拘禁者との面会を申し出る弁護人等に対しては、次の事項を周知すること。ア　刑事施設の規律及び秩序を害する行為をする場合には、面会を一時停止させたり、終了することがあること。イ　録音機、映像再生機又はパソコンを使用する場合は、あらかじめ申し出ること。ウ　カメラ、ビデオカメラ、携帯電話を使用しないこと。」としている。

(ウ)　東京拘置所の場合、面会に係る待合室の壁面に「面会室に写真機、録音用機械、録音機、携帯用電話機は持込まないでください。ただし、録音を必要とする場合は、事前に申し出てください。」と掲示し、面会室の扉に「当所の許可なく、面会室内に、『携帯電話』『カメラ』『録音機器』を持ち込むこと及び同機器を使用することは禁止しています。持込み等を発見した場合、面会を一時停止させていただく場合もありますので、御了承ください。なお、面会室には電波を感受する装置が備え付けられており、同装置が反応した場合、面会を一時停止させていただきますので、御了承ください。」と掲示している。他の刑事施設でも、面会室への写真機、携帯電話機の持込みを禁止する掲示をしているようである。

(2)　東京高判平成27年7月9日判時２２８０号16頁【A判決】の事案

被疑者の弁護人であるXは、平成24年3月30日、被疑者との接見のため東京拘置所に赴き、面会室に入って待っていると、職員Aが、面会室に入ってきて、Xに対し、被疑者が腸捻転等の症状があるため点滴等の治療を行っていること、この治療に伴って精神系の薬の服用を中断していること、全身の震えがありうまく話せない様子であること等を説明し、被疑者は車椅子で入室すると伝えた。被疑者は、職員に連れられ、車椅子で点滴を打たれた状態で入室したが、体が小刻みに震えており、ぶつぶつつぶやいている状態であった。

Xは、被疑者の様子を撮影して、裁判所に対する鑑定の申出に関する証拠にする必要があると考え、持参したカメラで被疑者の写真1枚を撮影した。巡回視察していた職員Bは、内側ドアの小窓越しにXがカメラを構えている姿を見て、職員Aにその旨報告した。職員Aは、面会室に入り、Xに対し、カメラを面会室に持ち込んでいるか、被疑者を撮影したかを確認し、画像データを消去するよう求めた。Xは、カメラの持込みと撮影を認めた上、画像データの消去を拒否した。職員Aから報告を受けた職員Cは、面会室に入り、Xに対し、カメラの持込みは禁止されている旨述べた上、画像データの消去を求めたが、Xは、これを拒否した。また、職員Cが、Xに対し、写真撮影を行う意思があるか否かを確認したところ、Xは、必要に応じ写真撮影を行う旨答えた。

そこで、職員Cが接見を終了させると述べ、他の職員が被疑者を面会室から退室させて、面会は終了した。

(3)　福岡高判平成29年7月20日訟務月報64巻7号1041頁【B判決】の事案

(ア)　被疑者の国選弁護人に選任されたXは、平成25年3月13日、佐賀少年刑務所の面会室において被疑者との接見をした際に、被疑者が逮捕時に拘束されて腕を負傷した旨申し出たことから、その負傷状況を記録するために、面会室に許可なく持ち込んでいた携帯電話のカメラ機能を用いて、面会用のアクリル窓越しに被疑者を撮影しようとしたところ、面会室の外側通路で待機していた刑務所職員が、視察窓からこれを視認し、Xに対し撮影行為を中止するよう注意し、面会を一時停止させた。

(イ)　Xは、同月15日、佐賀少年刑務所を訪れ、被疑者との接見を申し出た際、面会室内にカメラを持ち込んで被疑者の負傷状況の写真撮影をする旨述べたのに対し、刑務所職員が接見は受け入れるが、カメラを持ち込んで撮影をするというのであれば敷地内に通すことはできないと回答し、面会を阻止した。

(4)　福岡高判平成29年10月13日訟務月報64巻7号991頁【C判決】の事案

小倉拘置支所に収容されている被告人の国選弁護人であるXは、平成24年2月29日、小倉拘置支所の面会室で被告人と面会していた際、被告人から、小倉拘置支所の職員から暴行を受け、右頬を負傷した旨の訴えを聞くとともに、被告人の右頬に擦過傷が存在するのを認めた。Xは、携帯電話で被告人の容貌を1枚撮影し、更に撮影しようとしていたところ、小倉拘置支所の職員が面会室に入ってきて、写真撮影を阻止し、面会を一時停止させた。Xは、面会を終えて小倉拘置支所を退出しようとしたところ、待合室で職員2人がXに対し被告人の容貌を撮影した画像を消去するよう約30分間にわたり繰り返し求めたため、やむなくこれを消去して、退出した。Xが退出するまで、待合室の出入口は南京錠で施錠されていたが、Xが退出する際に、職員が開錠した。

(5)　A・B・C3判決の要旨

以上3つの事件は、弁護人が、面会室における被拘禁者の写真撮影を阻止する行為等が国賠法上違法であるとして、損害賠償を請求している事件である。A・B・Cの3つの判決は、いずれも、写真撮影を阻止する行為の違法性を否定しているが、その要旨は、次のとおりである。

①【写真撮影と接見：A・B・C判決】面接室における被拘禁者の写真撮影は、刑訴法39条1項にいう「接見」に含まれない。

②【写真撮影禁止の権限：A判決】刑事施設の長は、国有財産法5条、9条1項により、当該刑事施設の庁舎管理権を有する。庁舎内において自由に写真撮影等が行われる場合には、庁舎内の秩序が乱れ、警備保安上の支障をもたらすおそれがあるから、庁舎内の秩序を維持し、安全を確保するため、庁舎管理権に基づき、庁舎内における写真撮影等を禁止することができる。

【B・C判決】刑事施設の長は、国有財産法5条、9条1項、収容法により、刑事施設の庁舎管理権を有する。収容法は、刑事施設の適正な管理運営を図ることを目的とし(1条)、未決拘禁者の場合には、逃走及び罪証隠滅に留意しなければならない(31条)と規定しているところ、未決拘禁者と弁護人等との面会においても、その態様次第では、同法が予定した目的を達成することができなくなってしまうおそれがあることは明らかである。そうすると、同法において、刑事施設の長が庁舎管理権に基づいて未決拘禁者と弁護人等との面会の態様について、逃亡又は罪証隠滅の防止並びに刑事施設の適正な規律及び秩序の維持という目的に照らして必要かつ合理的な範囲で制限を課すことは許容されていると解するのが相当である。

面会室内における写真撮影は、同室内の状況を機械的かつ正確に記録するものであることに加え、デジタルカメラ等で撮影された写真は電磁的記録として保存されるのが通常であるところ、かかる電磁的記録の一部を拡大するなどして保存された情報を事後的に詳細に分析することが可能であること、電磁的記録はその質を低下させることなく第三者に拡散することが容易であることに照らすと、写真撮影によって刑事施設内の状況が把握され、その保安・警備上重大な支障をもたらす危険性があるといえる。

また、写真に撮影される際の未決拘禁者の姿勢や仕草等によって（また、カメラの種類によっては、音声の同時録音も可能であることにより）、未決拘禁者が外部の特定の人物へ証拠隠滅を示唆することが可能になるおそれがあるなど、写真撮影を許可することによって、逃走又は罪証隠滅の防止という勾留の目的を達成できなくなる危険性は高い。したがって、刑務所の長は、庁舎管理権に基づき、逃亡又は罪証隠滅の防止並びに刑事施設の適正な規律及び秩序の維持のため、弁護人の面会室における写真撮影を禁止することができる（なお、C判決は、被拘禁者の写真の電子データが流出し拡散した場合には、被拘禁者のプライバシーに対する重大な侵害が生ずるおそれがあることも指摘する。）。

③【写真撮影阻止の権限：A・B・C判決】刑事施設の長が面会室における被拘禁者の写真撮影を禁止しているにもかかわらず、弁護人があえて写真撮影を行うことは、収容法117条で準用する113条1項1号ロの「刑事施設の規律及び秩序を害する行為」に該当する。したがって、刑事施設の職員は、同条項に基づき、弁護人の写真撮影を阻止することができる。

(6)　A・B・C3判決の問題点

(ア)　A・B・C3判決についても、三段階審査論を参考に、写真撮影の阻止行為の憲法34条前段適合性を審査してみることにする。

(イ)　【第1段階の審査】　3判決の事案で、弁護人であるXが国家行為である写真撮影阻止行為によって侵害されたと主張している利益は、弁護人が、被拘禁者の病状、被拘禁者が警察職員の逮捕行為や刑事施設職員の暴行行為により生じたとする傷痕を撮影する利益である。

被拘禁者は、捜査機関及び刑事施設から法による適正な取扱いを受ける権利、医療の援助を受ける権利(right to medical assistance)を有し[22]、専門医による医療水準にかなった適切な検査、治療等の医療行為を受ける利益を有している[23]。

弁護人は、被拘禁者が捜査機関及び刑事施設から適正な取扱いを受けているかどうかをチェックし、被拘禁者の精神的肉体的状況を把握し、被拘禁者を精神的に支え、適正な医療を受けられるように援助し、拘禁が被拘禁者に対し必要以上に苦痛を与えるものになっていないか、拘禁状態をコントロールすべき職責を担っている。弁護人は、被拘禁者が罹病している場合、その状況に応じて、適切な治療について刑事施設に申入れを行い、勾留の執行停止を申請し、責任能力について主張立証し、自白の任意性を争い、情状事実として主張する等の職責を負っている。被拘禁者が逮捕時に負傷させられたというのであれば、弁護人としては、逮捕勾留手続の適法性を争って釈放を求め、自白の任意性を争う等の職責を担っている。被拘禁者が刑事施設の職員から暴行を受けたというのであれば、弁護人としては、被拘禁者の安全を確保するため刑事施設に対し処遇の適正化や収容先の変更を申し入れる職責を担っている。

したがって、弁護人が被拘禁者の病状や傷痕を写真撮影して証拠化しておく利益は、憲法34条前段の弁護人依頼権に関わっている。そして、憲法34条前段の弁護人依頼権が、写真撮影により被拘禁者の病状・傷痕を証拠化する利益を保護していることは明らかである。

３判決は、写真撮影が刑訴法39条１項の「接見」に含まれないという解釈を展開するだけで、被拘禁者の病状・傷痕の写真撮影が憲法34条前段の弁護人依頼権によって保護されているかという審査をほとんど行っていない。

(ウ)【第２段階の審査】　写真撮影の阻止行為は、強制力をもって写真撮影を阻止するものであるから、憲法34条前段の弁護人依頼権を「制限」したことは明らかである。

(エ)【第３段階の形式的正当化の審査】　憲法で保障された権利を制限するには、法律による明確な規定を必要とするが、面会室内での被拘禁者の写真撮影を禁止する法律上の根拠がない。写真撮影の阻止行為は、形式的正当性を欠いている。

３判決は、刑事施設の長は庁舎内の規律・秩序を維持し、安全を確保し、逃亡又は罪証隠滅の防止のため、面接室内での弁護人による被拘禁者の写真撮影を禁止することができるという。しかし、面接室という限られた空間において弁護人がアクリル板越しに被拘禁者を写真撮影したからといって、庁舎内の規律・秩序・安全が脅かされ、逃亡又は罪証隠滅の恐れが生じるというようなことはあり得ない。

そして、３判決は、刑事施設の長の禁止権限の根拠として、国有財産法５条の「各省各庁の長は、その所管に属する行政財産を管理しなければならない。」、同法９条１項の「各省各庁の長は、その所管に属する国有財産に関する事務の一部を、部局等の長に分掌させることができる。」、収容法１条の「この法律は、刑事収容施設（刑事施設、留置施設及び海上保安留置施設をいう。）の適正な管理運営を図るとともに、被収容者、被留置者及び海上保安被留置者の人権を尊重しつつ、これらの者の状況に応じた適切な処遇を行うことを目的とする。」、同法31条の「未決拘禁者の処遇に当たっては、未決の者としての地位を考慮し、その逃走及び罪証の隠滅の防止並びにその防御権の尊重に特に留意しなければならない。」との規定を挙げるが、これらの規定は、庁舎管理権を抽象的に定めるものにすぎず、弁護人の写真撮影権という憲法34条前段で保障された権利を制約する法律としては、「規範の明確性の要件」を充たすものではない。

また、3判決は、弁護人の写真撮影を強制的に阻止する根拠規定として、収容法117条で準用する113条1項1号ロを挙げるが、面会室内の弁護人による被拘禁者の撮影が同号ロの「刑事施設の規律及び秩序を害する行為」に該当しないことは明白であり、同号ロのような抽象的規定で憲法34条前段により保護された弁護人の写真撮影を阻止することは、「規範の明確性の要件」を充たすものではない。

なお、B・C判決は、面接室内での写真撮影は、同室内の状況が把握されて保安・警備上重大な支障をもたらす危険性があり、未決拘禁者が外部の特定の人物へ証拠隠滅を示唆することを可能とする恐れがあるというが、経験に裏付けられた合理的推論とは到底評することができない。B・C判決は、画像の所持者である「弁護人」が撮影した写真を利用して逃亡や罪証隠滅に当たる行為をする恐れがあるといっているに等しいが、弁護人依頼権、接見交通権自体を否定するに等しい議論である。

仮に、弁護人が撮影した写真を使用して逃亡や罪証隠滅を図るようなことがあれば、その段階で規制すべきで、弁護活動に必要な写真撮影自体を規制することはできない。なお、C判決は、被拘禁者の写真の電子データが流失し拡散した場合には被拘禁者のプライバシーに重大な侵害が生じるおそれがあるというが、弁護人が被拘禁者の権利を擁護するためにその同意を得て写真撮影をすること自体はプライバシーの侵害になるものではなく、当該写真を目的外に使用した場合にプライバシー侵害が問題となるにすぎないのであるから、目的外使用を制限することで対応すべきであって、被拘禁者の権利の擁護に必要な写真撮影自体を制限することは許されない。

結局のところ、面接室内での弁護人による被拘禁者の写真撮影を禁止する根拠としては、前記の法務省矯正局長通達があるだけで、刑事施設の職員が写真撮影を見逃すと同通達を遵守しなかったことになり、そのことで行政内部の秩序が乱れるというにすぎず、弁護人や被拘禁者には関係のないことである。行政内部の通達により憲法34条前段で保障された写真撮影権を制限することは、もとより法律の留保原則に違反する。

(オ)【第３段階の実質的正当化の審査】　弁護人による面会室内でのアクリル板越しの被拘禁者の写真撮影は、そもそも刑事施設内の規律・秩序・安全を脅かし、逃亡又は罪証隠滅につながるようなものではないのであるから、写真撮影を阻止する行為は、刑事施設の規律・秩序・安全の確保及び逃亡・罪証隠滅の防止という目的を達成する手段としての適合性、必要性を欠く。写真撮影の阻止は、それによって刑事施設の規律の確保等のため何らかの利益が得られたとしても、弁護人依頼権という失われる利益の方がはるかに大きく、規制手段としての実質的正当性を欠き、憲法34条前段に違反することが明らかである。

(7)　上告審の判断

３判決については上告と上告受理申立てがなされたが、最二小決平成28年６月15日ＬＥＸ／ＤＢ登載【Ａ事件】、最三小決平成30年９月18日Ｄ１ＬＡＷ登載【Ｂ事件】、最三小決平成30年９月18日ＬＥＸ／ＤＢ登載【Ｃ事件】は、上告については「その実質は事実誤認又は単なる法令違反を主張するもの」との例文による上告棄却の決定をし、上告受理申立ても不受理とした。

最高裁としては、弁護人において、刑事施設の面会室内でアクリル板越しに、罹病・負傷しているという被疑者・被告人を写真撮影することが、憲法34条前段の弁護人依頼権の保護範囲に含まれるかという憲法問題に正面から答えるべきであった。

なお、最高裁は、自由権規約等の条約違反の主張に対しても、「単なる法令違反を主張するもの」としているが、憲法98条2項に照らし、条約は憲法に準ずる扱いをすべきである。
当事者としても、本件のような憲法訴訟の場合は、上告受理申立ては控え、上告一本に絞る方がよいと思われる。

おわりに

社会経済活動におけるグローバル化が進んでいる今日、刑事手続も国際水準に近づけるべきである。先端技術を応用した捜査手法を発展させるとともに、被疑者・被告人の当事者としての地位、武器の対等、黙秘権、弁護人依頼権を保障し、デュープロセスの要求にかなった刑事手続とすべきである。我が国では、起訴前の逮捕勾留期間がほぼ23日間と長いが[24]、起訴後も5か月以上経過してようやく保釈が認められるという事例を報道で散見する。保釈請求却下、保釈許可の具体的理由が公表されないため、数か月も保釈が認められなかった理由を外部から窺うことができない。少なくとも起訴後は、被告人の当事者としての地位を保障すべきであると考えるが、関係者による検証が望まれるところである。

初出：『統治構造において司法権が果たすべき役割第2部』(判例時報社、２０２1年)3頁

コラム 6

画期的判決も見直しは必要

私の司法研修所におけるクラスメート越山康が自ら原告となって提起した参議院議員定数是正訴訟について、最大判昭和39年2月5日判時361号8頁は、公選法204条の選挙の効力に関する訴訟として認めたものの、議員定数の配分は、選挙人の選挙権の享有に極端な不平等を生じさせるような場合は格別、選挙人の人口に比例していないという一事だけで違憲無効と断ずることはできないとして、違憲の主張を排斥した。

しかし、越山康は、その後も選挙のたびに定数是正訴訟を提起し続け、ついに最大判昭和51年4月14日判時808号24頁（判示事項：1　公職選挙法13条、別表第1及び同法附則7項ないし9項（昭和50年63号による改正前のもの）の合憲性／2　選挙が憲法に違反する公職選挙法に基づいて行われたことを選挙無効の原因とする選挙の効力に関する訴訟につき行政事件訴訟法31条1項の規定の基礎に含まれている一般的な法の基礎原則に従い当該選挙は違法であるがこれを無効とすべきではないとして請求を棄却するとともに主文で当該選挙の違法を宣言した事例。以下「本判決」という。）で定数配分規定を違憲とする判断を勝ち取った。

本判決は、第1段階で、当該選挙当時の投票価値の格差が憲法の平等の要求に反するか、第2段階で、その格差が当該選挙までの合理的期間内に是正されなかったか、第3段階で、事情判決の法理により当該選挙を無効とすることなく選挙の違法を宣言するにとどめるか、という3段階の判断枠組みを示し、最大格差約1対5の衆議院議員定数配分規定が違憲であるとして、主文で当該選挙は違法であると宣言した。定数配分規定について初めて実質的な違憲審査を行い、かつ、違憲と判断した本判決は、社会に与えた影響も最大級のものであり、民主主義のシステムを護ることが裁判所の最重要使命であると考える私にとって、最も心に残る裁判例である。ただし、本判決には問題が2つある。

第1の問題は、第1段階で違憲の判断を下すべき格差の範囲につき、具体的な判示をしていないことである。1対5の格差を違憲としているだけで、どの程度以上の格差が違憲となるかを示していない。最高裁が主文で違法宣言を行えば、行訴法43条2項、38条1項、33条1項の判決の拘束力により、国会は判決理由中の判断内容を尊重し、その趣旨に従って定数配分規定を改正しなければならない。しかし、最高裁が理由中で違憲とすべき範囲を明示しないから、国会は部分的手直しを小出しにしてしのごうとする。

また、最高裁自身も、平成29年9月27日大法廷判決(判時2354号3頁)で、公選法改正法の附則において、次回の通常選挙に向けて選挙制度の抜本的な見直しについて引き続き検討を行い必ず結論を得る旨を定めているという、当該選挙当時における投票価値の格差に関係のないことまで、第1段階の判断材料として取り込み、違憲の主張を退けるに至っている。

第2の問題は、第2段階で合理的期間内に是正されなかったという要件を設けたことである。このことについて、本判決の実質的起案者と思われる中村治朗首席調査官は、最高裁判事となって書いた最高裁昭和58年11月7

日大法廷判決(判時1096号19頁)の反対意見の中で、人口異動は可変性を有し違憲状態そのものについても変化が予想されること、人口異動に応じ定数配分の手直しをすることは政治の安定の要請の面からみて望ましくないこと、という2つの理由を挙げている。しかし、人口異動が逆戻りして違憲状態が解消されるというようなことは考えられない。また、政治の安定よりも民主的政治の基本である投票価値の平等の方が重要である。その上、合理的期間内に是正されなかったという要件は、きわめてあいまいなものである。この要件は取り除くべきであり、政治の安定等の問題はせいぜい第3段階の事情判決の法理を適用するか否かの場面で考慮すれば足りると考える。

最高裁が、定数配分規定は憲法の投票価値の平等の要求に反する状態に至っていたとしながら、合理的期間内に是正がされなかったものということはできないとして、主文での違法宣言を避けた判決(いわゆる違憲状態判決)は、衆議院議員について5件、参議院議員について3件ある。違憲状態判決は、合憲判決よりはましとしても、主文における違法宣言を避けることにより、定数是正を先延ばしにしていることは明らかである。違法宣言により定数是正が実行されることを確実にすべきである。

本判決後に、最高裁が定数配分規定を違憲と判断したのは、昭和60年7月17日大法廷判決(判時1163号3頁)1件のみである。

本判決から45年を経て、最大格差は衆議院議員が約1対5から約1対2までに、参議院議員が約1対5・5から約1対3までに縮小されてきてはいる。しかし、本来の1対1の定数配分からはかなり乖離していることをみると、本判決のような画期的判決でも、常に見直して修正を加えていく必要があることを教えている。

私は、最高裁判事時代に、平成16年1月14日(判時1849号9頁)、平成18年10月4日(同1955号19頁)、平成

19年６月13日（同１９７７号54頁）の３つの定数是正訴訟大法廷判決に加わり、定数配分規定を違憲とする反対意見を書いたが、第１段階で違憲の範囲を明示し、第２段階の合理的期間経過の要件は採用しなかった。平成19年６月13日の判決言渡しの大法廷には、越山康が車椅子で出頭した。司法修習生時代に実務修習先として配属された東京地裁民事部の服部高顕判事（後の最高裁長官）から紹介された米連邦最高裁のベイカー対カー判決に示唆を受け、我が国で初めて定数是正訴訟を提起し、投票価値の平等化の問題に一生をささげた越山康との対面は、私にとりこの大法廷が最後の場となった。

初出：「私の心に残る裁判例」Vol. 4（判例時報社、２０２２年）４頁

第４章　最高裁の「総合的衡量による合理性判断の枠組み」の問題点

Ⅰ　最高裁の違憲審査の状況

１　違憲裁判の件数

最高裁大法廷が昭和22年８月に発足してからの77年間に、法令を違憲と判断した裁判（法令違憲裁判）は13件[1]、行政上または裁判上の処分を違憲とした裁判（処分違憲裁判）は15件[2]である。法令違憲裁判の13件は、国民の権利自由（平等権を含む）を制約する法律の規定を違憲としたものである。処分違憲裁判の15件は、11件までが裁判手続を違憲とするものであり、残りの４件は、政教分離原則に違反する行為や令状なしで行ったＧＰＳ捜査を違憲とするものである。

本稿は、最高裁が個人の権利自由を制約する国家行為（国又は公共団体の法令・行政処分）の合憲性をどのような基準で審査しているのか、その審査基準は憲法が裁判所に違憲審査権を付与している趣旨に適合しているのかを考えるものである。

2　最高裁の違憲審査基準

個人の権利自由を制約する国家行為の合憲性判断について、最大判平成4年7月1日民集46巻5号437頁（成田新法事件）は、「集会の自由といえどもあらゆる場合に無制限に保障されなければならないものではなく、公共の福祉による必要かつ合理的な制限を受けることがあるのはいうまでもない。そして、このような自由に対する制限が必要かつ合理的なものとして是認されるかどうかは、制限が必要とされる程度と、制限される自由の内容及び性質、これに加えられる具体的制限の態様及び程度等を較量して決めるのが相当である」とする。また、最二小判平成23年5月30日など3つの小法廷判決（国旗国歌起立斉唱事件[3]）は、公立高・中学校の校長が教諭に対し卒業式または入学式において国旗掲揚の下で国歌斉唱の際に起立して斉唱することを命じた職務命令の合憲性判断につき、「職務命令の目的及び内容並びに上記の制限（注：個人の歴史観ないし世界観に由来する行動の実行または拒否という外部的行動の制限）を介して生ずる制約の態様等を総合的に較量して、当該職務命令に上記の制約を許容し得る程度の必要性及び合理性が認められるか否かという観点から判断するのが相当である」としている。

そして、差別的取扱いを行う国家行為の合憲性判断について、最大判昭和39年5月27日民集18巻4号676頁（待命処分事件）は、憲法14条1項は、国民に対し絶対的な平等を保障したものではなく、差別すべき合理的な理由なくして差別することを禁止している趣旨と解すべきであるから、事柄の性質に即応して合理的と認められる差別的取扱いをすることはなんら同条の否定するところではない、と述べている。

これらの裁判例に見る限り、最高裁の「判例」として形成されている違憲審査基準としては、「国家行為による権利自由の制約の合憲性は、国家行為の目的および内容ならびに制約の態様等を総合的に衡量して、国家行為に制約を許容し得る程度の必要性および合理性が認められるか否かという観点から判断する、また、法的な差別的取扱いの合憲性は、事柄の性質に応じた合理的な根拠に基づいているか否かという観点から判断する」という枠組み

（以下「総合的衡量による合理性判断の枠組み」という）があるだけであるといわざるを得ない。

前記の法令違憲裁判13件は、個人の権利自由に対する制約を最も厳しく審査したもので、そこに最高裁の違憲審査の最先端を見ることができる。そこで、これらの13件を参考として、最高裁は、「総合的衡量による合理性判断の枠組み」にとどまることなく、さらに詳細な審査基準を形成しているかどうかを念のため検証しておくこととする。

３　目的・手段の審査手法の採用状況

前記の法令違憲裁判13件のうち、次の８件は、目的・手段の審査手法（個人の権利自由を制約する国家行為が合憲であるためには、国家行為の目的が正当であり、かつ、国家行為の採用する手段が当該目的に適合したものでなければならないとの考えに基づく審査手法）を採用している。

①最大判（尊属殺人重罰規定）（注１の①）は、「刑法２００条の立法目的は、尊属を卑属またはその配偶者が殺害することをもつて一般に高度の社会的道義的非難に値するものとし、かかる所為を通常の殺人の場合より厳重に処罰し、もつて特に強くこれを禁圧しようとするにあるものと解され」るところ、「かかる差別的取扱いをもつてただちに合理的な根拠を欠くものと断ずることはできず、したがつてまた、憲法14条１項に違反するということもできないものと解する」、しかしながら「加重の程度が極端であつて、前示のごとき立法目的達成の手段として甚だしく均衡を失し、これを正当化しうべき根拠を見出しえないときは、その差別は著しく不合理なものといわなければならず、かかる規定は憲法14条１項に違反して無効であるとしなければならない」と判示している。

②最大判（薬局開設距離制限規定）（注１の②）は、薬局の開設等の許可基準の一つとして地域的制限を定めた薬事法の規定は、不良医薬品の供給の危険が生じるのを防止すること、薬局等の一部地域への偏在の阻止によって無薬局

地域又は過少薬局地域への薬局の開設等を間接的に促進することを目的とするところ、これらの目的はいずれも公共の福祉に合致するものであり、かつ、それ自体としては重要な公共の利益ということができるものの、これらの目的を達成する手段として地域的制限を定めることはこれらの目的のために必要かつ合理的な規制を定めたものということができないから、憲法22条1項に違反し、無効である、と判示している。

③最大判（共有森林分割請求権制限規定）（注1の⑤）は、「財産権に対して加えられる規制が憲法29条2項にいう公共の福祉に適合するものとして是認されるべきものであるかどうか」の審査について、「立法の規制目的が……公共の福祉に合致しないことが明らかであるか」、または「規制手段が右目的を達成するための手段として必要性若しくは合理性に欠けていることが明らかであつて、そのため立法府の判断が合理的裁量の範囲を超えるものとなる場合に限り、当該規制立法が憲法29条2項に違背するものとして、その効力を否定することができるものと解するのが相当である」と判示している。

④最大判（郵便法免責規定）（注1の⑥）は、公務員の不法行為による国または公共団体の損害賠償責任を免除し、または制限する法律の規定が憲法17条に適合するものとして是認されるものであるかどうかは、「当該規定の目的の正当性並びにその目的達成の手段として免責又は責任制限を認めることの合理性及び必要性を総合的に考慮して判断すべきである」と判示している。

⑤最大判（婚外子国籍取得制限規定）（注1の⑧）は、「日本国籍の取得に関する法律の要件によって生じた区別が、合理的理由のない差別的取扱いとなるときは、憲法14条1項違反の問題を生ずることはいうまでもない。すなわち、立法府に与えられた上記のような裁量権を考慮しても、なおそのような区別をすることの立法目的に合理的な根拠が認められない場合、又はその具体的な区別と上記の立法目的との間に合理的関連性が認められない場合には、当該区別は、合理的な理由のない差別として、同項に違反するものと解されることになる」と判示している。

⑥最高裁（再婚禁止期間規定）（注１の⑩）は、民法７３３条１項が再婚をする際の要件に関し男女の区別をしていることにつき、「そのような区別をすることの立法目的に合理的な根拠があり、かつ、その区別の具体的内容が上記の立法目的との関連において合理性を有するものであるかどうかという観点から憲法適合性の審査を行うのが相当である」と判示している。

⑦最大決（性同一性障害者の性別の取扱いの特例に関する法律３条１項４号）（注１の⑫）は、性別の取扱いの変更審判の要件として「生殖腺がないこと又は生殖腺の機能を永続的に欠く状態にあること」と定める規定（本件規定）が憲法13条に適合するかどうかは、「本件規定が必要かつ合理的な制約を課すものとして憲法13条に適合するか否かについては、本件規定の目的のために制約が必要とされる程度と、制約される自由の内容及び性質、具体的な制約の態様及び程度等を較量して判断されるべきものと解するのが相当である」と判示している。

⑧最大判（優生保護法中のいわゆる優生規定）（注１の⑬）は、「憲法13条は個人の尊厳と人格の尊重を宣言しているところ、本件規定（注：優生保護法の定める特定の障害等を有する者等を対象者とする不妊手術について定めたもの）の立法目的は、特定の障害等を有する者が不良であり、そのような者の出生を防止する必要があるとする点において、立法当時の社会状況をいかに勘案したとしても、正当とはいえないものであることが明らかであり、本件規定は、そのような立法目的の下で特定の個人に対して生殖能力の喪失という重大な犠牲を求める点において、個人の尊厳と人格の尊重の精神に著しく反するものといわざるを得ない」と判示している。

しかし、前記の法令違憲裁判13件のうち、次の５件は、目的・手段の審査手法を用いることなく、違憲の判断をしている。

①最大判（衆議院議員定数配分規定）（注１の③）は、「具体的に決定された選挙区割と議員定数の配分の下における選挙人の投票価値の不平等が、国会において通常考慮しうる諸般の要素をしんしやくしてもなお、一般的に合理性を

有するものとはとうてい考えられない程度に達しているときは、もはや国会の合理的裁量の限界を超えているものと推定されるべきものであり、このような不平等を正当化すべき特段の理由が示されない限り、憲法違反と判断するほかはないというべきである」と判示している。

②最大判（衆議院議員定数配分規定）（注1の④）も、右と同旨の判示をしている。

これらの最大判は、当初は人口に比例していた議員定数配分がその後の人口移動により人口に比例しなくなったケースであるため、目的・手段の審査になじまないと判断したものと考えられるが、これらの事件においても、人口移動にもかかわらず格差を維持することの立法目的と、一定程度の格差の維持という手段の両面から審査することも可能であり、その方が格差の違憲性がより鮮明になったと考えられる。

③最大判（在外邦人投票権制限規定）（注1の⑦）は、「国民の選挙権又はその行使を制限することは原則として許されず、国民の選挙権又はその行使を制限するためには、そのような制限をすることがやむを得ないと認められる事由がなければならないというべきである。そして、そのような制限をすることなしには選挙の公正を確保しつつ選挙権の行使を認めることが事実上不能ないし著しく困難であると認められる場合でない限り、上記のやむを得ない事由があるとはいえず、このような事由なしに国民の選挙権の行使を制限することは、憲法15条1項及び3項、43条1項並びに44条ただし書に違反するといわざるを得ない」と判示している。

④最大判（在外邦人国民審査権制限規定）（注1の⑪）も、右と同旨の判示をしている。

これらの最大判は、最高裁判例の中では最も厳しい違憲審査基準を示したものである。最大判は、選挙権や国民審査権の行使を全く認めないという重大な権利制約であったため、あえて目的と手段に分けるまでもなく違憲であることが明らかであると判断したものと考えられるが、目的・手段の審査手法を用いることも可能ではあったといえる。

⑤最大決（婚外子相続分差別規定）（注１の⑨）は、婚外子相続分差別規定に関連する種々の事柄の変遷等を掲げ、「以上を総合すれば、遅くともＡの相続が開始した平成13年７月当時においては、立法府の裁量権を考慮しても、嫡出子と嫡出でない子の法定相続分を区別する合理的な根拠は失われていたというべきである」と判示している。最大決は、当初は合憲であった規定が近年になって違憲になったと判断したため、目的・手段の審査手法を採用しにくいと考えたのであろうが、同種事件の最大決平成７年７月５日民集49巻７号１７８９頁と同様に目的・手段の審査手法を採用しても、途中から違憲となったとの判断は十分可能であったと考えられる。

４　制約される権利自由の性質に伴う審査の厳格化の状況

前記の法令違憲裁判13件のうち、次の６件は、制約される権利の重要性に着目して違憲判断を導いている。

①最大判（衆議院議員定数配分規定）（注１の③）は、「選挙権は、国民の国政への参加の機会を保障する基本的権利として、議会制民主主義の根幹をなす」として、選挙権の重要性を強調し、投票価値の不平等は「国会が正当に考慮することのできる重要な政策的目的ないしは理由に基づく結果として合理的に是認することができるものでなければならないと解されるのであり、その限りにおいて大きな意義と効果を有するのである」とし、「重要な政策的目的ないしは理由」の存在を要求することにより、通常の合理性以上のものを求めている。

②最大判（在外邦人投票権制限規定）（注１の⑦）は、「国民の代表者である議員を選挙によって選定する国民の権利は、国民の国政への参加の機会を保障する基本的権利として、議会制民主主義の根幹を成すものであり、民主国家においては、一定の年齢に達した国民のすべてに平等に与えられるべきものである」として、選挙権の重要性を指摘した上、選挙権に対する制約の合憲性を前記のように厳格に審査している。

③最大判（在外邦人国民審査権制限規定）（注１の⑪）は、「審査権が国民主権の原理に基づき憲法に明記された主権者

の権能の一内容である点において選挙権と同様の性質を有することに加え、憲法が衆議院議員総選挙の際に国民審査を行うこととしていることにも照らせば、憲法は、選挙権と同様に、国民に対して審査権を行使する機会を平等に保障しているものと解するのが相当である」として、国民審査権の重要性を指摘した上、国民審査権に対する制約の合憲性を前記のように厳格に審査している。

④最大判(婚外子国籍取得制限規定)(注1の⑧)は、「日本国籍は、我が国の構成員としての資格であるとともに、我が国において基本的人権の保障、公的資格の付与、公的給付等を受ける上で意味を持つ重要な法的地位でもある」として、「日本国籍取得の要件に関して区別を生じさせることに合理的な理由があるか否かについては、慎重に検討することが必要である」としている。

⑤最大決(性同一性障害者の性別の取扱いの特例に関する法律3条1項4号)(注1の⑫)は、「自己の意思に反して身体への侵襲を受けない自由が、人格的生存に関わる重要な権利として、(憲法13条)によって保障されていることは明らかである」、これに対する制約は「身体への侵襲を受けない自由の重要性に照らし、必要かつ合理的なものということができない限り、許されないというべきである」としている。

⑥最大判(優生保護法中のいわゆる優生規定)(注1の⑬)も、「憲法13条は、人格的生存に関わる重要な権利として、自己の意思に反して身体への侵襲を受けない自由を保障している」として、右と同旨の判示をしている。

なお、最大判(薬局開設距離制限規定)(注1の②)は、「職業の自由は、それ以外の憲法の保障する自由、殊にいわゆる精神的自由に比較して、公権力による規制の要請がつよく、憲法22条1項が『公共の福祉に反しない限り』という留保のもとに職業選択の自由を認めたのも、特にこの点を強調する趣旨に出たものと考えられる」と述べ、精神的自由に対する制約の合憲性は厳格に審査すべきことを示唆している。

５　区別の理由の性質に伴う審査の厳格化の状況

前記の法令違憲裁判13件のうち、次の２件は、平等原則違反が問題となった事案で、区別の理由の不当性に着目して違憲判断を行っている。

①最大判（婚外子国籍取得制限規定）（注１の⑧）は、「父母の婚姻により嫡出子たる身分を取得するか否かということは、子にとっては自らの意思や努力によっては変えることのできない父母の身分行為に係る事柄である。したがって、このような事柄をもって日本国籍取得の要件に関して区別を生じさせることに合理的な理由があるか否かについては、慎重に検討することが必要である」としている。

②最大決（婚外子相続分差別規定）（注１の⑨）は、「父母が婚姻関係になかったという、子にとっては自ら選択ないし修正する余地のない事柄を理由としてその子に不利益を及ぼすことは許されず、子を個人として尊重し、その権利を保障すべきであるという考えが確立されてきている」として、「立法府の裁量権を考慮しても、嫡出子と嫡出でない子の法定相続分を区別する合理的な根拠は失われていた」としている。

なお、最大判（尊属殺人重罰規定）（注１の①）は尊属と卑属という身分に関わり、最大判（再婚禁止期間規定）（注１の⑩）は性別に関わるものであるが、身分や性別に着目したというよりも、立法目的達成の手段として甚だしく均衡を欠く差別、あるいは過剰な差別を問題として違憲の判断をしている。

６　最高裁の違憲審査基準

前記の法令違憲裁判13件中８件は、目的・手段の審査手法を用いているが、残りの５件は、この手法を用いていない。目的・手段の審査手法が判例として確立しているとまではいえない。

また、前記13件の中には、制約される権利自由が選挙権・国籍取得・国民審査権・身体への侵襲を受けない自由という重要なものであることや、法的差別の理由が婚外子であることという不当なものであることを理由に、合理性の判断を厳しくしているものもあるが、厳しくすることの基準に関して一般論を述べるものはない。最大決(婚外子相続分差別規定)(注1の⑨)も、憲法14条1項適合性の判断基準としては、前記2の最大判昭和39年5月27日(待命処分事件)等を引用して同旨の基準を述べるにとどまっている。

一方、前記の法令違憲裁判が合憲性を厳しく審査した「制約される権利自由」または「区別の理由」についても、次の裁判例は緩やかな審査で合憲の判断をしている。

① 最大判(在外邦人投票権制限規定)(注1の⑦)において、「国民の国政への参加の機会を保障する基本的権利として、議会制民主主義の根幹を成すもの」とされた「選挙権」についても、投票価値の不平等により選挙権を制約することの合憲性の審査になると、最大判平成27年11月25日民集69巻7号2035頁は、「憲法は、選挙権の内容の平等、換言すれば投票価値の平等を要求しているものと解される。他方、投票価値の平等は、選挙制度の仕組みを決定する絶対の基準ではなく、国会が正当に考慮することのできる他の政策的目的ないし理由との関連において調和的に実現されるべきものであるところ、国会の両議院の議員の選挙については、憲法上、議員の定数、選挙区、投票の方法その他選挙に関する事項は法律で定めるべきものとされ(43条2項、47条)、選挙制度の仕組みの決定について国会に広範な裁量が認められている」、「選挙制度の合憲性は、これらの諸事情を総合的に考慮した上でなお、国会に与えられた裁量権の行使として合理性を有するといえるか否かによって判断される」と述べ、一人別枠方式の影響を残している選挙区割り規定が是正のための合理的期間を過ぎて憲法14条1項等に違反するものとまでいうことはできないとしている。

② 最大判(婚外子国籍取得制限規定)(注1の⑧)において、「父母の婚姻により嫡出子たる身分を取得するか否かということは、子にとっては自らの意思や努力によっては変えることのできない父母の身分行為に係る事柄である」と

して不当な差別理由とされた「嫡出でない子」についても、最一小判平成25年9月26日民集67巻6号1384頁（戸籍法婚外子規定）は、戸籍法49条2項1号の規定のうち、出生の届出に係る届書に嫡出子または嫡出でない子の別を記載すべきものと定める部分は、憲法14条1項に違反しないとしている。また、最大判（再婚禁止期間規定）（注1の⑩）は、女性についてのみ6か月の再婚禁止期間を設けている民法733条1項のうち100日の再婚禁止期間を設ける部分は憲法14条1項に違反しないとしている。

③　なお、最大判（薬局開設距離制限規定）（注1の②）は、「精神的自由」については公権力による規制が慎重であるべきことに言及している。個人の基本的人権の中で最も重要な地位を占めるのは、憲法19条の思想および良心の自由であるから、思想および良心の自由に対する制約の合憲性については最も厳しい審査を行うべきである。しかし、公立高・中学校の校長が教諭に対し卒業式または入学式において国旗掲揚の下で国歌斉唱の際に起立して斉唱することを命じた職務命令の合憲性について、前記2のとおり、最高裁の3つの小法廷は、「総合的衡量による合理性判断の枠組み」による判断をしている。

右のような状況からすると、最大公約数たる「判例」として形成されている違憲審査基準としては、「総合的衡量による合理性判断の枠組み」があるだけであるといわざるを得ない。

最高裁は、多くの裁判例において、目的・手段の審査手法を採用しているが、採用していない裁判例も相当数あり、目的・手段の審査手法が判例となっているとまではいえない。また、最高裁は、ときとして、制約される権利自由の重要性や区別理由の不当性を考慮し、権利自由の制約の合理性の審査を厳しくすることもあるが、そのことに何らかの基準があるわけではなく、あくまでもアドホックな審査にとどまっている。

「総合的衡量による合理性判断の枠組み」は、違憲審査においていかなる項目を審査するか、いかなる手法・基準で審査するかについて語るところがない。結局のところは、制約や差別の合憲性は「合理性」の有無によって判断するといっているにすぎない。しかも、「合理性」の有無は、諸般の事情を総合的に衡量して判断するというのであるから、結局は裁判官の主観によって結論が決まるということになる。したがって、裁判官が裁判を行うにあたっての客観的規範として裁判官を規律するものではなく、国民の側から見ても、これによって裁判の結果を予測することは困難である。「総合的衡量による合理性判断の枠組み」は、客観的な裁判規範としての違憲審査基準と評価できるものではない。

７　憲法の違憲審査制から導かれる審査の項目、手法および基準

憲法は、日本社会の基本原理として、国民の基本的人権を侵すことのできない永久の権利として保障し、すべての国民を個人として尊重すること、生命・自由・幸福追求に対する国民の権利を公共の福祉に反しない限り立法その他の国政の上で最大に尊重することをうたい（11条、13条）、個人に価値の根源を置いている。そして、個人が全体主義によって犠牲にされることを防ぎ、個人の価値を守っていくため、国民を主権者として据える民主政の体制を採用している。憲法が司法府たる裁判所に違憲審査権を付与しているのは、この民主政の体制そのものが立法・行政府によってゆがめられることのないよう監視させ、国民の基本的人権が立法・行政府の裁量権の濫用によって侵害されることを防ぎ、国民の基本的人権の保障を基本原理とする憲法秩序を維持するためである。憲法が裁判所に違憲審査権を付与しているこのような趣旨に照らせば、裁判所が国民の権利自由を制約する国家行為の合憲性を審査するにあたっては、当然に審査すべき項目、審査の手法、立法・行政府の裁量をどの程度尊重するべきかの基準が導かれると考えられる。

第１に、当該権利自由が憲法で保障されているものであるか否かを審査する必要がある（最大判（ＧＰＳ捜査）（注２の⑭）は、ＧＰＳ捜査によって制約される個人のプライバシーが憲法35条の保障する「住居、書類及び所持品について、侵入、

捜索及び押収を受けることのない権利」に含まれるか否かを審査している）。

第2に、当該権利自由が憲法で保障されたものであれば、それを制約する国家行為は、主権を有する国民の代表者からなる立法府が制定した法律に基づいているか否かを審査しなければならない（法律の留保）。憲法が採用する国民主権による代表民主政から導かれる当然の要件である（最大判（ＧＰＳ捜査）（注2の⑭）は、「ＧＰＳ捜査は、個人の意思を制圧して憲法の保障する重要な法的利益を侵害するものとして、刑訴法上、特別の根拠規定がなければ許容されない」として、ＧＰＳ捜査が法律によるべきことを要求している）。

第3に、右の法律が規範の明確性の要件を満たしているかどうかを審査しなければならない（最大判昭和59年12月12日民集38巻12号１３０８頁（税関検査事件）は、「風俗を害すべき書籍、図画」の輸入を規制する規定がその文言不明確の故に違憲無効となるか否かを審査している）。

第4に、国家行為は、その目的において正当性を有しているかどうか、制約の手段がその目的を達成するのに適合したものであるかを審査する必要がある（前記法令違憲裁判の13件中8件までが目的・手段の審査手法を採用している）。

第5に、国家行為の目的の正当性と手段の適合性の審査にあたっては、次のとおり、制約される権利自由と区別の理由の憲法上の位置付けにより、立法・行政府の裁量を尊重してその判断に必要性及び合理性があることを前提とする合憲性推定の原則により緩やかな審査を行うか、合憲性を推定することなく、国家行為に必要性及び合理性が存することについて、立法・行政府に積極的な論証を求め、裁判所が厳格に審査すべきかを区別する必要がある（前記法令違憲裁判の一部は、制約される権利自由や制約の区別の憲法上の位置付けに言及している）。

①国民の権利は、公共の福祉に反しない限り、立法その他の国政の上で最大の尊重を受けるものであるが、個人の尊重と公共の福祉の調和のため、いかなる政策を採用するかを判断するのは、憲法が採用する民主政の原則から照らして、国民の代表である立法府及び法律執行機関たる行政府の役割である。政策に誤りがある場合は、国民が選

挙を通じて修正していくべきである。裁判所は、国民によって選ばれた機関ではなく、政策立案能力を組織的に有するものでもない。したがって、国民の権利自由を制約する国家行為も、必要性及び合理性を備えたものとして合憲性を推定し、明らかに必要性および合理性を欠いている場合にのみ、裁判所は違憲の判断をすべきである。民主政の下では、これが基本である（私が調査官として関与した最大判昭和60年3月27日民集39巻2号247頁（サラリーマン税金訴訟）は、「租税法の分野における所得の性質の違い等を理由とする取扱いの区別は、その立法目的が正当なものであり、かつ、当該立法において具体的に採用された区別の態様が右目的との関連で著しく不合理であることが明らかでない限り、その合理性を否定することができず、これを憲法14条1項の規定に違反するものということはできないものと解するのが相当である」と判示した。制約される国民の権利自由が「租税法の分野」に係るものであること、区別の理由も「所得の性質の違い等」であることから、合憲性の推定の上に立った緩やかな審査をしたものである）。

②しかし、思想及び良心の自由、信教の自由、言論・出版等の表現の自由等の精神的自由は、個人の自己決定権、人格的アイデンティティの基盤をなすものであって、国民が自律した個人として生き、民主政の政治過程に参加していくためにも不可欠なものであり、憲法が最大限に尊重しているものであるから、精神的自由を制約する国家行為については、必要性及び合理性を備えたものとして合憲性を推定すべきではなく、立法・行政府側に合憲性についての論証責任を課し、裁判所において、制約目的が必要不可欠なものか、制約手段が目的達成のため必要最小限のものであるかを厳格に審査すべきである。精神的自由の制約を立法・行政府の広範な裁量に委ねていては、国民が「個人として尊重される」との憲法原理が危ういものとなる。また、国民の権利自由に関する区別の理由が、憲法14条に掲げる人種、信条、性別、社会的身分、門地等である場合も、「個人として尊重」の憲法原理を危うくするものとして、同様に裁判所において区別の可否を厳格に審査すべきである。

③国民が情報を広め、意見を表明し、集会を開き、政治的団体を結成し、選挙権を行使するという民主政の政

治過程を制約する国家行為についても、立法・行政府に広範な裁量を認めるべきではなく、裁判所が真にやむを得ないものであるかどうかを厳格に審査すべきである。選挙権の投票価値に格差を設けるなど、民主政の政治過程そのものがゆがめられた場合、国民が選挙権を行使して是正を求めることはできないのである。

④特定の宗教的、民族的、人種的少数者の権利自由を制約する国家行為についても、裁判所が真にやむを得ないものであるかどうかを厳格に審査すべきである。少数派に属する人々も、個人として尊重されるべきことに変わりはないが、多数決原理の民主政によって少数派の人々の権利自由の回復を図ることは困難であるからである。

違憲審査は、総合的衡量によることなく、右のような項目等を明確に意識して分節的に行うのでなければ、国民の権利自由が十分に保障されない。

ちなみに、最二小判平成24年12月7日刑集66巻12号1722頁（世田谷事件）は、国公法110条1項19号、102条1項、人事院規則14-7（政治的行為）6項7号（以下、これらの規定を合わせて「本件罰則規定」という）が憲法21条1項、19条等に違反するかどうかについては、「本件罰則規定による政治的行為に対する規制が必要かつ合理的なものとして是認されるかどうかによることになるが、これは、本件罰則規定の目的のために規制が必要とされる程度と、規制される自由の内容及び性質、具体的な規制の態様及び程度等を較量して決せられるべきものである」という。これだけにとどまるとすれば、「総合的衡量による合理性判断の枠組み」によったものともいえるが、最二小判は、本件罰則規定で制約される権利自由の性質について、「国民は、憲法上、表現の自由（21条1項）としての政治活動の自由を保障されており、この精神的自由は立憲民主政の政治過程にとって不可欠の基本的人権であって、民主主義社会を基礎付ける重要な権利であることに鑑みると、上記の目的に基づく法令による公務員に対する政治的行為の禁止は、国民としての政治活動の自由に対する必要やむを得ない限度にその範囲が画されるべきものである」とした上、本件罰則規定の目的について、「公務員の職務の遂行の政治的中立性を保持することによって行政の中立的運営を確保し、これに対する国民の信頼を維持することにあるところ、これは、議会制民主主義に基づく統治機構の仕組みを定める憲法の要請にかなう国民全体の重要な利益というべきであり、公務員の職務の遂行の政治的中立性を損なうおそれが実質的に認められる政治的行為を禁止することは、国民全体の上記利益の保護のためであって、その規制の目的は合理的であり正当なものといえる」とし、手段について、「禁止の対象とされるものは、公務員の職務の遂行の政治的中立性を損なうおそれが実質的に認められる政治的行為に限られ、このようなおそれが認められない政治的行為や本規則が規定する行為類型以外の政治的行為が禁止されるものではないから、その制限は必要やむを得ない限度にとどまり、前記の目的を達成するために必要かつ合理的な範囲のものというべきである」としている。また、最二小判は、国公法102条1項の人事院規則への委任が憲法上禁止される白紙委任に当たらないとしているから、法律の留保についても審査している。

すなわち、最二小判は、右の第1ないし第5に掲げた違憲審査基準と同じような審査をしているのである。右の違憲審査基準は、決して観念論ではなく、実際の裁判例においても用いられているのである。

ただし、最二小判は、刑罰規定の構成要件となる「政治的行為」について、「公務員の職務の遂行の政治的中立性を損なうおそれが、観念的なものにとどまらず、現実的に起こり得るものとして実質的に認められるものを指し」と限定しながら、公訴事実の新聞配布行為が「勤務時間外である休日に、国ないし職場の施設を利用せずに、それ自体は公務員としての地位を利用することなく行われたものであること、公務員により組織される団体の活動としての性格を有しないこと、公務員であることを明らかにすることなく、無言で郵便受けに文書を配布したにとどまるものであって、公務員による行為と認識し得る態様ではなかったことなどの事情を考慮しても」刑罰規定の構成要件である政治的行為に該当するとしており、この構成要件該当性の判断は誤りというべきであろう。しかし、違憲審査基準については、今後も最二小判のような裁判が積み重なって判例となることが期待される。

最高裁の「総合的衡量による合理性判断の枠組み」は、右の第1ないし第5に掲げた違憲審査の項目、手法および基準を無視ないし曖昧なものとするもので、それによる違憲審査がいかに憲法の趣旨から外れたものになるかを、次の３件の裁判例で検証することとする。

Ⅱ　最高裁の憲法裁判例の検証

１　国旗国歌起立斉唱事件

最三小判平成23年6月14日（注３の③）は、公立中学校の校長が教諭に対し卒業式において国旗掲揚の下で国歌斉唱の際に起立して斉唱することを命じた職務命令が憲法19条に違反しない、と判断した。

最三小判が判決の冒頭で掲げる事実関係によると、八王子市立中学校教諭であったXは、卒業式において、国旗掲揚の下で国歌斉唱の際に起立して斉唱すること（以下「起立斉唱行為」という）を命じる旨の校長の職務命令に従わず、国歌斉唱の際に起立しなかったところ、東京都教育委員会から、戒告処分を受け、服務事故再発防止研修を受講させられた。

Xは、起立斉唱行為を拒否する理由について、天皇主権と統帥権が暴威を振るい、侵略戦争と植民地支配によって内外に多大な惨禍をもたらした歴史的事実から、「君が代」や「日の丸」に対し、戦前の軍国主義と天皇主義を象徴するという否定的評価を有しているので、「君が代」や「日の丸」に対する尊崇、敬意の念の表明にほかならない国歌斉唱の際の起立斉唱行為をすることはできないと考えている。

①まず、最三小判は、Xの「上記のような考えは、我が国において『日の丸』や『君が代』が戦前の軍国主義や国家体制等との関係で果たした役割に関わる上告人ら自身の歴史観ないし世界観及びこれに由来する社会生活上

ないし教育上の信念等ということができる」と認める。

②次に、最三小判は、起立斉唱行為は「国旗及び国歌に対する敬意の表明の要素を含む行為であり、そのように外部から認識されるものである」とし、「自らの歴史観ないし世界観との関係で否定的な評価の対象となる『日の丸』や『君が代』に対して敬意を表明することには応じ難いと考える者が、これらに対する敬意の表明の要素を含む行為を求められることは……個人の歴史観ないし世界観に由来する行動（敬意の表明の拒否）と異なる外部的行動（敬意の表明の要素を含む行為）を求められることとなり、それが心理的葛藤を生じさせ、ひいては個人の歴史観ないし世界観に影響を及ぼすものと考えられるのであって、これを求められる限りにおいて、その者の思想及び良心の自由についての間接的な制約となる面があることは否定し難い」とする。

③そして、最三小判は、個人の思想および良心の自由に対する「間接的な制約が許容されるか否かは、職務命令の目的及び内容並びに上記の制限を介して生ずる制約の態様等を総合的に較量して、当該職務命令に上記の制約を許容し得る程度の必要性及び合理性が認められるか否かという観点から判断するのが相当である」とする。

④最後に、最三小判は、職務命令の目的は「生徒等への配慮を含め、教育上の行事にふさわしい秩序の確保とともに当該式典の円滑な進行を図るもの」であり、職務命令の内容は前記のようなものであるとする。また、最三小判は、「制約の態様等」の「等」として、国旗及び国歌に関する法律が国旗は日章旗とし国歌は君が代と定めていること、中学校学習指導要領が「入学式や卒業式などにおいては、その意義を踏まえ、国旗を掲揚するとともに、国歌を斉唱するよう指導するものとする」と定めていること、Xが地公法に基づき法令等および職務上の命令に従わなければならない地方公務員であることを考慮しているものと解される。最三小判は、以上のような職務命令の目的および内容ならびに制約の態様等を総合的に較量すれば、職務命令には、思想および良心の自由についての間接的な制約を許容し得る程度の必要性および合理性が認められるから、憲法19条に違反するとはいえないとする。

しかし、最三小判は、Ⅰの７に掲げた違憲審査基準に照らすと、種々の問題点を見過ごしていることが分かる。

①違憲審査においては、制約される権利自由の憲法上の位置付けを審査する必要がある。Xにおいて起立斉唱行為を拒否することが憲法19条の思想および良心の自由に含まれるのか否か、含まれるとすれば、どの程度の強度で保護されるものなのかを審査しなければならない。最三小判は、この審査を十分に行っていない。

まず、最三小判は、校長の職務命令がXの「思想及び良心の自由についての間接的な制約となる面があることは否定し難い」という。この判示は、憲法19条は起立斉唱行為を拒否する自由も保護していると判断しているのか、憲法19条はXの歴史観ないし世界観のみを保護しており、歴史観ないし世界観に反する起立斉唱行為を拒否する自由までは保護していないものの、起立斉唱行為を命じる職務命令は歴史観ないし世界観に影響を及ぼすと判断しているのか、曖昧である。そして、最三小判は、起立斉唱行為を拒否する自由がどの程度強く保護されるべきものかについても、判断していない。

しかし、思想および良心の自由は、自己の歴史観ないし世界観を表明する自由を含むことが明らかであり、それと表裏の関係にある自己の歴史観ないし世界観に反する行為を行わない自由も含むというべきである。この事件のXとは異なり、自己の宗教上の信念に基づき起立斉唱行為ができない者も存在する。宗教上の信念に反する起立斉唱行為を強制されない自由が憲法20条１項および２項の信教の自由の保護範囲に含まれることは明らかである。そのこととの対比からも、起立斉唱行為を行わない自由が憲法19条の思想および良心の自由の保護範囲に入ると解される。そうすると、校長の職務命令は、思想および良心の自由を直接制約するものというのが相当である。そして、思想および良心の自由は、個人の尊厳と自律の基盤を成すものであり、憲法上最も強く保護される権利自由の一つである。

②違憲審査においては、個人の権利自由を制約する国家行為の目的の正当性を審査し、制約の手段が目的に適

合的で真にやむを得ないものであるかを審査する必要がある。最三小判は、目的・手段の審査手法を採用せずに、目的、制約の態様等を総合的に較量して、職務命令に制約を許容し得る程度の必要性および合理性が認められるかどうかという緩やかな審査をするにとどまっている。これでは、職務命令の正当性について必要な分析を行ったとはいえない。

最三小判は、校長の職務命令の目的は「生徒等への配慮を含め、教育上の行事にふさわしい秩序の確保とともに当該式典の円滑な進行を図るものである」という。この目的を達成するためであれば、「校歌」・「蛍の光」・「仰げば尊し」の斉唱でも足り、国歌の斉唱が必要不可欠とはいえない。また、職務命令が懲戒処分を伴う強制的なものであることを考えると、起立斉唱行為を命じるという手段が前記目的と均衡のとれたものとはいい難く、目的は別のところにあるのではないか、その目的には正当性があるのかということも疑問となってくる。

③ 違憲審査においては、個人の権利自由を制約する国家行為が法律上の根拠に基づいて行われているかを審査する必要がある。

最三小判は、Xの思想および良心の自由を制約する国家行為として、校長の職務命令のみを取り上げて、その必要性および合理性を審査している。教諭が校長の職務命令に従わない場合、都教育委員会は、当該教諭に対し、1回目は戒告、(4) 2回目は1か月減給10分の1、3回目は6か月減給10分の1、4回目は停職1か月の懲戒処分にする方針をとっている。(5) また、違反者については、服務事故再発防止研修の受講を命じ、退職後の非常勤嘱託員の採用選考で不合格としている。Xの思想および良心の自由を制約する国家行為は、校長の職務命令と都教育委員会の懲戒処分等であり、両者は一体をなすものである。この両者に法律上の根拠があるかを審査する必要がある。

地公法は、職員は上司の職務上の命令に忠実に従わなければならない、職員が職務上の義務に違反した場合は懲戒処分を行うことができると規定している。しかし、このことは本件では問題ではない。問題は、懲戒処分等の強制力をもって、起立斉唱行為を命じることに法律上の根拠があるかどうかである。

最三小判は、学校教育法は、中学校教育の目標として国家の現状と伝統についての正しい理解と国際協調の精神の涵養を掲げている（36条1号、18条2号（平成19年改正前））、という。しかし、これが起立斉唱行為を命じることの根拠とならないことは、文理上明らかである。次に、最三小判は、学校教育法の中学の教科に関する事項は文部科学大臣がこれを定めるとの規定、同規定に基づき定められた学校教育法施行規則の中学校の教育課程については文部科学大臣が公示する中学校学習指導要領によるものとするとの規定、同規定に基づき定められている中学校学習指導要領を挙げている。そして、中学校学習指導要領が、「教科」とともに教育課程を構成する「特別活動」の「学校行事」のうち「儀式的行事」の内容について、「学校生活に有意義な変化や折り目を付け、厳粛で清新な気分を味わい、新しい生活の展開への動機付けとなるような活動を行うこと」と定め、「特別活動」の「指導計画の作成と内容の取扱い」において、「入学式や卒業式などにおいては、その意義を踏まえ、国旗を掲揚するとともに、国歌を斉唱するよう指導するものとする」と定めていることを挙げている。しかし、中学校学習指導要領は、「指導するものとする」とするにとどまり、都教育委員会および校長に対し、懲戒処分等の強制力をもって起立斉唱行為を命じることを認めるものではない。また、学校教育法が中学の教科に関する事項は文部科学大臣がこれを定めると規定しているからといって、同大臣に対し懲戒処分等の強制力をもって起立斉唱行為を命じることまで定める権限を与えていると解することはできない。最三小判は、国旗及び国歌に関する法律が国旗は日章旗とし国歌は君が代とすると規定していることを挙げるが、同法には、起立斉唱行為を命じる規定はない。最三小判は、懲戒処分等の強制力をもって起立斉唱行為を命じ、思想および良心の自由を制約することが、法律に基づいて行われていることを説明していないのである。

結局、最三小判は、違憲審査として当然に行うべき①起立斉唱行為を拒否することが憲法19条の思想および良心の自由で保護されているのか、②思想および表現の自由がどの程度の強度で保護されるべきものか、③職務命令および懲戒処分で起立斉唱行為を強制するという手段が職務命令の目的と均衡の取れたものなのか、④起立斉唱行為を強制する職務命令および懲戒処分に法律上の根拠があるのかという審査を行っていない。

２　都議会議員定数是正事件

最一小判平成27年1月15日判時２２５１号28頁は、都議会議員の定数並びに選挙区及び各選挙区における議員の数に関する条例（以下「本件条例」という）の議員定数配分規定は、平成25年６月23日施行の都議会議員選挙（以下「本件選挙」という）当時、憲法14条1項等に違反していたものとはいえないと判断した。

本件条例は、42選挙区に１２７人の定数を配分している。本件選挙当時における最新の国勢調査である平成22年国勢調査の人口に比例して配分すべき定数と比較すると、本件条例で配分している定数は、練馬区、足立区、八王子市、町田市、北多摩第３（調布市・狛江市）で各１人、江戸川区で２人少なく、新宿区、墨田区、品川区、大田区、中野区、杉並区、北区で各１人多い。７増７減が必要な状態であった。この人口に比例しない定数配分による投票価値の不平等等が憲法14条１項等に違反するか否かが争点である。

最一小判は、まず、本件条例の定数配分規定が公選法15条８項の「各選挙区において選挙すべき地方公共団体の議会の議員の数は、人口に比例して、条例で定めなければならない。ただし、特別の事情があるときは、おおむね人口を基準とし、地域間の均衡を考慮して定めることができる」との規定に違反していないと判断した。その理由は、次のとおりである。

①都道府県議会の議員の定数の各選挙区に対する配分に当たり公選法15条８項ただし書を適用して人口比例の原則に修正を加えるかどうか、どの程度の修正を加えるかについては、当該都道府県議会にその決定に係る裁量権

が与えられていると解される。

②公選法15条8項ただし書の趣旨は，各地方公共団体の実情等に応じた当該地域に特有の事情として，都市の中心部における常住人口を大幅に上回る昼間人口の増加に対応すべき行政需要等を考慮して地域間の均衡を図る観点から人口比例の原則に修正を加えることができることとしたものと解される。

③本件条例の最後の改正が行われた平成13年当時と本件選挙当時とで比較すると，選挙区間の人口の最大格差が1対1・97から1対1・92に縮小しており，いわゆる逆転現象も16通りが12通りに減少していることなどを考慮すると，本件選挙当時における投票価値の格差が，都議会において地域間の均衡を図るために通常考慮し得る諸般の要素をしんしゃくしてもなお一般的に合理性を有するものとは考えられない程度に達していたということはできない。

④したがって，本件選挙当時における本件条例の定数配分規定は，公選法15条8項に違反していたものとはいえず，適法というべきである。

最一小判は，次に，憲法判断に移り，公選法15条8項ただし書の立法趣旨，本件条例において同項ただし書を適用して各選挙区に対する定数の配分が定められた趣旨，平成13年条例改正当時および本件選挙当時の特例選挙区以外の選挙区間における議員1人当たりの人口の格差の状況等を総合すれば，本件選挙当時，本件条例による各選挙区に対する定数の配分が都議会の合理的裁量の限界を超えるものとはいえず，本件条例の定数配分規定が憲法14条1項等に違反していたものとはいえないと判断した。

最一小判は，各選挙区に対する議員定数の配分が憲法に違反するかどうかについて，議会の合理的裁量の限界を超えなければ合憲であるという基準を用いているが，Ⅰの7の違憲審査基準で述べたように，民主政の政治過程に対する制約については，裁判所は真にやむを得ないものであるかどうかを厳格に審査すべきである。本件の憲法上の争点は、7選挙区で人口比例による定数よりも多い定数を配分し、6選挙区で人口比例による定数よりも少ない定数を配分して投票価値を差別していることが憲法14条1項等に違反しないかどうかである。ところが、最一小判は、このような定数配分を行うことが真にやむを得ないものであるかどうかについて、全く審査していない。最一小判は、裁判所の役割に関する認識を欠いており、憲法が法律の上位規範として法律を拘束するということに対する意識自体が極めて薄弱である。更に詳述すると、次のとおりである。

①最一小判は、合憲理由の第1に、前記のような「公選法15条8項ただし書の立法趣旨」を掲げるが、その立法趣旨が憲法に適合するものであるか否かを審査すべきであるにもかかわらず、その審査を行っていない。

ちなみに、公選法15条8項(もとは7項)の沿革をたどれば、都議会の議員の各選挙区に対する定数配分は、当初は人口に比例して定められていた。公選法15条8項も、「各選挙区において選挙すべき地方公共団体の議会の議員の数は、人口に比例して、条例で定めなければならない」と規定していた。しかし、戦後の高度成長に伴い東京都に人口集中が顕著になった反面、これらの人口はほとんど周辺地域に居住するため都心部の常住人口は相対的に寡少となり、特別区23区内の定数配分が人口に比例しなくなった。そこで、東京都は、政府に対し、23区内の定数配分は必ずしも人口に比例しなくてもよいようにするための改正を陳情した。その結果、昭和37年に公選法266条2項が新設された。同項は、都議会議員の定数の配分については、まず、特別区の存する区域(23区の全域)を一選挙区とみなして、23区以外の区域の各選挙区および1選挙区とみなされた23区の全域について人口比例により定数を配分し、次に23区の全域に対して配当された定数を23区の各選挙区に配分する(23区内の各選挙区に対する定数配分は必ずしも人口に比例しなくてもよい)という方法によることができることにしたものである。266条2項の新設は、比較的大規模な公選法改正の一部にひっそりと加えられたもので、国会での提案理由説明や質疑討論が全く行われなかったものである。その後も、激しい人口の都市集中化が進み、東京都の中では、都心の常住人口が減少し、23

区以外の区域の人口が増加して、266条2項だけでは対処できなくなって、昭和44年の地方自治法の一部を改正する法律で、東京都の議員定数自体を条例で増加できることとし、その附則で公選法15条8項にただし書を加える改正が行われた。国会では、「都にあっては、その議会の議員の定数について、条例で特別にこれを増加することができるものとし、これとあわせて公職選挙法を改正し、特別の事情があるときは、選挙区ごとの定数について、おおむね人口を基準として、地域間の均衡を考慮して定めることができることとしております[6]」という提案理由説明があったが、質疑応答はほとんど行われていない。要するに、公選法15条8項ただし書は、人口の移動があっても、もとの定数配分の全部または一部を維持することができるようにするための規定である。しかし、住民は選挙権を担って移動するのであり、選挙権のみ元の住所地に残しておくわけではない。国および地方自治体は、選挙区をどのように画定するかについてはある程度の裁量を有するとしても、ある選挙区には人口比例による定数よりも多く配分し、他の選挙区には少なく配分するというような裁量は有していない。公選法15条8項ただし書は憲法違反の規定である。

仮に、公選法15条8項ただし書が、都市の中心部における常住人口を大幅に上回る昼間人口の増加に対応すべき行政需要等を考慮したものであるとしても、選挙権は住所地で行使するものであり、行政需要等にどのように対するかは、選挙された議員全員が議会で決めるべきことで、議員定数配分の中で配慮すべきことではない。現に、都議会は昼間人口の統計を用いて定数配分を行っているわけではない。この点からも、公選法15条8項ただし書は、憲法違反の規定である。

②次に、最一小判は、議員1人当たりの人口の最大格差が縮小し、逆転現象も減少したことを理由に挙げるが、そのことにより、6選挙区と7選挙区の間において殊更に差別を設けることが正当化されるものではない。

結局のところ、最一小判は、公選法15条8項自体が憲法に違反しないかどうかを審査すべきであるにもかかわらず、それをしていないのである。最一小判は、本件条例の議員定数配分規定が公選法15条8項に違反しない以上、合憲であるとしているにすぎない。国民の権利自由の制約が法律に適合するかどうかを審査し、法律に適合していれば合憲であるという手法は、最一小判に限らず、最高裁がしばしば用いるものである。

ちなみに、千葉県議会議員定数配分規定に関する最三小判平成28年10月18日判時２３２７号17頁は、46選挙区のうち9選挙区の定数が人口比例となっていないが(人口比定数より1多いのが5選挙区、2少ないのが1選挙区、1少ないのが3選挙区)、各選挙区間の投票価値の最大格差は1対2・５１にとどまり、人口比例で各選挙区に定数を配分した場合の最大格差の1対2・６０より小さいから、公選法15条8項に違反していたものとはいえず、千葉県議会の合理的裁量の限界を超えるものとはいえないから、憲法14条1項に違反していたものとはいえないと判断している。しかし、これでは、公選法15条8項に違反しなければ、憲法14条1項にも違反しないといっているに等しい。原審の東京高判平成27年12月17日判時２２９６号23頁は、率直に、「本件選挙当時における本件定数配分規定は、公選法15条8項に違反していたものとはいえず、適法というべきである。そうであれば、本件条例の定数配分規定が憲法14条1項に違反するものということもできない」としていたが、最三小判も、結局は同じ趣旨をいっているにすぎない。憲法14条1項を基準に判断すれば、最大格差がどうであれ、殊更に5選挙区で人口比例による定数よりも多く定数を配分し、4選挙区で人口比例による定数より少ない定数を配分するというようなことが許される道理がない。9選挙区間の差別を解消するだけでも、4選挙区の投票価値は相当程度回復されるのである。さらにいえば、人口比例で定数配分を行っても、投票価値の最大格差が1対2・６０になるのであれば、選挙区を定める公選法や条例の規定自体が憲法14条1項に違反しているというべきである。選挙区の設定を含めて投票価値の格差の合憲性を審査すべきであったのである。

３　夫婦同氏制事件

最大判平成27年12月16日民集69巻８号２５８６頁は、「夫婦は、婚姻の際に定めるところに従い、夫又は妻の氏を称する」との民法７５０条は、憲法13条、14条１項、24条１項および２項に違反しないと判断した。

①まず、最大判は、民法７５０条が「氏の変更を強制されない自由」を不当に侵害し憲法13条に違反する旨の主張に対し、「氏は、婚姻及び家族に関する法制度の一部として法律がその具体的な内容を規律しているものであるから」、氏に関する人格権の内容も「憲法の趣旨を踏まえつつ定められる法制度をまって初めて具体的に捉えられるものである。したがって、具体的な法制度を離れて、氏が変更されること自体を捉えて直ちに人格権を侵害し、違憲であるか否かを論ずることは相当ではない」とした上、「民法における氏に関する規定を通覧すると」「氏に、名とは切り離された存在として社会の構成要素である家族の呼称としての意義があることからすれば、氏が、親子関係など一定の身分関係を反映し、婚姻を含めた身分関係の変動に伴って改められることがあり得ることは、その性質上予定されているといえる」として、「以上のような現行の法制度の下における氏の性質等に鑑みると、婚姻の際に『氏の変更を強制されない自由』が憲法上の権利として保障される人格権の一内容であるとはいえない。本件規定は、憲法13条に違反するものではない」と判断した。

②次に、最大判は、民法７５０条が「96％以上の夫婦において夫の氏を選択するという性差別を発生させ、ほとんど女性のみに不利益を負わせる効果を有する規定であるから、憲法14条１項に違反する」との主張に対し、民法７５０条は「夫婦が夫又は妻の氏を称するものとしており、夫婦がいずれの氏を称するかを夫婦となろうとする者の間の協議に委ねているのであって、その文言上性別に基づく法的な差別的取扱いを定めているわけではなく、本件規定の定める夫婦同氏制それ自体に男女間の形式的な不平等が存在するわけではない。我が国において、夫婦となろうとする者の間の個々の協議の結果として夫の氏を選択する夫婦が圧倒的多数を占めることが認められると

しても、それが、本件規定の在り方自体から生じた結果であるということはできない。したがって、本件規定は、憲法14条1項に違反するものではない」と判断した。

③また、最大判は、憲法24条1項は「婚姻は、両性の合意のみに基いて成立し」として、婚姻をするかどうかについては当事者間の自由かつ平等な意思決定に委ねられるべきであるという趣旨を明らかにしているが、民法750条は婚姻をすることについての直接の制約を定めたものではない、とする。

④さらに、最大判は、憲法24条2項について、「婚姻及び家族に関する事項は、関連する法制度においてその具体的内容が定められていくものであることから、当該法制度の制度設計が重要な意味を持つものであるところ、憲法24条2項は、具体的な制度の構築を第一次的には国会の合理的な立法裁量に委ねるとともに、その立法に当たっては、同条1項も前提としつつ、個人の尊厳と両性の本質的平等に立脚すべきであるとする要請、指針を示すことによって、その裁量の限界を画したものといえる」とする。そして、最大判は、家族の呼称を一つに定めることには合理性があること、夫婦同氏制は家族という一つの集団を構成する一員であることを対外的に公示し識別する機能を有していること、家族を構成する個人が同一の氏を称することにより家族の一員であることを実感できること、子がいずれの親とも氏を同じくすることによる利益を享受しやすいこと、夫婦がいずれの氏を称するかは両者の協議による選択に委ねられていること、夫婦同氏制は婚姻前の氏を通称として使用することを禁じていないことを「総合的に考慮すると」、夫婦同氏制が個人の尊厳と両性の本質的平等の要請に照らして合理性を欠く制度であるとは認めることはできない、という。

⑤最大判は、最後に、選択的夫婦別氏制に合理性がないと断ずるものではないものの、その採否は国会で論じられ、判断されるべき事柄である、という。

そこで、Ⅰの7の違憲審査基準の視点から最大判を点検することとする。

①本件において法律により制約されていると主張されている権利自由は、「婚姻の際に氏の変更を強制されない自由」である。そこで、「氏の変更を強制されない自由」の憲法上の位置付けを見極める必要がある。

最大判は、「氏」そのものは、法律で定められたもので、憲法には出てこないから、氏の変更を強制されない自由が憲法で保障されるわけがないといっているに等しい。憲法上は、国民はその呼び名を持たない存在ということになる。しかし、「氏」が憲法で保障する人権に淵源を有するのでないかが問われなければならない。最三小判昭和63年2月16日民集42巻2号27頁は、「氏名は、社会的にみれば、個人を他人から識別し特定する機能を有するものであるが、同時に、その個人からみれば、人が個人として尊重される基礎であり、その個人の人格の象徴であって、人格権の一内容を構成するものというべきである」と述べている。憲法13条の「すべて国民は、個人として尊重される」は個人が自己同一性と個性の表現として呼称を持つことを保障しているといっているのである。問題は、憲法13条の個人の尊重は、呼称の保障にとどまらず、呼称の変更を強制されない自由をも保障しているのか、である。最高裁としては、まずこの問題について判断し、呼称の変更を強制されない自由が肯定されるのであれば、この自由に対するどこまでの制約が正当化されるかを審査すべきであった。

憲法13条は、個人が自己の呼称を持つことを保障し、その呼称の変更を理由なく強制されないことをも保障しているところ、「夫婦は、婚姻の際に定めるところに従い、夫又は妻の氏を称する」という制約は、必要やむを得ないものとはいえないというべきではなかろうか。

最高裁は、しばしば、憲法の規定よりも、法律が設計している具体的制度の方を重視し、法律制度に必要性と合理性があるから合憲であるという手法を採用する。本件も、その誤った手法の典型例といえる。

②次に、最大判は、民法７５０条は夫婦がいずれの氏を称するかを夫婦となろうとする者の間の協議に委ねているから憲法14条1項にも違反しないという。しかし、形式論にとどまることなく、民法７５０条が実質的に民主

主義の理念に適うものであるかを審査すべきであった。

96％以上の夫婦において夫の氏を選択するという結果となっていることは、戦前の家制度の意識が根強く残っていることの現れであろう。憲法が、14条1項で性別による差別を禁止し、24条2項で婚姻および家族に関する事項は個人の尊厳と両性の本質的平等に立脚して制定することを命じているのは、戦前の家制度を禁止することを目的としたものである。民法７５０条は、実質的に妻に改姓を促し、前記の結果をもたらして、家制度の一部を残す働きをしている以上、憲法14条1項および24条2項に違反すると解すべきである。

③最大判は、憲法24条1項違反の問題について、民法７５０条は婚姻をすることについての直接の制約を定めたものではないというが、これも形式論である。婚姻をするには、民法７５０条により、夫または妻のいずれかが必ず改姓しなければならないのであるから、同条が婚姻をすることに対する一つの制約であることは間違いのないところである。そのことを肯定した上で、その制約が正当性を有するか否かを審査すべきであった。

④最大判は、憲法24条2項違反の問題について、同項の「個人の尊厳と両性の本質的平等に立脚して、制定されなければならない」を単なる「要請、指針」としているが、この規定が、婚姻および家族に関する事項は「個人の尊厳と両性の本質的平等」という枠の中において法律で制定すべきことを命じていることは、文面上も明らかである。

また、最大判は、法律が現に定めている夫婦同氏制にもメリットがあること等を「総合的に考量すると」夫婦同氏制が合理性を欠く制度であるとは認められないという。憲法上の保障である個人の尊厳と両性の本質的平等から導かれる自由であるところの「婚姻の際に氏の変更を強制されない自由」を制約することの目的が正当なものであるか、夫婦同氏を強制することが同目的達成のため必要不可欠なものであるかの審査を行っていない。法律で夫婦同氏を義務付けるのは、いまや世界の中で日本だけであり[7]、欧米では何らかの形の選択的夫婦別氏が導入され、中国や韓国などでは結婚しても氏が変わらない。夫婦同氏制は家族制度を営むのに不可欠な存在ではないのである。その夫婦同氏制によって「氏の変更を強制されない自由」を制約することがなぜ必要なのかを説明すべきところ、最大判にはその説明がない。

⑤最後に、最大判は、選択的夫婦別氏制の採否は国会で論じられ、判断されるべき事柄であるという。最大判は、氏が個人の呼称としての意義を有することを認めつつも、社会の構成要素である家族の呼称としての意義を優先させている。つまり、家族を社会の構成要素として捉え、社会の構成要素としての家族の呼称としての氏の意義を重視している。氏が社会の構成要素である家族の呼称である以上、氏の制度設計は社会で決めればよい、すなわち国会の多数決に委ねるべき事柄であるとする。まず国家という社会集団があり、社会集団の構成要素として家族があり、家族の構成要素として個人があるというものである。しかし、憲法13条は、「すべての国民は、個人として尊重される」としている。国民はまず個人として尊重されるのであり、その個人が家族を作り、家族が国家という社会集団を作っていると考えるべきであり、氏についても個人の呼称としての意義を重視すべきである。個々人の呼称としての意義を重視するとき、氏の制度設計は、国会の多数決による採決に委ねておけばよいというものではなく、裁判所が憲法理念の下で審査すべき事柄であるというべきである。

さらに、夫婦の96％以上が夫の氏を選択している日本社会にあって、自己の婚姻前からの氏を保持し続けようとする女性は社会的少数者である。社会的少数者の憲法で保障された権利については、少数者に対する偏見のために民主政の政治過程による保護が働きにくいから、当該権利に対する制約の合憲性は裁判所が厳格に判断すべきである。

結局、最大判は、婚姻および家族制度に関する法律制度の趣旨説明に終始し、違憲審査として当然行うべき①「氏の変更を強制されない自由」が憲法13条によって保障されているか、②民法７５０条の立法目的は何なのか、

③その目的のため夫婦同氏の強制が必要不可欠であるのか、④夫婦同氏の強制が憲法24条2項の保障する「個人の尊厳と両性の本質的平等」に適合するのかの審査を十分に行っているとはいい難い。また、⑤最大判が、選択的夫婦別氏制の採否を国会の判断に全面的に委ねているのは、少数者の権利保障については多数決原理の民主政が有効に機能せず、裁判所が積極的に乗り出すべき役割を担っていることの認識を欠いているといわざるを得ない。

4　違憲審査基準を定立する必要性

以上の3つの最高裁判決を検証しただけでも、「総合的衡量による合理性判断の枠組み」だけでは、違憲立法審査権の適切な行使ができないことが明らかである。やはり、違憲審査基準が判例として形成されていないことが、過去77年間の違憲裁判が28件にとどまっていることの大きな原因であるといわざるを得ない。最高裁としては、違憲審査権の行使に当たり、一般的にいかなる項目・手法・基準で審査するかについて、判例を積み重ね、裁判規範として国民に示すべきである。そして、総合的衡量で判断するのではなく、右の項目・手法・基準に基づき分節的に審査することによって、曖昧な判断、恣意的判断を排除すべきである。

Ⅲ　違憲審査基準論の定着の可能性

1　違憲審査基準論

1960年代以降、芦部信喜教授らが米国連邦最高裁の判例理論に依拠して展開してきた違憲審査基準論は、憲法上の権利自由に関する制約（規制・区別）が許されるかどうかを審査するに当たり、制約される権利自由や区別理由の性質に応じて「合理性の基準」、「厳格な合理性の基準」、「厳格な審査基準」という三段階の基準で審査すべきであるとする。

三段階の基準を大まかに要約すれば、「合理性の基準」は、制約の立法目的が正当なものであり、制約の手段が立法目的を達成するために合理的関連性を有すること、「厳格な合理性の基準」は、立法目的が重要なものであり、手段が立法目的と事実上の実質的関連性を有すること、「厳格な審査基準」は、立法目的が「やむにやまれぬ」必要不可欠なものであり、手段がその目的を達成するための必要最小限のものであること、を要求するものである。

そして、経済的自由に対する制約の合憲性の審査は、「合理性の基準」を用いるべきであるとする。「合理性の基準」は、立法府の裁量を前提とし、立法府が合理的と判断したものは原則として合憲と認め、明らかに立法府の裁量の逸脱・濫用があった場合にのみ違憲とするもので、合憲性推定の原則、明白性の原則と結び付いた基準であり、立法府に対する謙譲および敬意という、権力分立および民主主義の原理からくる考えを基礎としている。裁判所は、その組織・権限・手続からして、現代国家における経済的自由の規制の合理性を判断する能力を欠いており、議会の判断を尊重すべきであるとするものである。

一方、表現の自由を中心とした精神的自由、移動の自由、選挙権などの基本的権利に対する制約、人種、信条による差別の合憲性の審査は、「厳格な審査基準」を用いるべきであるとする。精神的自由等は民主政の政治過程を正常に機能させるために不可欠なものであり、人種等による差別は民主主義の理念に照らして不合理な事由によるものであるから、これらの制約(差別)については合憲性の推定が働かず、制約の目的および手段が前記の基準に適合することを国側において積極的に論証しなければならないとするものである。

前記２種の人権の中間に位置する生存権、労働基本権、プライバシー権の制約、経済的自由の消極目的による制約、性別・社会的身分による差別などの合憲性の審査は、「厳格な合理性の基準」を用いるべきであるとする。「厳格な合理性の基準」は、手段は目的の達成に実質的に関連していることが必要で、実際には目的との密接な適合性を事実に即して国側が挙証しなければならないとするものである。

2　違憲審査基準論と裁判実務との距離

前記Iの7で述べた違憲審査基準は、もとより、違憲審査基準論を下敷きとし、後に述べるドイツの三段階審査論を参考としたものである。そのことに触れなかったのは、Iの7で述べた程度のことは外国の判例理論を持ち出すまでもなく、日本の憲法の解釈から当然に導かれることを強調したかったためである。

最高裁の調査官は、憲法訴訟担当となれば、ほとんどの場合に、違憲審査基準論を参照している。私も、最大判（サラリーマン税金訴訟）の担当調査官となったとき、違憲審査基準論を参照し、「合理性の基準」で判決案を書き、そのことを最高裁判例解説で紹介した。ただし、これは「合理性の基準」で合憲の判断をした例であるから、あまり重要な意味を持たない。13件の法令違憲裁判の担当調査官の例を見ると、少なくとも9人が違憲審査基準論を参照していることを最高裁判例解説で触れている。そして、13件のうち8件で、違憲審査基準論の目的・手段の審査手法を採用している。

このように、裁判の実務において、違憲審査基準論が意識はされているものの、「合理性の基準」はともかくとして、「厳格な合理性の基準」や「厳格な審査基準」が用いられることはまれである。その理由として裁判所側から出てくる声としては、多様な権利自由をあらかじめ三段階に分類することは困難である、当該権利自由を三段階のいずれに分類するかによってほとんど結論が決まってしまい、具体的事案の性質に応じた法的分析が遮断されてしまう、事件の事実関係は1件1件異なるから、あらかじめ基準を設定して機械的に当てはめるということは困難であり、具体的妥当性を持った結論を導くことにはならない、将来どのような事件が提起されるか分からないのに、違憲審査基準論を判例化すれば、個々の事案に応じた柔軟な対応をすることの妨げとなる等であろう(8)。しかし、裁判所が違憲審査基準論から距離を置こうとする真の理由は、別のところにあると考えられる。

我が国では、議会が内閣総理大臣を選び、内閣が最高裁裁判官を選び、裁判所の予算案を査定している。最高裁裁判官の出身母体はほぼ固定しており、弁護士枠と学者枠の５人を除けばいわゆる官僚枠である。

弁護士・学者出身者も、憲法訴訟を経験している人から選ばれることは少ない。最高裁長官は、内閣総理大臣、衆参議院議長と各種の国家行事で三権の長として行動を共にする。最高裁内部では長官が人事権を持ち、長官の内部昇進が定着している現状では、最高裁裁判官の同質性が生じる。裁判官を支える調査官も、キャリアシステムの中に置かれており、下級裁判所の判事から任命され、首席調査官を長とする調査官室に所属している。

このような体制の下にあって、裁判所全体としては、自らも統治機構の一部であるという意識が強くなる。そして、立法・行政府との軋轢は可能な限り避けるのが賢明であるという思考が働き、立法・行政府の裁量をできるだけ尊重し、公権力による規制が著しく不合理であることが明白な場合でない限り、違憲の判断を避けるべきであるという傾向になる。その上、裁判官も調査官も、民事・刑事の通常事件の処理に追われ、憲法問題を掘り下げて研究する機会にも乏しい[9]。したがって、憲法の民主主義体制の下で司法が担うべき役割についての認識が育ちにくいのである。

「総合的衡量による合理性判断の枠組み」は、通常の民刑事件における法律の解釈適用手法の延長線上のもので、裁判官になじみやすいものである上に、何よりも、裁判所にとり、事案にかかわらず立法・行政府の裁量に委ねる余地を常に残しておくことのできる誠に都合のよいものである。最高裁が「総合的衡量による合理性判断の枠組み」を判例としている理由は、ここにあると考えられる。

裁判所が「総合的衡量による合理性判断の枠組み」によっていては、憲法によって課された司法の役割を果たすことができない。

最高裁は、衆参両院議員の定数是正訴訟において、定数配分または選挙区割りにつき国会に大幅な裁量を認めつつも、最大判平成27年11月25日民集69巻7号2035頁まで5回続けて違憲状態判決を出していた。[10] しかし、最大判平成29年9月27日民集71巻7号1139頁、最大判平成30年12月19日民集72巻6号1240頁に至り、投票価値の格差が憲法の選挙権の平等の要求に反する程度に至っていたか否かは、当該選挙当時における客観的格差で判断すべきであるにもかかわらず（最大判昭和51年4月14日民集30巻3号223頁）、将来における格差是正に向けた姿勢が国会に見られるかどうかということまで考慮に入れて、最大格差が約2倍（衆議院）または約3倍（参議院）の選挙を合憲と判断した。これは、従来の合憲・違憲状態・違憲・無効の4段階の判断枠組みをも曖昧にし、国会の裁量幅をさらに拡大するものである。これで、国会は、憲法の要請する1人1票に向けた動きを停止させるであろう。最大判平成30年12月19日が評価するアダムズ方式も、最大判平成23年3月23日民集65巻2号755頁で憲法の投票価値の平等の要求に反すると判断された一人別枠方式の焼直しにすぎない。最初に1を配分するか、後で1未満の端数を1に切り上げるかの違いにすぎない。

Ⅱの2で紹介した最一小判（都議会議員定数是正事件）は、7増7減を要する議員定数配分規定を都議会の裁量の範囲内のものとして合憲とした。平成27年国勢調査による人口を基準とすると、6増6減の是正が必要であるところ、都議会は2増2減の改正をするにとどまった。[11]

最大決（婚外子相続分差別規定）（注1の⑨）は、「総合的衡量による合理性判断の枠組み」を用いつつも、民法の婚外子相続分差別規定を違憲とした。国会内では従来から同規定の削除に対する根強い反対論があったにもかかわらず、最大決が反対論を押さえる形となり、同規定を削除する民法の一部を改正する法律が成立した。しかし、少数者たる婚外子の人権保障は不安定なままである。Ⅰの6で触れた最一小判（戸籍法婚外子規定）は、戸籍法49条2項1号の規定のうち出生届書に「嫡出子又は嫡出でない子の別」を記載すべきものと定める部分が憲法14条1項に違反しないとした。「戸籍事務処理の便宜には資する」(12)としても、「必要」とはいえない前記記載の要求を合憲としたのである。衆参両院において、右の民法の一部を改正する法律案に併せて戸籍法の前記規定を削除する法律案の議員提案がされたが、こちらの方は両院のいずれにおいても否決された。参議院では法務委員会で可決されたにもかかわらず、本会議で1票の差で否決され、1議席の重さを示すことになった。(13)

当面取り組むべきは、民主政のシステムの中で司法の担うべき役割について、裁判官の認識を深めることである。そして、経済的自由を制約する立法については、立法府の裁量権を尊重し、合憲性を推定することでよいとしても、民主政システムの機能に欠かせない表現の自由を中心とした精神的自由を制約する立法、選挙権等の参政権を制約する立法、社会的少数者の権利自由を制約する立法については、合憲性の推定を排除し、立法府側に合憲性についての論証責任を課するという二重の基準を浸透させることであると考える。

Ⅳ　三段階審査論の可能性

1　三段階審査論の要点

近年、我が国において、ドイツの公法学で育てられ憲法裁判で実践されている違憲審査手法をモデルとした三段階審査論が提唱され、勢いを増してきているようである。(14) それとともに、三段階審査論と違憲審査基準論との比較論も盛んになっている。(15) 三段階審査論の要点は、次のように説明されている。(16)

特定の国家行為による法益侵害的結果が存在する場合、第1に、当事者の主張する利益が憲法のどの基本権に関わり、その基本権は本当に当事者の主張利益を保護しているのか(国家行為によって影響を受ける個人の行為・自由・状態が基本権の保護範囲に入るのか)を審査する。何らかの基本権の保護範囲に該当することが明らかになれば、第2に、その国家行為が当該基本権を「制限」といい得るほど強く制約しているかどうかを審査する。基本権の制約が確認された場合、第3に、その制約が憲法上正当化できるかどうかの審査を行う。正当化の審査は、形式・実質の両面から行う。形式的正当化とは、基本権の制約が憲法の要求する形式を備えているかどうかの審査で、その典型は基本権の制約が法律の根拠を有するかどうか、すなわち法律の留保原則に適合しているかどうか、規範の明確性の要件を満たしているかどうかの審査である。実質的正当化とは、基本権の制約が憲法の要求を満たしているかどうかの論証であり、その典型は、当該制約が正当な目的を達成するのに適合的かつ必要不可欠で、しかも目的に比して均衡の取れた手段になっているかの審査、すなわち比例原則に適っているかどうかを審査するものである。比例原則とは、正当な規制目的があることを前提に、その目的を達成するための規制手段が、規制目的を達成するための手段として役立つことを要求する（適合性）、規制手段が規制目的を達成するのに本当に必要であることを要求する（必要性）、かつ規制により失われる利益に比して得られる利益が大きいことを要求する（狭義の比例性）もので、当該規制を許容する実質的正当化の論証である。

2　我が国の実務での受容可能性

三段階審査論は、我が国の法律実務家でも、法科大学院を卒業した若手は別として、それ以前の世代には、いまだなじみのないものである。しかし、三段階審査論は、民事裁判で要件事実・立証責任、刑事裁判で構成要件・違法性阻却・責任阻却の考察過程で段階的審査を行い、実体判断で比較衡量（比例原則と重なる部分がある）を行っている我が国の法律実務家にとって、親しみやすさを持っている。また、三段階審査論は、違憲審査基準論とは異なり、民主政の下での司法の役割論、基本的人権の三分化といった理念を持ち込んでいない点でも、ドイツと同じく制定法の解釈適用を職務としている日本の法律実務家にとって、抵抗感を持たせないものである。そして、何よりも、三段階審査論は、裁判実務の積み重ねから導き出されたものらしく、審査の対象として挙げる項目のどれを取っても、日本の憲法裁判では外してよいと思われるようなものが見当たらないのである。したがって、我が国においても、三段階審査論を取り入れていくべきであろう。また、三段階審査論を厳密に適用すれば、我が国の違憲審査は満足すべき水準に達することができると考えられる。

三段階審査論は、違憲審査の第1段階で、国民の主張する利益が憲法で定める基本的人権の保護する範囲に入るものであるかどうかを審査する。一方、我が国の最高裁は、憲法について掘り下げた解釈を行わないまま、国民の権利自由を制約している法律制度・国家行為の必要性および合理性の審査に重点を置く傾向がある。憲法の規定は、抽象的な原則の形で書かれているものが多いためか、それは単なる理念であって、そこから国民の具体的権利自由を導くことはできない、法律で規定されることによって、国民は初めて具体的権利自由を取得する、と考える傾向が強い。中でも、立法事務に従事した裁判官にこの傾向が強い。我が国が、英米のような判例を法とする判例法の国とは異なり、法はあくまでも議会の制定した条文であり、判例はそれに対する1つの解釈にすぎないとする制定法の国であることの影響もあると思われる。明治憲法が日本臣民は法律の範囲内において言論等の自由を有するとしていたことの影響を無意識のうちに引きずっているのかもしれない。当事者が憲法違反の主張をしても、「所論は、違憲をいうが、その実質は単なる法令違反を主張するものにすぎない」と一蹴する裁判例は、枚挙にいとまがない。弁護士の間では、憲法を持ち出したら終わり、ということがほぼ定説になっている。憲法を持ち出すということは、主張を根拠付ける法律の規定がないことの証左であろうと見られるのである。

三段階審査論で最も注目すべきことは、違憲審査の第1段階で、当事者の主張する権利自由が憲法で保障する人権の保護範囲に含まれるかどうかを審査することである。これは、裁判所の目を、まず、憲法が保障する人権の内容・範囲に向けさせるものである。

そして、三段階審査論は、審査の項目・段階を明確にして段階的に違憲審査を行うもので、違憲審査を客観化し、その精度を高めている。

我が国が三段階審査論に学ぶべきことは多いと考えられる。

3　違憲審査基準論による補強の必要性

ただし、三段階審査論を採用するとしても、違憲審査基準論の必要性・有用性がなくなるものではない。違憲審査基準論は、憲法が課している司法の役割論を基礎として、精神的自由に対する制約、少数者の人権に対する制約、民主政の政治過程に対する制約については、原則として、立法目的が必要不可欠なものであるかどうか、立法目的達成手段が是非とも必要な最小限度のものであるかどうか、を検討すべきであるとしている。

三段階審査論は、最終段階の実質的正当化の審査において、制約により得られる利益と失われる利益とが均衡しているかを判定するが、判定の基準は設定していないようである。これに対し、違憲審査基準論は、制約により得られる利益と失われる利益を比較衡量するための基準を設定している(17)。実質的正当化の審査の中に、違憲審査基準論の審査基準を盛り込むべきであると考える。

また、三段階審査論は制約目的が正当であることをある程度前提としているのに対し、違憲審査基準論は制約目的の正当性についても制約される権利自由の性質に応じて厳しさの異なる基準で審査を行う。制約目的、すなわち立法目的の審査には、やはり違憲審査基準論を応用する必要がある。

そして、三段階審査論は、自由権の制約に対する審査の手法であり、平等権、参政権等の分野はカバーしないようであるから、これらの分野では、依然として違憲審査基準論を活用する必要がある。

裁判官に統治機関の一部であるとの意識が強く、裁判官が立法・行政府の裁量の尊重に傾きがちな我が国では、裁判官の恣意を制限し、個人の権利自由を保障するため、違憲審査基準論の基礎をなす司法の役割について、裁判官への啓蒙を続けていくことが重要であることに変わりはない。

Ｖ　条約適合性の審査

１　条約の法律に対する優位性

条約は、国会の承認を経て締結され、天皇によって公布されるものであり（憲法73条3号、7条1号）、憲法98条2項において「日本国が締結した条約及び確立された国際法規は、これを誠実に遵守することを必要とする」と規定されていることからして、条約は、公布によって直ちに国内法的効力を有することが明らかである。そして、このような条約の憲法上の位置付けとともに、条約が国家間の合意であることを考えると、国内法的効力において、条約は法律に優位するものであることが明らかである。

条約の中でも、国内で実施するためには別に立法を必要とするようなものではなく、内容的にそのままの形で国内法として実施することができる自動執行力があるものは、裁判規範となる(18)。法律や国家行為が自動執行力を有する条約の規定に違反する場合、当該法律等の効力が否定されることになる。

したがって、国民の権利自由に対する制約が憲法および条約に違反すると主張されている事件においては、裁判所としては、当該制約の憲法適合性とともに、条約適合性を判断する必要がある。たとえ、憲法に適合しても、条約に適合しなければ、当該制約の法的効力が否定されるからである。

2　条約適合性の審査の現状

最高裁の判例で条約の規定から直接に個人の権利自由を導いたものはない。

ただし、最大判平成元年3月8日民集43巻2号89頁（法廷内メモ採取事件）は、情報等に接しこれを摂取する自由は、憲法21条1項の趣旨、目的から、いわばその派生原理として当然に導かれるところであるとして、市民的及び政治的権利に関する国際規約（以下「自由権規約」という）19条2項の規定も、同様の趣旨にほかならない、と述べている。また、最大判（婚外子国籍取得制限規定）（注1の⑧）は、国際的な社会的環境等の変化の一つとして、「諸外国においては、非嫡出子に対する法的な差別的取扱いを解消する方向にあることがうかがわれ、我が国が批准した市民的及び政治的権利に関する国際規約及び児童の権利に関する条約にも、児童が出生によっていかなる差別も受けないとする趣旨の規定が存する」と述べている。さらに、最大決（婚外子相続分差別規定）（注1の⑨）は、民法９００条４号ただし書前段の立法に影響を与えた諸外国の状況も大きく変化してきているとして、「我が国は、昭和54年に『市民的及び政治的権利に関する国際規約』（昭和54年条約第7号）を、平成6年に『児童の権利に関する条約』（平成6年条約第2号）をそれぞれ批准した。これらの条約には、児童が出生によっていかなる差別も受けない旨の規定が設けられている」と述べている。ただし、これらは、条約の規定から直接に個人の権利自由を導き出してはいない。

一方、最大判（法廷内メモ採取事件）が、法廷警察権による傍聴人のメモを取る行為の制限は自由権規約19条3項に違反しないと判断しているように、最高裁の判例で、当事者の主張する権利自由が条約の規定でも認めることができないと判断したものはいくつかある。[19] したがって、最高裁も自動執行力を有する条約の規定が裁判規範となること自体は認めているということができる。

しかし、最高裁は、上告人が上告理由として条約違反の主張をしても、ほとんどの場合、当該主張に対して直接答えることなく、「単なる法令違反をいうものであって、民訴法３１２条１項及び２項に規定する事由のいずれにも該当しない」としている。権利自由を制約する法律等が条約の規定に違反すれば、条約の優位性により、当該法律等による制約は効力を有しないことになるのであるから、条約の違反も民訴法312条1項の「憲法の違反」に準じるものとして上告の理由に含めるべきである。そのような解釈が進展しないのであれば、民訴法312条、刑訴法405条を改正して条約違反を上告理由として明記すべきである。

3　条約適合性の審査の必要性

最高裁は、条約が規定する個人の権利自由は憲法が規定する個人の権利自由の中に含まれているから、当該権利自由の制約が憲法に違反しないと判断すれば、重ねて条約違反の主張まで判断する必要がないと考えているようである。

それでは、条約違反の主張に答える必要がないのかどうかを、Ⅱで取り上げた3つの事件で検証してみたい。

①国旗国歌起立斉唱事件のうち最三小判の事件（注3の③）の上告理由においては、起立斉唱行為の職務命令が自由権規約18条1項および2項に違反するとの主張がなされていた。同条の1項は、「すべての者は、思想、良心及び宗教の自由についての権利を有する。この権利には、自ら選択する宗教又は信念を受け入れ又は有する自由並びに、単独で又は他の者と共同して及び公に又は私的に、礼拝、儀式、行事及び教導によってその宗教又は信念を表明する自由を含む」と規定し、2項は、「何人も、自ら選択する宗教又は信念を受け入れ又は有する自由を侵害するおそれのある強制を受けない」と規定している。この1項は、公の行事において信念を表明する自由を保障している。信念を表明する自由は、信念に反する表明行為を行わない自由を含むと解される。2項は、信念を有する自由を侵害するおそれのある強制を受けないと明記している。自由権規約18条1項および2項が規定するところは、憲法19条の「思想及び良心の自由は、これを侵してはならない」との規定に含まれるともいえるが、自由権規約の

規定の方が詳細、具体的かつ明確である。最一小判が自由権規約18条１項および２項に正面から向き合っておれば、校長の職務命令が教諭の思想および良心の自由についての「間接的な制約となる面があることは否定し難い」というような曖昧な認定解釈はできなかったと考えられる。なお、最高裁判例集の各判例の前には、参照条文が掲げられるが、最一小判の参照条文には自由権規約18条１項および２項が掲げられていない。ここにも、最高裁の条約軽視の姿勢が現れている。最高裁は、条約を裁判規範として明確に認識する必要がある。

②都議会議員定数是正事件の最一小判の上告理由においては、都議会議員定数配分規定が自由権規約25条に違反するとの主張がなされていた。自由権規約25条は、「すべて市民は、第２条に規定するいかなる差別もなく、かつ、不合理な制限なしに、次のことを行う権利及び機会を有する」として、「普通かつ平等の選挙権に基づき秘密投票により行われ、選挙人の意思の自由な表明を保障する真正な定期的選挙において、投票し及び選挙されること」を保障している。投票価値の平等な選挙権で投票する権利などは、自由権規約25条を持ち出すまでもなく、民主政における選挙権の性格から当然に導かれるものであるが、最一小判は、13の選挙区において人口に比例しないで定数を配分している不平等を是認してしまっている。最一小判が自由権規約25条の「平等の選挙権に基づき投票する権利」という単純明快な文言に向き合っていれば、７選挙区で人口比例による定数より１多く配分し、６選挙区で人口比例による定数より１ないし２少なく配分する不平等を黙認することはできなかった可能性がある。最一小判は、自由権規約25条違反の主張も「単なる法令違反をいうもの」というが、条約が公選法や定数配分条例よりも上位の法的効力を有することを無視しているといわざるを得ない。

③夫婦同氏制事件の最大判の上告理由においては、民法７５０条は女性差別撤廃条約16条１項(b)および(g)に違反し、これを否定した原判決は憲法98条２項に違反するとの主張がなされていた。女性差別撤廃条約16条１項は、「締約国は、婚姻及び家族関係に係るすべての事項について女子に対する差別を撤廃するためのすべての適当な措

置をとるものとし、特に、男女の平等を基礎として次のことを確保する」とし、(b)で「自由に配偶者を選択し及び自由かつ完全な合意のみにより婚姻をする同一の権利」、(g)で「夫及び妻の同一の個人的権利（姓及び職業を選択する権利を含む）」と規定している。民法７５０条が女性差別撤廃条約16条１項に違反するとすれば、その効力が否定されるのであるから、最大判としては違反の有無を審査すべきであるにもかかわらず、何の審査もしていない。女性差別撤廃条約16条１項が自動執行力を有しないと解釈したのであれば、その説明をすべきであった。また、我が国は、女性差別撤廃条約２条(f)の「女性に対する差別となる既存の法律……を修正し又は廃止するためのすべての適当な措置（立法を含む。）をとること」との規定により、同条約16条１項(b)(g)に違反する民法７５０条を改廃する義務を負っているのであるから、最大判としては、そのことを前提として、民法７５０条の合憲性の審査をすべきであったが、それもしていない。最大判は、ただ、「論旨は、憲法98条２項違反及び理由の不備をいうが、その実質は単なる法令違反をいうものであって、民訴法３１２条１項及び２項に規定する事由のいずれにも該当しない」と述べるにとどまっている。

最後に、個人通報制度の導入について一言触れておきたい。

最高裁は、最終判断機関であり、その判断を審査すべき国民審査制度も実質的には機能していないから、緊張を強いられることがない。我が国も自由権規約第一選択議定書等を批准し、権利を侵害されたと考える個人が国連の人権条約機関へ通報できる途を設けるべきである。個人通報制度は、当該個人の救済のほかに、間接的ながら、最高裁の違憲審査のレベルを高め、その人権判断を国際水準に近づけることになると考えられる。

Ⅵ　まとめ

最高裁は、その任命制度から憲法訴訟に関する知識経験を持った人物が構成員となることが少なく、在任期間も短くて、人的体制の面において立法行政の裁量を尊重する傾向になりがちである上、圧倒的多数の通常事件を処理する中で時たま憲法訴訟を扱うという事件処理体制の面からも、憲法が違憲審査権により司法に担わせている役割に関する認識が育ちにくい状況にある。「総合的衡量による合理性判断の枠組み」は、そのような状況の中で生み出されてきたもので、最高裁にはなじみやすく、重宝がられるものである。しかし、この枠組みの下では、国民の権利自由を制約する国家行為の合憲・違憲の判断が裁判官の主観にゆだねられることになる。その結果が、77年間で28件という違憲裁判の少なさとなって現れている。アメリカ系の違憲審査基準論およびドイツ系の三段階審査論にヒントを得ながら、我が国憲法の解釈として違憲審査の項目・手法・基準を導いて、分節的な審査を行うことにより、違憲審査に客観性を持たせ、国民の権利自由の不当な制約を防ぐ必要がある。

初出：石川健治ほか編『憲法訴訟の十字路』（弘文堂、２０１９年）３３５頁改訂

第5章　「人」に頼るより「制度」の改革

はじめに

司法制度の健全な運営のためには、担い手に人を得ることが肝要であるが、人に頼るには限界がある。やはり、制度自体を常に見直していく必要がある。私は、臨時司法制度調査会意見書が出された１９６４年の前年に判事補に任官した。同意見書は、訴訟遅延の現象が著しいにもかかわらず、必要最小限度の裁判官の数の確保も困難な中にあって、裁判官・検察官の給与につき、基本的に一般の国家公務員の給与制度に準じた体系を維持しつつも、初任給を増額する等の手直しをするということに重点を置いたもので、司法制度自体にさほどの変革はもたらしていない。１９９９年に内閣の下に設置された司法制度改革審議会の成果については、いろいろな評価があろうが、それほど大きな変革を経験してこなかった者の目からすれば、同審議会は全省庁の合意の下で司法制度に相当な改革をもたらしたと考える。しかし、我が国の司法制度にはまだまだ問題が多い。ここに早急に取り組むべき課題を取り上げ、一日も早い改革の実現を期待したい。

Ⅰ　訴訟法を改正し条約違反を上告理由に加える

１　条約違反を上告理由としない最高裁

我が国は、国連総会で採択された国際人権条約（人権条約）のうち「市民的及び政治的権利に関する国際規約（自由権規約）」など主要なものの締約国となっており、これらは我が国において効力を有しているが、ほぼ神棚に飾られた状態にある。最高裁は、上告人が人権条約違反を主張しても、上告は憲法違反を理由とするときに限り許され、条約違反の主張は単なる法令違反をいうものにすぎないから、上告理由とはならないとして退け、実体判断をしない。

２　条約違反を上告理由とする訴訟法の改正

学説としては、条約は憲法に近似した効力を有するから、条約違反の主張を上告理由として認めるべきである（伊藤正己「国際人権法と裁判所」国際人権1号7頁）、あるいは、「条約による人権保障が憲法の想定しない領域に及ぶ、あるいは憲法による保障を上回ると解される場合、国内法は憲法の人権条項に違反するとはいえないが、なお条約に違反するという事態がありうる。」「より重要なことは、この事態は憲法98条2項を介して憲法上許されない事態なのだということを認識することであろう。」（傍点原文）「このことは、最高裁判所への上告理由が原則として憲法違反と判例違背に限定されている制度枠組の中にあって、人権条約違反を最高裁判所に上告する道を開くことに通じよう。」（佐藤幸治『日本国憲法論（第２版）』（成文堂、２０２０年）１３８頁）との解釈が展開されているが、最高裁は採用しない。民訴法３１２条１項及び刑訴法４０５条を改正して、「条約の違反があること」を上告理由として加えるべきである。最高裁が「条約の違反」を上告の理由としないため、我が国で効力を有する人権条約が、実際には適用されず、あるいは誤って解釈されたままとなっている。

３　女性差別撤廃条約違反の主張に向き合わない最高裁

例えば、女性差別撤廃条約16条1項は、「締約国は、婚姻及び家族関係に係るすべての事項について女子に対する差別を撤廃するためのすべての適当な措置をとるものとし、特に、男女の平等を基礎として次のことを確保する。」とし、(g)で「夫及び妻の同一の個人的権利（姓及び職業を選択する権利を含む。）」と規定している。国連の女性差別撤廃委員会は、１９９４年の一般的勧告21において、「各パートナーは、コミュニティにおける個性及びアイデンティティを保持し、社会の他の構成員から自己を区別するために、自己の姓を選択する権利を有するべきである。法もしくは慣習により、婚姻もしくはその解消に際して自己の姓の変更を強制される場合には、女性はこれらの権利を否定されている。」と述べ、２００９年8月4日の見解（Views）において、「女性差別撤廃条約16条1項(g)は、結婚（事実婚を含む）した女性に対し、そのアイデンティティの一部である結婚前の姓を保持し、子どもにその姓を承継させることを可能とするためのものである。」と判断し、２０１６年3月7日の「日本の第7回及び第8回合同定期報告に関する最終見解」において、「女性が婚姻前の姓を保持できるよう夫婦の氏の選択に関する法規定を改正すること」と述べている。

しかし、最大判平成27年12月16日民集69巻8号２５８６頁の上告人の「夫婦同氏制を定める民法７５０条は女性差別撤廃条約16条1項(g)等に違反する」との主張に対し、最高裁は、「論旨は、憲法98条2項違反及び理由の不備をいうが、その実質は単なる法令違反をいうものであって、民訴法３１２条1項及び2項に規定する事由のいずれにも該当しない。」と述べてこれを退けた。最大決令和3年6月23日判時２５０１号3頁においても、特別抗告人が同様の条約違反を主張したが、最高裁は、「その余の論旨は、違憲をいうが、その実質は単なる法令違反を主張するもの又はその前提を欠くものであって、特別抗告の事由に該当しない。」と判断した。最高裁は、条約違反の主張に対し実体的な判断を示さないのである。そして、最高裁は、前記の女性差別撤廃委員会の一般的勧告・見解・最終見解に関心を示さない。

４　退去強制関係の訴訟で人権条約の適用を拒否する下級裁

最高裁のこのような姿勢は、下級裁にも影響を及ぼし、人権条約によって個人の権利を救済するのはごくまれである。特に、退去強制処分取消訴訟の分野では、外国人は人権条約の保護を受けないという全く誤った判断を現在も維持し続けている（拙稿「マクリーン判決の間違い箇所」判時２４３４号１３３頁）。

例えば、東京裁判平成20年1月17日ＬＥＸ／ＤＢは、「国際慣習法上、国家は外国人を受け入れる義務を負わず、特別の条約がない限り、外国人を自国内に受け入れるかどうか、また、これを受け入れる場合にいかなる条件を付するかは、国家がその立法政策に基づき自由に決定することができる。」とし、子どもの権利条約、自由権規約、社会権規約は、この国際慣習法の原則を前提としており、「これらの条約の規定が、退去強制事由のある外国人を国籍国等に送還することについての法務大臣等の裁量権を制限するものということはできない。」と判示している。この判断は、東京高裁でも維持され、最高裁への上告は上告の理由とならないとして却下されている。

しかし、自由権規約委員会は、１９８６年４月11日の一般的意見15で、前記の国際慣習法を認めたうえで、「しかしながら、例えば、差別の禁止、非人道的取扱いの禁止、家族生活の尊重について考慮すべき場合など一定の状況の下においては、外国人は入国又は居住に関しても自由権規約による保護を受けることができる。」（傍点筆者）と表明し、個人通報に対する見解でも同様の判断を示し続けている。欧州人権裁判所も、欧州人権条約による外国人の保護に関し、全く同じ判断を示している。最高裁は、条約違反の主張を上告理由として認め、前記のような下級裁の誤った判断を是正すべきである。

５ 憲法・人権条約を巡る国際的裁判官対話に消極な最高裁

最高裁は、人権条約の適用に向き合おうとしないから、憲法や人権条約の解釈適用を巡る世界の裁判官らとの対話にも消極である。

欧州評議会の諮問機関である「法を通じた民主主義のための欧州委員会（ヴェニス委員会）」は、法の支配・人権・民主主義の価値の普及を目指して、世界の裁判官の対話を促すため、「憲法裁判世界会議」を開催している。その第３回大会が２０１４年９月に韓国で開催され、約１００か国から憲法裁判所裁判官等が集まった。第３回大会のホスト役を務めた韓国憲法裁判所は、日本の最高裁にも参加を呼び掛けたが、最高裁からは誰も参加しなかった。私が２０１５年に一弁護士として韓国憲法裁判所を訪問した際、担当者は日本の最高裁からの参加がなかったことを残念がっていた。最高裁は、憲法裁判、人権判断で、いつまでも孤立しているべきではないと考える。

６ 訴訟法改正の必要性

明るい兆しはある。最大決令和3年6月23日においては、３人の裁判官が女性差別撤廃条約16条1項(g)の解釈適用について積極的な意見を述べた。しかも、その意見は、これまで最高裁において人権条約に関し展開された意見の中で最も詳細で、目を見張るものである。それでは、人権条約の適用について積極的な意見を表明する裁判官が今後も増えて過半数の８人に達するまでになるであろうか。それは不確かなことで、いつまでも待っていることはできない。人に頼るより制度の改正が必要である。

Ⅱ　被疑者取調べ中の弁護人立会権を法律で明記する

１　憲法が保障する弁護人立会権

憲法31条の法による適正な手続の保障及び憲法38条１項の黙秘権の保障の一環として憲法34条前段の弁護人依頼権を捉えるとき、この弁護人依頼権には被疑者取調べ中の弁護人立会権が含まれると解すべきである（拙稿「憲法及び自由権規約上の弁護人依頼権」判時２３９８号13頁）。

２　弁護人立会権を保障する国際的潮流

自由権規約委員会は、自由権規約14条３項の「弁護人と連絡すること」、「弁護人を通じて防御すること」の保障の中には、被疑者取調べ中の弁護人立会権が含まれるという見解を出している。自由権規約委員会は、我が国に対する２０１４年７月24日の総括所見で、「全ての被疑者が、逮捕時から弁護人を依頼する権利が保障されること、及び弁護人が取調べ中に立ち会うこと。」を確保するための措置を執るべきであると述べている。

欧州人権裁判所は、欧州人権条約６条１項で規定する公正な裁判の保障の一要素として同条３項(c)の「自ら又は自己が選任する弁護人を通じて防御すること。」との規定を捉え、これらの規定から、被疑者取調べ中の弁護人立会権を導いている。ＥＵの２０１３年指令48号は、欧州人権裁判所の判例を踏まえ、「被疑者は、尋問を受ける際に、弁護人を立ち会わせ、効果的に参加させる権利を有する。」等の被疑者の弁護人へのアクセス権を定めたうえ、加盟国に対し２０１６年11月27日までに本指令を遵守するために必要な法律等を発効させることを命じている。

米連邦最高裁は、合衆国憲法修正５条の「何人も、刑事事件において、自己に不利益な供述を強制されることがない。」との規定から、被疑者取調べ中の弁護人立会権を導いている。

３ 刑訴法改正の必要性

犯罪事実を解明し、治安を維持することは、国家の重要課題であり、今後も科学的な捜査方法を発展させていく必要がある。しかし、捜査機関が被疑者を自分たちの手元で23日間拘束し、弁護人の立会なく取り調べるという手法については、もはや国連や他の民主主義の国々からの理解を得ることが困難になっている。他の国々では、裁判所が憲法や人権条約から被疑者取調べ中の弁護人立会権を導いているが、我が国の裁判所にこれを期待することは相当に困難である。刑訴法を改正して弁護人立会権を明記すべきである。

４ 被疑者接見等におけるカメラ使用禁止の問題

同じような問題が、刑事施設の面会室において弁護人が被疑者・被告人の病状等を写真撮影する権利について生じている。

弁護人が刑事施設の面会室で被疑者や被告人と面会する際、被疑者等が逮捕時の拘束で怪我を負った、職員の暴行で頬を負傷した等と訴えた場合、あるいは被疑者等が全身に震えがありうまく話せない状態で点滴を受けながら車椅子で運ばれてきた場合、被疑者等の様子をアクリル板越しに携帯電話等で撮影することは、弁護人の責務として当然のことであり、憲法上の弁護人依頼権で保障された行為というべきである。しかし、刑事施設側はこれを禁止し、当該弁護人について所属弁護士会に懲戒請求をした事例さえある。そして、裁判所も前記の写真撮影等を憲法上の弁護人依頼権として認めない。

例えば、東京高判平成27年７月９日判時２２８０号16頁は、憲法34条前段は被告人・被疑者が弁護人と面会して相談し、その助言を受けるなど弁護人から十分な援助を受ける機会を持つことを保障していると認めている。そして、刑訴法39条１項の接見交通権は憲法34条前段の弁護人依頼権に由来するとしながら、あとは写真撮影等が刑訴法39条１項の「接見」に含まれるかどうかの議論に終始し、「接見」には含まれないと判断して、憲法34条前段の弁護人依頼権から前記のような写真撮影等の権利を導こうとはしない。上告審の最二小決平成28年６月15日ＬＥＸ／ＤＢも、違憲をいうが単なる法令違反を主張するものにすぎないとして、上告棄却としている。最高裁としては、まず写真撮影等が憲法上の弁護人依頼権に含まれるかどうかを判断し、その制限が許されるか否かを審査すべきであった。

刑事施設内での写真撮影等を禁じる根拠となっているのは、法務省矯正局長から刑事施設の長に対する平成19年５月30日付け依命通達「被収容者の外部交通に関する訓令の運用について」で、面会を申し出る弁護人等に対し「カメラ、ビデオカメラ、携帯電話を使用しないこと。」を周知することと指示している。憲法で保障された人権を制限するには、立憲主義に基づく法律の留保原則により、法律によるべきであり、矯正局長の依命通達で制限すること自体が違憲である。裁判所では、そのことも論じられていない。

Ⅲ　民事審判委員会を新設する

１　法曹一元を巡る臨時司法制度調査会意見書

１９６４年の臨時司法制度調査会意見書は、「法曹一元の制度は、これが円滑に実現されるならば、わが国においても一つの望ましい制度である。しかし、この制度が実現されるための基盤となる諸条件は、いまだ整備されていない。したがって、現段階においては、法曹一元の制度の長所を念頭に置きながら現行制度の改善を図るとともに、右の基盤の培養についても十分の考慮を払うべきである。」と述べている。

２ 全国の裁判所に弁護士出身の裁判官を配置することの困難性

法曹一元の制度が実現されるための基盤の第１は、弁護士人口の増加であるが、１９６４年当時６８４９人であった弁護士は、２０２１年には４万３２０６人にまで増加している。ただ、高裁・地裁・家裁の本庁・支部は、北は稚内から南は石垣まで２５３の都市に設置されており、そこに配置される裁判官の定員は３０６０人である。日弁連が、10年以上の経験を有する弁護士の中からこれらの裁判官に任命するにふさわしい者を推薦することができるかは、疑問である。

３ 弁護士出身者にふさわしい給与体系等を整備することの困難性

次に、優れた法曹が裁判官となることを希望するようにするため、裁判官の給与、退職手当、宿舎等の整備も必要になる。現在の裁判官の給与等は、検察官の給与等と同じである。国家公務員法上、裁判官は特別職、検察官は一般職となっているが、裁判官について独自の給与体系を作ろうとしても、キャリアを同じくする検察官からの猛反発が出るから作れない。検察官は行政官であるから、その給与等も一般の行政職に準じるものとならざるを得ない。したがって、裁判官の給与体系等も一般の行政官に準じるものとなっている。裁判官の多くは、一般の行政官と同じ合同宿舎の中で生活している。このような環境の下で、法曹一元にふさわしい裁判官の給与等の制度を整備するということは、至難の業である。

4　韓国における法曹一元化

とはいえ、お隣の韓国では、2013年から法曹一元化が始まり、2013年～17年は法曹経歴3年以上、2018年～21年は法曹経歴5年以上、2022年～25年は法曹経歴7年以上、2026年からは法曹経歴10年以上の者から裁判官を任用することになっている。我が国も、韓国における法曹一元下の裁判官の給与や転勤等の制度を調査するなどして、参考とすべきである。

5　法曹一元に代わる民事審判委員会の新設

弁護士会が法曹一元の実現を求める理由の裏を返せば、職業裁判官に対する不信である。裁判官には市民的感覚が欠けているという声も聞くが、裁判官もごく普通の市民生活を送っており、市民的感覚や常識において弁護士と変わるところはない。ただ、裁判官は、国家公務員の一員であり、勤務時間のほとんどを裁判官室で同僚と共に過ごし、法廷でも法壇を隔てて訴訟代理人の弁護士と接する。実際の経済活動等に参加し、あるいは紛争の現場に立ち会うこともない。民間企業研修や弁護士事務所研修もあるが、期間が限られ、全員が参加するわけではない。そのため、裁判官と当事者側の弁護士との間で信頼関係が生まれにくい。相互不信に陥りやすい。裁判は、裁判官と当事者との共同作業であるが、両者の相互理解が十分でないと、裁判の結果が紛争の実態に迫ったものとならず、国民の理解も得にくいものとなるおそれがある。裁判官と弁護士が同じ立場で作業する場としては調停委員会があるが、これを発展させて民事審判委員会を新設することが望まれる。

6　好評な労働審判制度

司法制度改革の一環として、2006年4月に労働審判制度が発足した。裁判官から指定される労働審判官と、労働関係に関する専門的な知識経験を有する者から選ばれる２人の労働審判員の３人が労働審判委員会を構成し、個別労働関係民事紛争について審理し、証拠調べ等を行って、３回以内の期日で審理を終結する。この間に調停を試み、調停が成立しなければ労働審判を行い、労働審判に対し当事者から異議が申し立てられたときは、事件は訴訟に移行する。簡易迅速な紛争解決手続として好評で２０２１年の申立件数は３６０９件である。この労働審判制度に倣って民事審判制度を新設するのがよいと考える。

７　労働審判制度をモデルとした民事審判制度の構築

民事審判委員会は、裁判官から指定される民事審判官と弁護士を中心とした民間人から選ばれる民事審判員２人の３人で構成し、労働審判手続と同じ手続で民事紛争の処理を行うとしてはどうであろうか。裁判官と弁護士が一つの委員会を構成して仕事を行うことにより、相互に感化し理解を深めることができる。裁判官は、基本的にジェネラリストで、各分野の実態や法律に詳しいわけではないから、当該分野に経験を有する弁護士を民事審判員に選ぶことが考えられる。弁護士等の民間人が裁判官とチームを組んで裁判業務を行うことにより、裁判一般に対する国民の理解や納得性を高めることにもなると考える。

８　簡易迅速な紛争解決手段としての民事審判制度

民事紛争は、どちらか一方の言い分が１００％正しいというよりも、双方に一定の言い分があって、調停や仲裁になじむものが少なくない。訴訟となれば時間と費用がかかり、訴えの提起に躊躇する人が少なくない。そのことが司法制度改革後も訴訟事件がそれほど増えていないことの原因をなしている。民事審判制度ができれば、簡易迅速な紛争解決手段としても歓迎されると考える。

Ⅳ　司法試験予備試験を廃止する

1　幅広い分野で活躍する多様な法曹の養成

経済活動・社会生活のグローバル化が進展する中で、市民の生活を守り、かつ、日本企業の国際競争力を支えるため、法廷実務を担う法曹のほかに、企業、行政、政治、福祉、教育等の幅広い分野に参加する多様な法曹が必要である。特に、国際紛争の現場では、外国の弁護士事務所の後塵を拝しているが、語学力を備え、国際取引法、国際通商法、知的財産法等で大企業から中小企業までの経済活動を支援する法曹が必要である。我が国には成熟社会の壁を乗り越えていく活力が必要である。法曹も既得権益にしがみついていることは許されない。

2　法科大学院修了者に対する法曹資格の付与

このように幅広い分野に法曹を送り出すためには、大学3年、法科大学院3年の6年の法曹養成コースを設け、法科大学院では、法律学の基礎的知識を体系的に教え、それを実務で応用する実践的な能力を修得させ、先端的あるいは国際的な法領域についての基本的な理解を得させる。現在の司法研修所における法廷実務教育は、法科大学院のコースに取り込む。法科大学院のレベルを維持するため、その認可の条件は厳しくする必要があるが、専門職大学院としての法科大学院の課程を修了すれば、原則として法曹資格を付与する。大学入学から6年で法曹資格が取得できるようにする。

このような法曹養成コースを設けると、学生も自分の将来に対する見通しを得ることができ、法科大学院で腰を落ち着けた勉強ができる。これにより、学生の法学部離れ、法科大学院離れを防ぐことができる。また、学生は、資格取得の見通しが立てば、アメリカのロー・スクール生のように、学資を蓄え又は融資を得て法科大学院に入ることも可能になる。

３　予備試験の弊害

司法試験予備試験の主たる趣旨は、法科大学院の学費を負担できない学生に法曹への道を開くことにあるといわれているが、難関の予備試験に合格するためには、試験勉強に相当集中しなければならず、予備校に通う者もあろうから、経済的に苦しい学生が予備試験を受験しているとは思えない。

２０２１年の司法試験合格者１４２１人のうち、予備試験合格者は３７４人である。予備試験合格者は、年々増加の傾向にある。法科大学院生は、司法試験合格を目指して、予備試験合格者と競争しなければならず、生産性のない難問解答技術の習得にエネルギーを傾けざるを得ない。予備校に通う者も出てくるであろう。そのため、多様な分野の法的知識・能力を備えた法曹を送り出すという法科大学院教育が阻害されることになる。予備試験合格者の増加のため、法科大学院修了者の司法試験合格率がそれだけ低下し、法科大学院に入学しても法曹資格取得の見通しが立たないから、大学生も法科大学院への進学を躊躇することになる。法曹資格取得の見通しが立たないことが大学の法学部自体の人気にも影響を与えている。我が国の市民生活、経済活動、国際取引等で必要とする多様な法曹を養成するためには、予備試験を廃止すべきである。

４　予備試験を廃止した場合の人材確保の可能性

２０２１年の司法試験に合格した予備試験合格者３７４人のうち、最も多いのは大学在学生の１５５人である。予備試験は、国家公務員総合職試験、民間企業総合職試験と並んで、大学在学生をメインターゲットとした試験として設けられたのであろう。特に、裁判官・検察官は国家公務員としてキャリアシステムの下にあるから、国家公務員総合職試験を意識したものと思われる。しかし、法科大学院を普通に卒業すれば法曹資格が得られるという運用にし、かつ、法曹資格取得までに要する期間を６年に短縮すれば、有為の人材を法科大学院、ひいては法曹界に導くことが可能になると考える。

Ⅴ　個人通報制度を導入し国内人権機関を設置する

１　国際的連携による個人の人権保障

世界の人々は、第二次大戦の悲惨な経験から、個人の人権を国内の憲法・法律だけでは守ることができないことを学び、国連の下で国際的連携によって個人の人権を守る体制を作った。国連は、人権保障の枠組みとして、人権条約、個人通報制度、国内人権機関という３つの柱を立てている。我が国は、現在のところ、国連総会で採択された人権条約のうち主要なものの締約国となっているが、個人通報制度と国内人権機関は受け入れていない。

２　個人通報制度

個人通報制度は、人権条約で保障された人権を国によって侵害されたと主張する個人が、国内的救済手段を尽くしたのち、当該人権条約が設けている委員会（例えば、自由権規約の委員会は、締約国によって選挙された18人の委員で構成され、１９８７年以来継続して日本人の委員が入っている。）に通報する。委員会は、人権条約の違反があったかどうかを審査したうえ、違反があったと認定した場合は、被害者に対する救済と再発防止を求める勧告を付けた「見解」を当該締約国と個人に送付する。見解は判決のような法的拘束力はなく、勧告的効力しかないが、締約国は見解に応じた救済措置を講じ、これを委員会に報告する、というものである。

３ 個人通報制度と司法の独立

我が国が個人通報制度を導入しないのは、司法の独立に影響を与えるからであるといわれている。しかし、人権条約の委員会の見解には、国内裁判所の判決を変更するような効力はない。見解が国内裁判所の判決とは異なった趣旨のものであったとしても、国際的連携による人権保障体制の下にある以上、受容すべきものである。我が国も、個人通報制度を早急に導入すべきである。

４ 人権条約による人権保障に実効性を持たせる個人通報制度

我が国では、個人通報制度がないため、個人が人権条約で保障された権利が侵害されたと裁判所に訴えても、真剣に向き合ってもらえず、最高裁も上告を認めない。裁判所が人権条約の委員会の見解、一般的意見、総括所見等に関心を向けることもない。その上、人権条約の委員会への個人通報もできないのであるから、人権条約による人権保障が実効性のあるものとはなっていない。

５ 国内人権機関

国内人権機関は、人権条約による人権保障の国内における実施を促進し確実なものとする推進役で、政府から独立した国家機関、例えば公正取引委員会のような独立行政委員会として、人権促進のための教育・広報、人権侵害の調査・救済、人権状況の監視、人権政策の提言、国連機関等との協力を行うものであるが、我が国ではいまだ設置されていない。２０１２年に国内人権機関として人権委員会を設置する法案が国会に提出されたが、衆議院の解散で廃案となった。

6　国内人権機関の必要性

我が国は、現に、子どものいじめ問題、女性差別、障害者差別、外国人差別、ヘイトスピーチ等、いろいろな分野で人権問題を抱えている。人権推進役としての国内人権機関が必要である。最近も、出入国在留管理局におけるスリランカ女性の死亡が問題となった。国内人権機関があれば、独立の第三者機関として、このような問題の検証に当たることもできる。

7　外国人等の収容と国内人権機関による査察

外国人に対する退去強制令書に基づく収容は、送還可能のときまで収容するもので、期限の定めがなく、7年以上に及ぶこともある。収容について裁判所等の第三者によるチェックがない。入国者収容所長等は仮放免をすることができるが、仮放免は入国者収容所長等の裁量に委ねられている。このような収容の制度自体にも改善すべき点があるが、収容の運用についても問題が指摘されている。被収容者が医師の診察を申請しても、診察を受けられるのは一般に2週間後である。２００７年2月から２０２１年3月までの収容施設内での死亡は17件、うち自殺は5件である（収容・送還に関する専門部会第3回会合における宮崎委員提出資料等）。入国者収容所に限らず、刑事収容施設、精神科病院など身体の拘束を伴う施設については、国内人権機関のような公的第三者機関がその運営状況を査察する必要がある。

8　国連加盟国の多くが両制度を導入

個人通報制度は、例えば自由権規約の場合、締約国１７３か国のうち約７割の１１７か国が導入している。国内人権機関は、国連加盟国１９３か国の６割を超える１１９か国が設置している。我が国は、人権条約の委員会から再三にわたりこれら二つの制度の導入を勧告されている。我が国は、世界の国々と文化的、経済的な交流を進めるうえでも、人権に関する価値観を共有すべきであると考える。

Ⅵ　裁判官任命諮問審議会を設置する

司法制度改革審議会意見書（99頁）は、「最高裁判所裁判官の地位の重要性に配慮しつつ、その選任過程について透明性・客観性を確保するための適切な措置を検討すべきである。」と述べている。この指摘を踏まえ、内閣では、最高裁裁判官の選任を決定した閣議後の官房長官記者発表で、被選任者の主要な経歴を簡単に紹介するようになった。しかし、このような記者発表のみでは、選任過程についての透明性・客観性が確保されたとは言い難い。

１９５７年の第26回国会において政府から提出された裁判所法等の一部を改正する法律案（廃案）では、内閣は最高裁裁判官の選任の際、内閣の諮問機関である裁判官任命諮問審議会（裁判官、検察官、弁護士及び学識経験者で構成）への諮問を経て行うとしていた（同年3月12日衆議院法務委員会議事録参照）。このような裁判官任命諮問審議会を内閣の諮問機関として設置し、最高裁裁判官の選任に当たっては、まず内閣が候補者を選び、当該候補者を選任することについて諮問審議会の意見を求めることにしてはどうであろうか。諮問審議会では、候補者の所信表明、質疑応答があってもよいと考える。透明性・客観性の確保には、せめてこの程度のことは必要であろう。

ちなみに、韓国憲法裁判所の裁判官９人は大統領が任命し、うち３人は国会が選出する者を、うち３人は大法院長が指名する者を任命するが、裁判官は、国会の人事聴聞を経て任命、選出又は指名されなければならないとされている。

初出：須網隆夫編『平成司法改革の研究』（岩波書店、２０２２年）３２９頁

コラム7

三ヶ月章『流涕記』に出会う

本書（編注：『流涕記』を指す。）は、法制審議会民事訴訟法部会長として平成8年の民事訴訟法改正要綱をまとめ、法務大臣も務めた三ヶ月章氏（以下敬称略）が、学生時代の無二の親友で、沖縄本島南方洋上で特攻死した吉田信《まこと》に捧げた追悼の書である。

昭和14年、三ヶ月は、第一高等学校に入学した。学資等を家庭教師のアルバイトで稼がざるを得ない貧乏学生であった。地味で内省的な性格で、スポーツとはおよそ縁遠い人間であったが、交友の契機を得たいとの思いでホッケー部に入った。

三ヶ月と同時に一高に入学し、寮部屋とホッケー部で生活を共にすることになったのが吉田である。吉田は、台北市の吉田内科医院の院長吉田坦蔵の四男として生まれ、経済的に恵まれた環境に育ち、立派な体軀で中学時代から既にホッケーのスター選手であった。自由に芸術に親しむことのできる環境にあり、ロマンチストで、英語にも堪能であった。

およそ全ての点で正反対の二人であるが、真実に、裸に、人生を掘り下げて生きて行きたいと念ずる心が二人を結び付けた。

昭和15年3月ころ、吉田は、恵まれた境地に安住することに不安を感じ、一切の繋縛を離れて裸のままの自己に徹した生活を希求するようになり、しかし裸になり切れない己が弱さとの葛藤に悩んで、1年間休学することになる。

昭和16年3月の春休み、三ヶ月は、東京大久保の吉田の家に泊めてもらっていたが、急性盲腸炎・腹膜炎に襲われ、吉田の兄が医師として勤める横浜の病院に40日間ほど入院し、3回の手術を経て九死に一生を得た。入院当初、吉田は、泊まり込みで三ヶ月の身の回りの世話をしている。入院費は、吉田家が負担している。吉田は、三ヶ月の命の恩人でもある。昭和17年4月、三ヶ月は東京帝大法学部法律学科に進み、同年10月には吉田が1級遅れで法学部政治学科に入学した。

昭和18年9月22日、法文科系学生に対する徴集猶予停止が発表され、満20歳以上の徴兵適齢学徒は同年12月1日を目標に入隊することになった。同年10月21日、神宮外苑競技場で出陣学徒壮行会が挙行され、法律学科の三ヶ月と政治学科の藤原弘達が先頭に立って行進の指揮を執った（このシーンはニュース映画の冒頭に登場するが、本書では一切触れられていない。）。吉田は、この時既に海軍航空予備学生を志願することを決意していた。三ヶ月は、吉田の決意について、「それは死へと、否、体当りへと導く必然の軌道であった。彼は死を見つめ、生の愛着を振り切らんとする苦悶の中から、此の必然の軌道を進んで担はうとした。」と記している。

昭和18年11月30日、三ヶ月は、陸軍歩兵連隊初年兵として入隊するため上野駅を発った。吉田は、三ヶ月を最後まで見送り、別れ際に鶴岡八幡宮のお守りの入った紙包みを握らせた。二人がこの世で顔を合わせるのは、これが最後となった。

昭和20年5月11日、吉田は、神風特別攻撃隊第5筑波隊員として零式戦闘機に乗り、鹿屋基地を発し、沖縄本島南方洋上の敵機動部隊に特攻、散華した。23歳であった。

昭和20年10月初旬、三ヶ月は、配属されていた陸軍経理部の残務整理を終えて復員し、吉田の戦死を初めて知って、本書を書き始め、同年11月11日に脱稿している。その後、これをB5大の14行縦罫紙に浄書して印刷に出し、昭和21年5月の吉田の一周忌までに製本を終えた。手書きで295頁の本書は、奥付はないが、布表紙に『流涕記　三ケ月章』と金箔押しが施され、紙カバーで包まれ、ケースに収められており、76年を経た今日でも新本同様の姿をとどめている。東京大学の周辺には印刷製本所が残っていたのであろう。三ケ月は、復員の際に2000円位の退職金の支給を受けており(三ケ月『一法学徒の歩み』(有斐閣、2005年)9頁)、これで吉田の遺族等に渡すための数冊を製本したものと思われる。

昭和22年5月、三ケ月は、台湾から引き揚げていた吉田の両親に、書簡を添えて本書を捧げた。書簡には、「私と致しましても、『俺は一生に一度丈、本当に真実を書いた事がある』といふ追憶は、私の一生を通じて去らない事を疑ひません。」とある。

私は、知人で、吉田の甥にあたる人から右の書簡を見せられ、本書の存在を教えられて、「日本の古本屋」に1冊だけ出品されていた本書を入手することができた。

私は、三ケ月先生に数回お会いしたことがある。戦前から引き継いだ民事手続法の改正作業として、まず強制執行法の改正がなされたが、それに続く民事保全法の改正が私の最高裁民事局長の時に成立した。関係者の間では、次は仲裁法を挟んで倒産法の改正を行うということが既定路線となっていたが、私は、本体の民事訴訟法が漢字カタカナ交じりのままでは意気が揚がらないではないかと考え、先生に次は民事訴訟法の改正をお願いします、5年程度でまとめてくださいと陳情した。先生は「俺のボケないうちにやれというのか」とおっしゃった。私は、その時の先生のお顔を思い浮かべながら、本書を読ませていただいた。

初出：判時2532(2022年11月21日)号112頁

第6章　東京都議会議員定数是正訴訟の最高裁判決の問題点

はじめに

本稿は、「東京都議会議員の定数並びに選挙区及び各選挙区における議員の数に関する条例（昭和44年都条例第55号）」（以下「本件条例」という。）の各選挙区において選挙する都議会議員の数（以下「定数」という。）を定める規定（以下「定数配分規定」という。）が、当該選挙区の人口に比例して定数を定めていないことにより、公選法15条8項（旧7項）、憲法14条1項等に違反するかどうかという問題を論じるものである（都議会議員の総定数や選挙区の設定に関する規定については触れない。）。この問題は、定数配分規定が公選法15条8項、憲法14条1項等に違反するため当該選挙は無効であるとして、公選法203条の選挙の効力に関する訴訟（以下「選挙無効訴訟」という。）の形で争われる。本稿ではこの訴訟を都議会議員定数是正訴訟と呼ぶこととする。

Ⅰ　都議会議員定数是正訴訟が提起されるまでの状況

1　当初は5年ごとの国勢調査の人口による定数配分規定の見直しを想定

公選法は、当初、15条7項で「各選挙区において選挙すべき地方公共団体の議会の議員の数は、人口に比例して、条例で定めなければならない。」と規定していた。後に述べるように、公選法15条7項にはただし書が加わり、7項が8項と改正され、現在では前記の規定は15条8項本文となっている。

そして、公選法施行令144条本文は、当初から「法及びこの政令における人口は、官報で公示された最近の国勢調査又はこれに準ずる全国的な人口調査の結果による人口による。」と規定しているから、公選法15条7項の「人口」は、5年ごとに行われる「最近」の国勢調査の結果による人口を指すものである。すなわち、公選法は、5年ごとの国勢調査の結果による人口が判明するたびに、定数配分規定の見直しを行うことを予定しているのである。

2　昭和37年の特別区内における人口比例の緩和

「東京都議会議員の選挙区及び各選挙区における議員の数に関する条例（昭和22年都条例第31号）」（以下「旧条例」という。）も、当初は国勢調査の結果による人口に比例して定数を定めていた。しかし、昭和35年10月実施の国勢調査の結果、都への人口集中が顕在化し、特に特別区以外の地域において人口の増加が顕著になり、特別区内では、都心区の人口が減少し、周辺区の人口の増加が著しくなって、旧条例の定める定数と人口とのかい離が顕在化してきた。

この事態に対処するため、昭和37年法律第112号で公選法266条2項として「都の議会の議員の各選挙区において選挙すべき議員の数については、特別区の存する区域以外の区域を区域とする各選挙区において選挙すべき議員の数を、特別区の存する区域を1の選挙区とみなして定め、特別区の区域を区域とする各選挙区において選挙すべき議員の数を、特別区の存する区域を1の選挙区とみなした場合において当該区域において選挙すべきこととなる議員の数を特別区の区域を区域とする各選挙区に配分することにより定めることができる。」という規定が設けられた。

この分かりにくい規定に関し、「改正公職選挙法解説」(自治省選挙局内選挙制度研究会編・昭和37年6月5日発行)は、「『各選挙区に配分することにより定める』とは、法第15条第７項の規定の特例としてかならずしも人口比例しないでも公正な基準により具体的な配分を法第15条第７項の条例で定めることができるということである。」と説明している。すなわち、この規定は、特別区内の各選挙区に定数を配分する際には必ずしも人口比例によらなくてもよいことにするため設けられたものである。

公選法２６６条２項の追加については、国会審議の中で全く議論がなされていない。昭和37年10月５日の都議会議事録には、小川精一議員の発言として「しかもこの法律が国会の終わりぎわに、５月７日の最終日、当時きわめて大きな問題であった公選法改正の議論の蔭に隠れて、国会でも何らの議論もしないで素通りをした特別法でございます。このような特別法は適用すべきものではなかったと私は考えますが、責任ある選管当局のご答弁をこの際お願いしたいのであります。」と発言し、選挙管理委員会事務局長が「いま一つ、この特別法のでき上がりました経過から見まして、これは当然今小川先生からご指摘がありましたように、都のある程度の……ある程度といいますよりも、都の要請がございまして、自治省で考え、法制局で考えた特別法規でございます。」と答弁していることが記録されている。

３　昭和44年の都の全域における人口比例の緩和

昭和40年10月実施の国勢調査の結果による人口によれば、旧条例の定める定数は、特別区の区域を区域とする一部の選挙区においてのみならず、特別区の存する区域以外の区域を区域とする一部の選挙区においても、人口に比例しなくなったのを受け、昭和44年法律第2号は、公選法15条7項に「ただし、特別の事情があるときは、おおむね人口を基準とし、地域間の均衡を考慮して定めることができる。」というただし書を付け加えた。これは、公選法266条2項で、特別区の各選挙区に定数を配分する際には必ずしも人口比例によらなくてもよいとしたことを、すべての選挙区への定数の配分に拡大したものである。

この改正については、昭和44年3月18日の参議院地方行政委員会において、政府委員が、最近の人口移動により都市部の人口が増加している、ただ都市部でも都心部の常住人口は減少し周辺部に人口が片寄っている、しかし都心部の都市的な行政需要は増大している、「特別な事情と申しますのは、人口の著しい移動の結果、常住人口と行政需要との間に非常な不均衡を生ずる、こういうような場合が一番典型的な場合ではないかと思います。そういう場合には、地域間の均衡を考慮するといいます意味は、いわゆる地域間の形式的な均衡ではなくて、実質的な均衡を考慮するという意味でございます。」と説明している。しかし、行政需要によって投票価値に差を設けることは、憲法14条1項の法の下の平等、憲法15条1項及び3項の平等選挙に反することが明らかである。

このように、公選法15条7項ただし書は、定数の配分が人口に比例しなくなった後で、それを合法化するために設けられた規定であるから、憲法14条1項の趣旨からして、公選法15条7項ただし書の適用を都議会の裁量に委ねてよいものではなく、その適用が真にやむを得ないものであるかどうかを裁判所が厳格に審査すべきである。

４　昭和44年の本件条例の制定

前記の公選法改正を受け、都議会は、昭和44年3月31日、旧条例を廃止して本件条例を制定した。本件条例制定当時、都議会議員の総定数は126人で、その「選挙区」、昭和40年10月実施の国勢調査の結果による各選挙区の「人口」、都の人口を都議会議員の総定数をもって除して得た数（以下「議員1人当たりの人口」という。）で各選挙区の人口を除して得た「配当基数」、定数配分規定による定数である「条例定数」、配当基数に応じて公選法15条７項本文の人口比例原則を適用した場合に各選挙区に配分されることとなる「人口比定数」、人口比定数から条例定数を減じた「必要増減数」は、別表１（章末）のとおりであった。制定当時から、16の選挙区で「条例定数」が「人口比定数」に一致しない状態であった。

５　昭和48年の定数配分規定の改正

昭和48年都条例第57号は、昭和45年10月実施の国勢調査の結果に基づき、総定数を１人減じ、北多摩第２選挙区（定数４人）を北多摩第２選挙区（定数３人）と府中市選挙区（定数１人）に分区し、２減（台東区選挙区、品川区選挙区）１増（練馬区選挙区）の改正を行った（以下、「台東区選挙区」等は単に「台東区」等といい、北多摩第１ないし第４選挙区はまとめて「北多摩」という。）。

６　昭和52年の定数配分規定の改正

昭和52年都条例第19号は、昭和50年10月実施の国勢調査の結果に基づき、総定数を１人増加し、町田市の定数を１人増加する改正を行った。

７　昭和56年の定数配分規定の改正

昭和56年都条例第５号は、昭和55年10月実施の国勢調査の結果に基づき、総定数を１人増加し、南多摩（定数１人）を南多摩（定数１人）と日野市（定数１人）に分区したが、選挙区間の議員１人当たりの人口の較差は最大１対７・４５（定数２人の千代田区対定数１人の西多摩）となっており、人口の多い選挙区の定数が人口の少ない選挙区の定数よりも少ないという逆転現象も多数みられた。

Ⅱ　都議会議員定数是正訴訟の状況

１　昭和56年７月５日施行の都議会議員選挙

(1)　この都議会議員選挙について、江戸川区の選挙人が、本件条例の定数配分規定が人口比例の原則に反し、公選法15条７項、憲法14条１項等に違反するものであり、これに基づき行われた同区の選挙は無効であると主張し、選挙無効訴訟を提起した。

(2)　この訴えに対し、東京高判昭和58年７月25日判時１０８５号３頁は、本件条例の定数配分規定が全体として投票価値の平等という憲法上の要請に基づく公選法15条７項に違反し、同選挙は違法であると判断し、憲法、公選法と投票価値の平等について、次のように述べている。

「憲法14条によつてすべて法の下に平等であるとされる国民は、同法15条１項、３項による公務員の選挙における選挙権の行使の場においても平等に取扱われるべきであり、しかも、それは形式的な選挙資格の平等だけではなく、より実質的な投票価値の平等をも内包するものと解すべきであつて、したがつて、選挙区制をとる選挙にあつては各選挙区間で選挙人の投票価値に不平等が生じないように定数の均衡がはかられるべきことは憲法上の要請である。このことは、憲法43条１項、44条但書の存する国会議員の選挙についてあてはまるだけではなく、憲法93条により住民の直接選挙によつて選挙されるべき地方公共団体の議会の議員の選挙についても、その議会が地方自治の本旨にのつとり住民の意思を忠実に反映すべきものであることに照らしても、同様にあてはまるということができる。そして、選挙区制の選挙における投票価値の平等は、なによりも各選挙区への議員定数の配分が人口に比例してなされることにより実現されるべきものである。」

(3) 上告審の最一小判昭和59年5月17日判時１１１９号20頁も、前記の東京高裁判決の違法判断を是認し、「本件配分規定は、本件選挙当時、同項(注：公選法15条7項)の規定に違反するものであったと断定せざるを得ない。」と判示した。

(4) 筆者は、最高裁調査官として、この判決に関する調査を担当した。前記の「本件配分規定は公選法15条７項に違反する」という判示の仕方は、衆議院議員選挙無効訴訟における最大判昭和51年4月14日民集30巻3号２２３頁の「本件議員定数配分規定は、本件選挙当時、憲法の選挙権の平等の要求に違反し、違憲と断ぜられるべきものであつたというべきである。そして、選挙区割及び議員定数の配分は、議員総数と関連させながら、前述のような複雑、微妙な考慮の下で決定されるのであつて、一旦このようにして決定されたものは、一定の議員総数の各選挙区への配分として、相互に有機的に関連し、一の部分における変動は他の部分にも波動的に影響を及ぼすべき性質を有するものと認められ、その意味において不可分の一体をなすと考えられるから、右配分規定は、単に憲法に違反する不平等を招来している部分のみでなく、全体として違憲の瑕疵を帯びるものと解すべきである。」との判示に倣ったものである。ただ、定数配分規定が全体として公選法15条7項に違反するという判示の仕方では、判決を受けた都議会は、定数配分規定に若干でも手を加えてその姿を変えればよいとして、ごく一部の手直しをするだけですませようとするのである。定数配分規定の改正の仕方が都議会の裁量に属するとはいえ、裁判所としては、少なくともこの部分は改正する必要があると明示すべきではなかったかと考える。この点については、後で更に述べることとする。

(5) 昭和59年都条例第１３０号は、前記第一小法廷判決を受け、３減（千代田区、中央区、台東区）３増（八王子市、府中市、西多摩）の改正を行った。しかし、この改正は部分的是正の域を出ず、この改正後も定数２人以上で議員１人当たりの人口が最も少ない選挙区と他の選挙区間の議員１人当たり人口の較差が最大１対３・４０となっており、逆転現象も26通り残った。

２　昭和60年７月７日施行の都議会議員選挙

(1) この都議会議員選挙につき、最三小判昭和62年２月17日判時１２４３号10頁は、定数配分規定が公選法15条７項に違反し、選挙は違法である旨の判断をした。

(2) 昭和63年都条例第１０７号は、この判決を受け、昭和60年10月実施の国勢調査の結果による人口に基づき、総定数を１人増加し、北多摩（定数計11人）を北多摩（定数計11人）と小金井市（定数１人）に分区し、３減（荒川区、港区、墨田区）３増（三鷹市、町田市、南多摩）の改正を行った。この改正後も、21の選挙区で定数が人口比定数と一致せず、定数が人口比定数より２人不足する選挙区が３選挙区（足立区、練馬区、八王子市）あり、いわゆる逆転現象が全選挙区間で52通りあり、定数２人の差がある顕著な逆転現象も６通り残った。

３　平成元年７月２日施行の都議会議員選挙

(1) この都議会議員選挙につき、最三小判平成３年４月23日民集45巻４号５５４頁は、定数配分規定が公選法15

条7項に違反し、選挙は違法である旨の判断をした。

(2) 平成4年都条例第146号は、この判決を受け、平成2年10月実施の国勢調査の結果による人口に基づき、北多摩(定数計11人)を北多摩(定数計11人)と小平市(定数2人)に分区し、8減(港区、新宿区、文京区、台東区、目黒区、渋谷区、豊島区、荒川区)6増(練馬区、足立区、江戸川区、八王子市、立川市、日野市)の改正を行った。この改正後も、13選挙区で定数が人口比定数と一致せず、練馬区の定数は人口比定数より2人少なく、逆転現象が18通りあり、定数2人の差の逆転現象も1通り残った。

4　平成5年6月27日施行の都議会議員選挙

(1) この都議会議員選挙につき、最二小判平成7年3月24日判時1526号87頁は、次のように述べて、本件条例の定数配分規定は公選法15条7項に違反するものではなく、適法であると判断した。

「本件選挙当時においては、特例選挙区(注：昭和41年1月1日現在において設けられていた選挙区については、当該区域の人口が議員1人当たりの人口の半数に達しなくなった場合においても、当分の間、当該区域をもって1選挙区を設けることができるものとする、公選法271条の規定によって存置が認められた選挙区。以下同じ。)を除いたその他の選挙区間における議員1人に対する人口の最大較差は1対2・04(中央区選挙区対武蔵野市選挙区。以下、較差に関する数値は、いずれも概数である。)、特例選挙区とその他の選挙区間における右最大較差は1対3・52(千代田区選挙区対武蔵野市選挙区)であり、いわゆる逆転現象は18通りあるが、定数2人の顕著な逆転現象は1通りのみであった。そして、本件選挙当時における各選挙区の配当基数に応じて定数を配分した人口比定数(公選法15条7項本文の人口比例原則に基づいて配分した定数)を算出してみると、右人口比定数による議員1人に対する人口の最大較差は、特例選挙区を除くその他の選挙区間においても、特例選挙区とその他の選挙区間においても、本件条例の下における右の較差と同一の値となるのであって、本件条例の定数配分規定の下における議員１人に対する人口の最大較差は、特例選挙区の設置を含む前記の選挙区割に由来するものということができる。」、「公選法が定める前記のような都道府県議会の議員の選挙制度の下においては、本件選挙当時における右のような投票価値の不平等は、東京都議会において地域間の均衡を図るために通常考慮し得る諸般の要素をしんしゃくしてもなお、一般的に合理性を有するものとは考えられない程度に達していたものとはいえず、同議会に与えられた裁量権の合理的な行使として是認することができる。したがって、本件改正後の本件条例に係る定数配分規定は、公選法15条７項に違反するものではなく、適法というべきである。」

(2) この判決は、特例選挙区を除いたその他の選挙区間における議員１人当たりの人口の最大較差は１対２・０４(定数１人の中央区対定数１人の武蔵野市)で、人口比定数によった場合の議員１人当たりの人口の最大較差も１対２・０４(中央区対武蔵野市)になるのであって、本件条例の定数配分規定の下における人口の最大較差は選挙区割りに由来するものである、という。この指摘は正しい。中央区を独立の選挙区として設定する以上、人口が少なくても定数１人は配分しなければならず、削減の余地がない。中央区と武蔵野市との間の１対２・０４という較差は、選挙区の設定に伴う較差であって、定数の配分に伴う較差ではない。そこまではよいとして、この判決は、本件条例の定数配分規定の下における議員１人当たりの人口の最大較差は選挙区割りに由来するものであるから、本件選挙当時における投票価値の不平等(いわゆる逆転現象が18通りあり、定数２人の顕著な逆転現象も１通りあるという不平等)は、「議会に与えられた裁量権の合理的な行使として是認することができる」というのである。

しかし、この判決は「いわゆる逆転現象は18通りあるが、定数２人の顕著な逆転現象は１通りのみであった」と摘示し、原審の東京高判平成６年３月31日判時１４９７号53頁は「13選挙区においてなお人口比定数との間で不一致がある」と摘示しているところ、これらの投票価値の不平等は中央区及び武蔵野市を除いた選挙区において生じており、選挙区割りをそのまま維持しても、中央区及び武蔵野市を除いた選挙区においてその人口に比例して定数を配分すれば解消するものである。人口比定数によっても議員１人当たりの人口の最大較差が変わらないということと、前記の投票価値の不平等との間には、何の関係もない。そして、前記の投票価値の不平等にはやむを得ない事情がある、人口比定数に改めることを困難とする正当な理由があるということについては、何の説明もない。この最高裁判決の理由は実に非論理的である。

後に述べるように、最高裁は今日に至るもこの非論理的理由付けを維持している。そして、約30年を経た令和６年に至っても、３つの選挙区で人口比定数より１人少ない定数が配分されるという差別が続いている。最高裁は、議会は議員定数の配分についても社会経済政策等と同じような広い裁量権を有し、裁判所は原則として介入すべきでないと考えているのであろう。しかし、住民が正確な情報を取得し、自己の考えを自由に表現し、集会で意見を交換し、そして平等な投票価値の選挙権を行使して政治に参加するという権利を護るのは司法の役割である。裁判所は、これらの権利に対する制約・差別については、厳格に審査すべきである。

(3)　なお、平成６年法律第2号により、公選法15条の７項は８項と改められた。

(4)　平成８年都条例第１１０号は、平成７年10月実施の国勢調査の結果による人口に基づき、総定数を１人減じ、これに伴い渋谷区の定数を１人減じる改正を行ったものの、そのほかの改正は行わなかったため、いわゆる逆転現象が全選挙区間で20通りあり、定数２人の差がある顕著な逆転現象も２通りあった。前記最高裁判決の誤った判断のため、都議会は人口比例による定数是正の動きを止めてしまったのである。

５　平成９年７月６日施行の都議会議員選挙

(1)　この都議会議員選挙につき、最二小判平成11年1月22日判時１６６６号32頁は、「国勢調査の結果による人口に基づく特例選挙区を除いたその他の選挙区間における議員１人当たりの人口の最大較差は1対2・１５、特例選挙区とその他の選挙区間における右最大較差は1対３・９５であって、いわゆる逆転現象は20通りあるが、定数２人の顕著な逆転現象は２通りのみであり、右国勢調査の結果による人口に基づく各選挙区の配当基数に応じて定数を配分した人口比定数（公職選挙法15条８項本文の人口比例原則に基づいて配分した定数）による議員１人当たりの人口の最大較差は、特例選挙区を除くその他の選挙区間においても、特例選挙区とその他の選挙区間においても、本件条例の下における右の較差と同一の値となる」として、前記改正後の定数配分規定は、公選法15条８項に違反するものではなく、適法である、と判断した。

(2)　この判断が非論理的で誤りであることは既に述べた。しかし、幸いなことに、福田博裁判官が、定数配分規定が違法であるとの反対意見を述べた。

(3)　平成12年都条例第２０３号は、北多摩（定数計11人）を北多摩（定数計９人）と西東京市（定数２人）に分区した。

(4)　平成13年都条例第５号は、平成12年10月実施の国勢調査の結果による人口に基づき、２減（品川区、北区）２増（練馬区、八王子市）の改正を行った。これにより逆転現象が25通りから16通りに減じ、特例選挙区以外の議員１人当たりの人口の最大較差が１対１・９７となった。

この改正が行われたことについて福田博裁判官の反対意見が大きく影響したことは、都議会の平成13年３月８日会議録から明らかである。

(5) しかし、その後は、都議会議員定数是正訴訟が提起されなくなり、平成17年10月及び平成22年10月実施の国勢調査の結果による人口が公表されても、都議会は定数配分規定の見直しについて本会議での議論すら行わなかった。

(6) ただし、都議会の議会運営委員会の下に置かれた「都議会のあり方検討会」は、平成24年６月19日に議会運営委員会理事会に対し「都議会のあり方検討会検討結果（第１次報告）」を提出した。この第１次報告には、「平成11年の最高裁判所判決、各選挙区の平成22年国勢調査人口（確定値）による人口比例原則に基づく定数と現行定数との差、議員１人当たり人口の較差、逆転現象の状況等を勘案しながら各選挙区の定数配分の是正について検討した。選挙区別定数については、現行どおりとする意見、較差、逆転現象をできるだけ解消すべきとする意見など様々な意見があった。そこで、改めて、平成22年国勢調査人口（確定値）に基づく都議会議員１人当たりの人口及び較差を、平成13年３月の前回の定数是正の時と比較してみると、特例選挙区を除いた議員１人当たりの人口の最大較差は、１・９７（新宿区対青梅市）から１・９２（中野区対北多摩第３）と概ね改善されており、かつ２倍以内に収まっている。以上を踏まえて、慎重に検討したところ、選挙区別定数配分については現行どおりとすべきである。」と記載されている。そして、平成24年６月19日の都議会の議会運営委員会速記録には、委員長の発言として、「次に、都議会のあり方検討会の第１次報告について申し上げます。本件につきましては、先ほどの理事会において、お手元配布のとおり、検討会の大沢昇座長から報告がありました。協議の結果、検討結果について本理事会として了承することといたしましたので、ご了承願います。」と記録されている。しかし、これでは、せいぜいが議会運営委員会の理事会で検討されたというにとどまる。

(7)　筆者の居住する練馬区選挙区の定数も、人口比定数より1人少ないという状態のままであった。筆者は、有権者が立ち上がるほかないと考え、平成25年6月23日施行の都議会議員選挙につき、選挙無効訴訟を提起することになった。

６　平成25年6月23日施行の都議会議員選挙

(1)　この選挙につき、最一小判平成27年1月15日判時２２５１号28頁は、選挙当時における本件条例の定数配分においては「平成22年10月の国勢調査の結果による人口に基づく配当基数に応じた人口比定数と対比すると、42選挙区中13選挙区において差異がみられた(人口比定数より1多いのが7選挙区、2少ないのが1選挙区、1少ないのが5選挙区であった。)。そして、特例選挙区以外の選挙区間の人口の最大較差は1対1・92であり、いわゆる逆転現象は12通りで、そのうち定数差が2人となる逆転現象は1通りであった。」としながら、「本件選挙当時、本件条例による各選挙区に対する定数の配分が東京都議会の合理的裁量の限界を超えるものとはいえず」、定数配分規定が公選法15条8項、憲法14条1項等に違反していたとはいえないと判断した。

(2)　しかし、この判決は、6選挙区について、人口比定数より1人又は2人少ない定数を配分し、その住民を選挙権の投票価値で差別していることにつき合理的根拠が存することについては何の説明もしておらず、司法審査を放棄したに等しいものといわざるを得ない。

ただし、櫻井龍子裁判官が「なお、都道府県議会の各選挙区への定数配分は人口に比例して配分することが原則であり、それは憲法上の投票価値の平等の要請に基づくものであるから、公職選挙法15条８項ただし書の適用は謙抑的であるべきであり、『特別の事情』の考慮に係る議会の裁量が行使される理由及びその合理性について、議会において住民に対する十分な説明責任が果たされていくことが求められるところである。」との補足意見を述べたことが救いであった。

(3)　平成28年都条例第89号は、平成27年10月実施の国勢調査の結果による人口に基づき、２減（中野区、北区）２増（町田市、北多摩）の改正を行った。しかし、新宿区、墨田区、大田区、杉並区の定数が人口比定数より各１人多く、江東区、世田谷区、練馬区、江戸川区の定数が人口比定数より１人少なく、逆転現象も６通り存する状態であった。

都議会が本会議で久しぶりに定数配分規定の改正を行ったことについては、櫻井龍子裁判官の前記補足意見が影響していることが、平成28年６月15日の会議録からうかがえる。

７　平成29年７月２日施行の都議会議員選挙

(1)　この都議会議員選挙について、最三小判平成31年２月５日判時２４３０号10頁は、「本件選挙当時においては、複数の選挙区の定数に人口比定数との差異はみられるものの、特例選挙区以外の選挙区間の議員１人当たりの人口の最大較差は１対２・４８（千代田区選挙区と武蔵野市選挙区）であり、人口比定数による選挙区間の議員１人当たりの人口の最大較差と差異がない。また、特例選挙区以外の選挙区間の前記最大較差は前回選挙時より拡大しているものの、これは千代田区選挙区が特例選挙区ではなくなったことによるものであり、千代田区選挙区と他の選挙区との間の議員1人当たりの人口の最大較差は前回選挙時より縮小している。さらに、いわゆる逆転現象も12通りから6通りに減少していた。」として、定数配分規定が公選法15条8項、憲法14条1項等に違反していたとはいえないと判断した。

(2) この判断が非論理的であることは既に述べた。ただし、この判決には、林景一裁判官が「本件選挙において、人口比定数と条例定数の不一致、特に、6通り残る逆転現象がなぜ起きているのかについては、明確な説明が欠けているようにみえるところ、合理的理由が説明できない限り、早急に是正が検討されるべきであって、取り分け定数差2人の逆転現象は不可解であるとの感を拭えず、その継続は許容できないと考えるものである。」との意見を述べた。定数差2人の逆転現象というのは、大田区(定数8人)と練馬区(定数6人)との間の逆転現象を指している。

(3) 令和2年都条例第80号は、大田区の定数を1人減じ、練馬区の定数を1人増やす改正を行った。これで、本件条例の施行時から人口比定数を下回っていた練馬区の定数が51年ぶりに人口比定数と一致することになった。この改正が林景一裁判官の意見を受けたものであることは、令和2年7月17日の都議会議事録から明らかである。

(4) 令和3年7月4日施行の都議会議員選挙当時の「選挙区」、「人口」(令和2年10月実施の国勢調査の結果による)、「配当基数」、「条例定数」、「人口比定数」、「必要増減数」は、別表2(章末)のとおりである。江東区、世田谷区、江戸川区の定数は、人口比定数より各1人少なく、新宿区、墨田区、杉並区の定数は、人口比定数より各1人多い状態であった。江戸川区の定数は、江戸川区よりも人口の少ない足立区、杉並区よりも1人少なく、新宿区の定数は、新宿区より人口の多い北区よりも1人多かった。前記の令和2年7月17日の都議会では、人口比定数とは異なる6選挙区の定数を人口比定数に改正する案も提案されたが、否決された。江東区、世田谷区、江戸川区の住民は、都議会議員選挙における選挙権の投票価値において、他の選挙区の住民よりも差別されている。

8　令和3年7月4日施行の都議会議員選挙

(1)　この都議会議員選挙について、最二小判令和4年10月31日判時2553号5頁（以下「令和4年判決」という。）は、次のとおり、この選挙は合法合憲であると判断した。

「本件定数配分規定は、公職選挙法15条8項ただし書を適用して各選挙区に対する定数の配分を定めたものと解されるところ、令和2年の国勢調査の人口等基本集計による人口に基づいて計算すると、本件定数配分規定においては、特例選挙区以外の選挙区間の議員1人当たりの人口の最大較差は1対2・54（以下、較差に関する数値は概算である。）であって、人口比定数（配当基数に応じて同項本文の人口比例原則を適用した場合に各選挙区に配分されることとなる定数）による特例選挙区以外の選挙区間の議員1人当たりの人口の最大較差と差異がなく、また、6選挙区において人口比定数との差異がみられたが、その差はいずれも1人であり、いわゆる逆転現象は3通りにとどまり、定数差はいずれも1人であった。」、「本件選挙当時における投票価値の不平等は、東京都議会において地域間の均衡を図るために通常考慮し得る諸般の要素をしんしゃくしてもなお一般的に合理性を有するものとは考えられない程度に達していたものとはいえず、また、令和2年条例改正時及び本件選挙当時において、同項ただし書（注：公選法15条8項ただし書）に定める特別の事情があるとの評価が合理性を欠いていたなどというべき事情は見当たらない。」、「以上によれば、本件選挙の施行前に本件定数配分規定を改正しなかったことは、東京都議会に与えられた裁量権の合理的な行使として是認することができる。したがって、本件選挙当時、本件定数配分規定は、公職選挙法15条8項に違反していたものとはいえない。」、「所論は、さらに、本件選挙当時、……本件定数配分規定が憲法14条1

項、15条1項、３項、92条及び93条に違反する旨をいう。しかしながら、本件選挙当時の本件条例による……各選挙区に対する定数の配分が東京都議会に与えられた裁量権の合理的な行使として是認することができることは、前記……において説示したとおりであり、本件選挙当時、……本件定数配分規定が憲法の上記各規定に違反していたものとはいえない」

(2)　しかし、令和４年判決は誤りといわざるを得ない。

(ア)　令和４年判決は、この選挙当時の定数配分規定における選挙区間の議員１人当たりの人口の最大較差は１対２・５４であって、人口比例原則によって定数を各選挙区に配分したとしても議員１人当たり人口の最大較差は１対２・５４で、変わりがないという。この最大較差は、いずれも、千代田区(配当基数０・６０、定数１人)とこれに隣接する中央区(配当基数１・５３、定数１人)との間の較差である。人口比例原則によって定数を配分したとしても、本件条例の定数配分規定における議員１人当たりの人口の最大較差は、依然として千代田区と中央区との間の較差である１対２・５４であるから、江東区、世田谷区、江戸川区に人口比例原則によって定数を配分するまでのことはない、というのである。しかし、江東区、世田谷区、江戸川区の住民がその選挙権の投票価値において差別を受けていることは歴然としており、その差別は、人口比定数より１人多く配分されている新宿区、墨田区、杉並区の各選挙区の定数を人口比定数に改定することにより解消することができるのである。人口比例原則によって定数を配分したとしても、議員１人当たりの人口の最大較差が依然として千代田区と中央区との間の較差である１対２・５４で変わりがないということは、江東区、世田谷区、江戸川区の住民には関係のないことで、その投票価値における差別を合理化する理由には全くなり得ない。本件条例の定数配分規定は人口比例原則を定める公選法15条８項に違反するというべきである。令和４年判決は、この点において、あまりにも非論理的な理由を述べているのである

（最高裁が前記の最二小判平成7年3月24日以来このような非論理的理由を述べているのは、不思議な現象というほかない。）。

(イ)　公選法266条1項により同法中の市に関する規定は特別区に適用されるところ、千代田区は、その人口が議員1人当たりの人口の半数以上であるから、同法15条1項及び2項前段に従って独立の選挙区として設定され、同条8項本文によって人口に比例して定数1人が配分されている。千代田区を独立の選挙区として設定する以上、少なくとも定数1人を配分しなければならない。千代田区と中央区との間の議員1人当たりの人口の1対2・54という較差は、選挙区の設定に伴う較差であって、定数の配分に伴う較差ではない。千代田区が投票価値において一番優位であるからといって、その1人の定数を削減して江東区等の定数を1人増加することはできない。令和4年判決が、定数1人の千代田区を持ち出すこと自体が間違いである。この点において、前記の最三小判昭和62年2月17日は、「定数が2人以上で議員1人当たりの人口が最も少ない選挙区と他の選挙区を比較した場合における議員1人当たりの人口の較差」を違法性判断の一つの指標としていることが参考となる。2人以上であれば、1人を削減し定数が人口比定数より少ない選挙区に配分して是正を図ることが可能であるが、1人では削減の余地がないのである。

なお、配当基数が0・60の千代田区を独立の選挙区として設定することの可否を論ずることは、本稿の目的ではない。ただ、千代田区の住民の1票の投票価値は、中央区の住民のそれに比し、2・54倍である。公選法の枠の中には納まっているとはいえ、従来から千代田区を独立の選挙区としてきたというだけで、特段の合理的理由もなくこれだけの較差を設けていることは、憲法14条1項の平等原則には違反するというべきであろう。公選法15条3項の「1の市の区域の人口が議員1人当たりの人口の半数以上であつても議員1人当たりの人口に達しないときは、隣接する他の市町村の区域と合わせて1選挙区を設けることができる。」との規定に基づき、千代田区と隣接する中央区を合区し、定数2人を配分するのが憲法14条1項に適合する方法であるというべきである。

(ウ)　次に、令和4年判決は、「6選挙区において人口比定数との差異がみられたが、その差はいずれも1人であり、いわゆる逆転現象は3通りにとどまり、定数差はいずれも1人であった」から、定数配分規定は適法であるという。以前から比べれば、定数配分規定が定める定数と人口比定数との差異が縮小しているとはいえる。しかし、江東区、世田谷区、江戸川区の住民からすれば、定数1人の差は決して無視されるべきものでなく、この差別は、国勢調査の結果による人口が変動しているにもかかわらず都議会が本件条例の改正を怠っているというだけで、合理的根拠は何もないものであるから、公選法15条8項に違反することが明らかである。

(エ)　本件定数配分規定と憲法14条1項の平等原則の関係であるが、最大判平成27年12月16日民集69巻8号2427頁は、「憲法14条1項は、法の下の平等を定めており、この規定が、事柄の性質に応じた合理的な根拠に基づくものでない限り、法的な差別的取扱いを禁止する趣旨のものであると解すべきことは、当裁判所の判例とするところである」と述べる。しかし、令和4年判決は、江東区、世田谷区、江戸川区の住民に対する選挙権の投票価値における差別的取扱いを正当化する合理的な根拠について何も説明しておらず、理由不備の判決というほかない。もとより、この差別的取扱いを正当化する合理的な根拠は何もない。

Ⅲ　人口比例による定数の配分を実現するために必要なこと

1　定数是正訴訟を提起し続けること

公選法は、5年ごとの国勢調査の結果による人口が判明するごとに、その人口に比例して定数を改定することを予定している。しかし、現在の定数配分規定の下で選出されている現職の議員に自ら定数配分規定の見直しを行うことを期待するのは無理である。人口比定数よりも少ない定数を配分されている選挙区から選出された議員にも、所属する政党の縛り等があるから、定数配分規定の見直しを発議することを期待するのは無理である。Ⅰ及びⅡで述べてきた都議会発足以来の歴史がそのことを如実に教えている。やはり、有権者である住民が自ら都議会議員定数是正訴訟を提起して、投票価値の平等な選挙権の回復を求めるほかない。有権者が動かなければ都議会も動かないのである。

2　都議会議員選挙を違法とする判決で違法部分を明示すること

(1)　最一小判昭和59年5月17日、最三小判昭和62年2月17日及び最三小判平成3年4月23日は、都議会議員選挙を違法とする高裁判決を支持した。この3つの選挙違法判決を受けて行われた定数配分規定の改正によっても、13選挙区で定数が人口比定数と一致せず、練馬区の定数は人口比定数より2人少なく、逆転現象が18通りあり、定数2人の差の逆転現象も1通り残るという状態であった。その原因の1つとして、前記3つの判決の選挙を違法とする理由の摘示の仕方が考えられる。

(2)　都議会議員定数是正訴訟のような公選法203条1項に基づく選挙無効請求訴訟は、行訴法5条の民衆訴訟で処分の取消しを求めるものに該当し、同法43条1項により同法の取消訴訟に関する規定が準用される（黒瀬敏文ほか編著『逐条解説公職選挙法（下）』（ぎょうせい、2021年）1598頁）。公選法219条1項は、そのことを前提とした規定であり、行訴法33条を準用の対象から除外していない。同条1項は、「処分又は裁決を取り消す判決は、その事件について、処分又は裁決をした行政庁その他の関係行政庁を拘束する。」と規定している。「その他の関係行政庁」には、被告行政庁と同一行政主体に属する行政庁など、取り消された処分に係る事務に関係して何らかの処分権限を有する行政庁が含まれる。都議会議員選挙の効果は行政主体である都に帰属するところ、選挙無効判決は都の機関である都選挙管理委員会及び都議会を拘束する。都議会議員選挙を無効とする判決が確定すれば、都選挙管理委員会は、公選法１１０条３項の再選挙を行う必要があるが、再選挙は、行訴法33条２項の処分のやり直しに準じて「判決の趣旨」に従い本件条例を改正して行う必要がある。本件条例を改正する権限は都議会に属するが、都議会は、選挙の基礎となった本件条例を改正する権限を有する機関として、選挙無効判決に拘束され、「判決の趣旨」に従い本件条例を改正する必要がある。都選挙管理委員会は、「判決の趣旨」に従って改正された本件条例に基づき、再選挙を行うことになる。裁判所が行訴法31条１項の基礎に含まれる一般的な法の基本原則に従い選挙を無効とすることなく、当該選挙が違法である旨を主文で宣告するにとどめた場合でも、都議会は「判決の趣旨」に従って本件条例を改正すべきである。

(3)　したがって、裁判所は、選挙を違法とする判決において、本件条例の違法・違憲の部分を明示し、都議会には、判決の趣旨に従い本件条例を改正し、裁判所が示した違法・違憲の部分を除去する義務がある。

(4)　前記３つの最高裁判決は、当該選挙が違法である理由として、「本件定数配分規定の下における右の較差、逆転現象及び人口比定数と現定数とのかい離が示す選挙区間における投票価値の不平等は、選挙区の人口と配分された定数との比率の平等が最も重要かつ基本的な基準とされる地方公共団体の議会の議員の選挙制度の下で、地方公共団体の議会において地域間の均衡を図るため通常考慮し得る諸般の要素をしんしゃくしてもなお、一般的に合理性を有するものとは考えられない程度に達していたものというべきであり、これを正当化する特別の理由がない限り、右投票価値の較差は、公選法15条７項の選挙権の平等の要求に反する程度に至っていたものというべきである。」等と述べていた。この判決の説示からして、都議会としては、「人口比定数と現定数とのかい離」を解消する改正を行う義務を負っていたというべきである。しかし、都議会は、判決は定数配分規定が全体として公選法15条7項(現8項)に違反しているという趣旨であると解釈し、定数配分規定に一部の改正を加えることにより、定数配分規定の全体の姿を変えたのだから、それでよしとする対応をしてきた。そのため、本件条例制定から55年を経ても、「人口比定数と現定数とのかい離」が残っているのである。

(5)　裁判所としては、判決で「人口比定数と現定数がかい離している部分が違法であるから、かい離を解消すべきである」と具体的に説示することを考えるべきである。

３　司法の役割に関する認識を高めること

(1)　最二小判平成7年3月24日以降の最高裁判決は、いわゆる逆転現象が18通りあり、定数２人の顕著な逆転現象が1通りある等の状況においても、「本件選挙当時における右のような投票価値の不平等は、東京都議会において地域間の均衡を図るために通常考慮し得る諸般の要素をしんしゃくしてもなお、一般的に合理性を有するものとは考えられない程度に達していたものとはいえず、同議会に与えられた裁量権の合理的な行使として是認することができる。したがって、本件改正後の本件条例に係る定数配分規定は、公選法15条7項(現8項)に違反するものではなく、適法というべきである。」等として、定数不均衡の是正を都議会の広範な裁量に委ねた。しかし、都議会が自ら定数不均衡の是正に動かなかったことは、既にみてきたとおりである(若干の修正は行っているが、外交官・行政官出身の福田博、櫻井龍子、林景一の3裁判官の個別意見があったからである。)。

(2)　投票価値の平等な選挙権は、民主政を支える住民の重要な権利である。その権利を護るのは司法の役割である。投票価値は、原則として１対１であるべきで、不均衡が生じた場合は、真にやむを得ない事情があるかを裁判所が厳密に審査する必要がある。裁判所は政治経済社会政策に関する議会の立法裁量は最大限に尊重すべきである。望ましくない立法については、住民は、投票所に赴き選挙権を行使することによって是正を求めるのが本筋であり、裁判所に訴えを起こして救済を求めるのはあくまでも例外的であるべきである。しかし、住民が平等な選挙権を持って議員を選挙して政治の方向を決めていくという民主主義のシステム（政治過程）にゆがみが生じている場合、それを修正するのは裁判所の役割である。議会は、現在の定数配分規定の下で選挙された議員の集まりである。議会に、定数不均衡の是正を期待することは困難である。定数の配分を議会の広範な裁量に委ねておくべきではない。裁判所は、憲法が住民に対し投票価値の平等な選挙権を保障していることを十分に認識し、住民の投票価値の平等な選挙権を回復するのは司法の使命であることを自覚すべきである。

（別表 1） 昭和 44 年現在の各選挙区の定数等

選挙区	人口	配当基数	条例定数	人口比定数	必要増減数
千代田区	93,047	1.08	2	1	－1
中央区	128,017	1.48	2	1	－1
港区	241,539	2.80	4	3	－1
新宿区	413,910	4.80	5	5	
文京区	253,449	2.94	3	3	
台東区	286,324	3.32	5	3	－2
墨田区	317,856	3.69	4	4	
江東区	359,672	4.17	4	4	
品川区	423,015	4.90	6	5	－1
目黒区	298,774	3.46	4	4	
大田区	755,535	8.76	8	9	1
世田谷区	742,880	8.61	8	9	1
渋谷区	283,730	3.29	4	3	－1
中野区	376,697	4.37	4	4	
杉並区	536,792	6.22	6	6	
豊島区	373,126	4.33	4	4	
北区	452,064	5.24	5	5	
荒川区	278,412	3.23	4	3	－1
板橋区	477,007	5.53	5	5	
練馬区	434,721	5.04	3	5	2
足立区	514,717	5.97	5	6	1
葛飾区	446,059	5.17	4	5	1
江戸川区	405,139	4.70	4	5	1
八王子市	207,753	2.41	2	2	
立川市	100,719	1.17	1	1	
武蔵野市	133,516	1.55	1	2	1
三鷹市	135,873	1.58	1	2	1
青梅市	60,892	0.71	1	1	
昭島市	59,655	0.69	1	1	
町田市	115,918	1.34	1	1	
北多摩第一～第四	965,988	11.20	12	11	－1
西多摩	121,523	1.41	1	1	
南多摩	37,721	0.44	1	1	
島部	35,592	0.41	1	1	
計	10,869,244	126	126	126	0

・人口は昭和 40 年 10 月実施の国勢調査による．

(別表2)　令和3年現在の各選挙区の定数等

選挙区	人口	配当基数	条例定数	人口比定数	必要増減数
千代田区	66,680	0.60	1	1	
中央区	169,179	1.53	1	1	
港区	260,486	2.35	2	2	
新宿区	349,385	3.16	4	3	−1
文京区	240,069	2.17	2	2	
台東区	211,444	1.91	2	2	
墨田区	272,085	2.46	3	2	−1
江東区	524,310	4.74	4	5	1
品川区	422,488	3.82	4	4	
目黒区	288,088	2.60	3	3	
大田区	748,081	6.76	7	7	
世田谷区	943,664	8.53	8	9	1
渋谷区	243,883	2.20	2	2	
中野区	344,880	3.12	3	3	
杉並区	591,108	5.34	6	5	−1
豊島区	301,599	2.73	3	3	
北区	355,213	3.21	3	3	
荒川区	217,475	1.97	2	2	
板橋区	584,483	5.28	5	5	
練馬区	752,608	6.80	7	7	
足立区	695,043	6.28	6	6	
葛飾区	453,093	4.10	4	4	
江戸川区	697,932	6.31	5	6	1
八王子市	579,355	5.24	5	5	
立川市	183,581	1.66	2	2	
武蔵野市	150,149	1.36	1	1	
三鷹市	195,391	1.77	2	2	
青梅市	133,535	1.21	1	1	
府中市	262,790	2.38	2	2	
昭島市	113,949	1.03	1	1	
町田市	431,079	3.90	4	4	
小金井市	126,074	1.14	1	1	
小平市	198,739	1.80	2	2	
日野市	190,435	1.72	2	2	
西東京市	207,388	1.87	2	2	
西多摩	245,508	2.22	2	2	
南多摩	240,102	2.17	2	2	
北多摩第一	306,545	2.77	3	3	
北多摩第二	206,372	1.87	2	2	
北多摩第三	327,386	2.96	3	3	
北多摩第四	191,479	1.73	2	2	
島部	24,461	0.22	1	1	
計	14,047,594	127.00	127	127	0

• 人口は令和2年10月実施の国勢調査による.

注

【第1部】

第1章

（1）国際人権条約一般につき、芹田健太郎『国際人権法』（信山社、2018年）、申惠丰『国際人権法〔第2版〕』（信山社、2016年）、近藤敦『国際人権法と憲法』（明石書店、2023年）等参照。

（2）浅田正彦編著『国際法〔第5版〕』（東信堂、2022年）28頁は、「条約が自動執行的な性格を有するためには、以下の2つの要件を満たすことが必要であるとされる。第1に主観的要件として、当該条約は直接に国内裁判所において適用可能であることを条約の締約国が意図したことが必要である。第2に客観的要件として、当該条約が、国内で適用される規範の内容を明確に規定し、かつその実現のための手続も完全・詳細に定めており、当該条約を実施するための法令の制定を行うまでもないことが必要である。ただ、当事国は条約の国内における適用の態様に関心を持たないことが少なくないため、主観的要件は緩やかに解されるべきであろう。」とする。

また、岩沢雄司『国際法〔第2版〕』（東京大学出版会、2023年）517頁は、「国際法の国内適用可能性は、このように絶対的に捉えられるべきでない。同一の国際法規則が、国に対する請求（社会保障給付など）の根拠としては直接適用され得ないが、国からの侵害（刑事訴追、課税など）を排除する根拠としては直接適用され得るというように、請求の仕方、規則の適用のされ方によって、国内適用可能性の結論は異なり得ると考えるべきである。」とする。

なお、女子に対するあらゆる形態の差別の撤廃に関する条約の16条1項は、本文で「締約国は、婚姻及び家族関係に係るすべての事項について女子に対する差別を撤廃するためのすべての適当な措置をとるものとし、特に、男女の平等を基礎として次のことを確保する。」と規定した上で、(g)で「夫及び妻の同一の個人的権利（姓及び職業を選択する権利を含む。）」と規定している。この規定から直接に選択的夫婦別姓の届出の受理を請求することはできないであろうが、この規定は、国に対して選択的夫婦別姓の立法を求め、立法不作為の違法を主張する根拠とはなり得ると考えられる。

（3）この問題一般につき、村上正直「裁判所による人権条約の適用に関する諸問題」部落解放・人権研究所編『国際人権規約と国内判例』（部落解放・人権研究所、2004年）8頁、同「入管収容と自由権規約」法律時報92巻2号69頁、荒牧重人「国際人権条約からみた『強制退去』問題」山梨学院大学法学論集49号11頁、岩沢雄司「日本における国際難民法の解釈適用」ジュリスト1321号16頁等参照。

(4) 拙稿「最高裁の『総合的衡量による合理性判断の枠組み』の問題点」石川健治ほか編『憲法訴訟の十字路』(弘文堂、2019年)335頁。

(5) 岩沢・前掲注(2)517頁。

(6) 個人通報研究会編『国際人権個人通報150選』(現代人文社、2023年)参照。

(7) Thileepan Gnaneswaran v. Australia (CCPR/C/133/D/3212/2018)。古谷修一委員を含む15対0の見解。

(8) 岩沢・前掲注(2)73頁。

(9) 岩沢・前掲注(2)344頁。

(10) 安藤由香里『ノン・ルフルマン原則と外国人の退去強制』(信山社、2022年)283頁。高林秀雄＝山手治之＝小寺初世子＝松井芳郎編『国際法Ⅰ』(東信堂、1990年)は、「さらに、人権諸条約の締約国は、退去強制にあたって条約上の義務にしたがわなければならない。」(106頁)、「他方戦後の国際人権保障の展開に伴い、国際人権条約等で個人の基本的人権とされた諸権利および自由については、国家は外国人に対してもひとしく保障しなければならない、と考えられるようになってきている。」(109頁)とする。浅田・前掲注(2)268頁は、「人権条約は内外人平等を基本理念とするものであるから、現在の国際社会においても国民に留保されているとみなされている権利(参政権など)を除いて、外国人にも適用される。人権条約の締約国は、滞在中の外国人に対して条約上の義務に従い、条約所定の権利・自由を保障しなければならない。」とする。

(11) 拙稿「マクリーン判決の間違い箇所」判時2434号133頁。

(12) 小畑郁「戦後日本外国人法史のなかのマクリーン『判決』」法律時報93巻8号81頁は、外国人の入国に関する国家の権能について、「入国の自由な許否権を認めても、自由に入国条件を定める権能までは認められていない。というのは、『外国人も、通常の私的生活をいとなむに必要な限度の権利および行為能力を認められて〔おり〕、生命や身体・名誉に関する人格権……、生活に必要な物資を所有し取得する権利、日常生活に必要な通常の契約をなす能力などは、当然、外国人に対しても認めなければならない』(田畑茂二郎『国際法新講 上』247頁)からである。そのように当然認めなければならない権利・能力を否定する条件は、付することができない、というのが国際法の立場ということになる。」(傍線原文)と述べる。

(13) 東京地判平成13年6月26日判タ1124号167頁は、入管管理局長のイラン人原告に対する14日間の隔離室での収容、うち2日間の金属手錠の使用に関する判断が違法であり、その間、原告が肉体的及び精神的苦痛を受けたことは明らかであるとし、慰謝料支払いの請求を容認した。同判決は、自由権規約9条適用の主張には触れなかったが、同条の適用が認められるべき事案である。

(14) 東京高判令和3年9月22日判タ1502号55頁は、同種事案で、国に対し慰謝料30万円の支払を命じ、「入管職員が、控訴人らが集団送還の対象となっていることを前提に、難民不認定処分に対する本件各異議申立棄却決定の告知を送還の直前まで遅らせ、同告知後は事実上第三者と連絡することを認めずに強制送還したことは、控訴人らから難民該当性に対する司法審査を受ける機会を実質的に奪ったものと評価すべきであり、憲法32条で保障する裁判を受ける権利を侵害し、同31条の適正手続の保障及びこれと結びついた同13条に反するもので、国賠法1条1項の適用上違法になるというべきである。」と述べている。これは、退去強制手続の分野で憲法違反の判断を示したもので、極めて重要である。

第3章

(1) 最二小判昭和25年12月28日民集4巻12号683頁も「いやしくも人たることにより当然享有する人権は不法入国者と雖もこれを有するものと認むべきである」と判示している。

(2) ただし、法務大臣の判断が「社会通念に照らし著しく妥当性を欠く」か否かの「社会通念」の中身が、我が国の国際人権条約の批准等の情勢の変化に伴い変わってきていることについて、拙稿「マクリーン事件最高裁判決の枠組みの再考」(自由と正義2011年2月号19頁)参照。

(3) 最三小判平成7年2月28日判時1523号49頁は、「我が国に在留する外国人のうちでも永住者等であってその居住する区域の地方公共団体と特段に緊密な関係を持つに至ったと認められるものについて、その意思を日常生活に密接な関連を有する地方公共団体の公共的事務の処理に反映させるべく、法律をもって、地方公共団体の長、その議会の議員等に対する選挙権を付与する措置を講ずることは、憲法上禁止されているものではないと解するのが相当である。」とする。

(4) 名古屋地判平成15年9月25日判タ1148号139頁の事案。

(5) 名古屋地判平成31年4月18日の事案。裁判所は長男に対する退去強制処分のみを取り消し、家族はイラン、コロンビア、日本と三分されることになった。

(6) 名古屋高判平成25年6月27日の事案。

(7) 東京地判平成30年8月28日の事案。

(8) 最一小判平成18年10月5日判時1952号69頁の事案。

（9）欧州人権裁判所２０１６年12月13日大法廷判決（Paposhvili v. Belgium）も、次のように述べている。

当裁判所は、締約国は、確立された国際法の問題として、欧州人権条約を含む条約上の義務に違反しない限り、外国人の入国、在留及び退去を管理する権限を有しているということを、繰り返し述べる。しかしながら、締約国による外国人の強制送還は、当該外国人が送還先で拷問、非人道的な若しくは品位を傷つける取扱い若しくは処罰を受けるという現実的な危険に遭遇すると信じるべき相当な理由が示された場合には、欧州人権条約３条（何人も、拷問又は非人道的な若しくは品位を傷つける取扱い若しくは処罰を受けない。）に基づく問題が提起されることになる。このような状況においては、欧州人権条約３条は、当該外国人をそのような国に送還してはならないという義務を課するものである。

（10）岩沢雄司「国際法の国内適用可能性」岩沢雄司ほか編著『国際法のダイナミズム』（有斐閣、２０１９年）３頁。大阪高判平成６年10月28日判時１５１３号71頁は、「自由権規約はその内容に鑑みると、原則として自力執行的性格を有し、国内での直接適用が可能であると解せられるから、自由権規約に抵触する国内法はその効力を否定されることになる。」と述べる。

（11）例えば、東京高判平成５年２月３日は、「（自由権規約）14条３(f)に規定する『無料で通訳の援助を受けること』の保障は無条件かつ絶対的のものであって、裁判の結果被告人が有罪とされ、刑の言い渡しを受けた場合であっても、刑訴法１８１条１項本文により被告人に通訳に要した費用の負担を命じることは許されない」とする。札幌地判平成９年３月27日判時１５９８号33頁は、「自由権規約は、少数民族に属する者に対しその民族固有の文化を享有する権利を保障するとともに、締約国に対し、少数民族の文化等に影響を及ぼすおそれのある国の政策の決定及び遂行に当たっては、これに十分な配慮を施す責務を各締約国に課したものと解するのが相当である。そして、アイヌ民族は、文化の独自性を保持した少数民族としてその文化を享有する権利を自由権規約27条で保障されているのであって、我が国は憲法98条２項の規定に照らしてこれを誠実に遵守する義務があるというべきである。」とする。高松高判平成９年11月25日判時１６５３号１１７頁は、「（自由権規約）14条１項は、その内容として武器平等ないし当事者対等の原則を保障し、受刑者が自己の民事事件の訴訟代理人である弁護士と接見する権利をも保障していると解するのが相当であり、接見時間及び刑務官の立会いの許否については一義的に明確とはいえないとしても、その趣旨を没却するような接見の制限が許されない」とする（一審の徳島地判平成８年３月15日判時１５９７号１１５頁も同旨）。大阪地判平成16年３月９日判時１８５８号79頁は、拘置所の職員が、ビデオテープを再生しながら被告人と接見したいという刑事弁護人の申入れに対し、その内容を検査しなければ、申入れに係る接見は認められないとした行為は、自由権規約14条３項(b)の「防御の準備のために十分な時間及び便益を与えられ並びに自ら選任する弁護人と連絡すること。」との規定の趣旨に違反するとする。京都地判平成25年10月７日判時２２０８号74頁は、「わが国の裁判所は、人種差別撤廃条約上、法律を同条約の定めに適合するように解釈する責務を負うものというべきである。」とする。高松高判平成28年4月25日は、人種差別撤廃条約は国法の一形式として国内法的効力を有し、公権力と個人の関係を規律するとする。

(12) 大阪高判平成6年10月28日判時1513号71頁は、「自由権規約28条以下の規定に基づいて、高潔な人格を有し、人権の分野において能力を認められた締約国の国民18名で構成され、締約国から提出された報告を審査すること並びに市民的及び政治的権利に関する国際規約についての選択議定書(わが国は未批准)に基づく自由権規約に掲げられている諸権利の侵害の犠牲者であると主張する個人からの通知を審理し、これに対する『見解』を送付することをその主な職務とする規約人権委員会が設置されている。同委員会は、自由権規約の個々の条文を解釈するガイドラインとなる『一般的意見』を公表しており、右『一般的意見』や『見解』が自由権規約の解釈の補足的手段として依拠すべきものと解される。更に、ヨーロッパ人権条約等の同種の国際条約の内容及びこれに関する判例も自由権規約の解釈の補足的手段としてよいものと解される。」と述べる。

(13) CCPR General Comment No. 15: The Position of Aliens Under the Covenant.

(14) CCPR/C/113/D/1937/2010。岩沢雄司委員を含む14対2の見解。

(15) CCPR/C/123/D/2371/2014。13対0の見解。

(16) CRC/C/77/D/3/2016。18対0の見解。

(17) CCPR/C/113/D/1875/2009。岩沢雄司委員を含む17対0の見解。

第5章

(1) 2022年のロシアの除名で、現在は46か国。

第7章

(1) 山本龍彦「無罪・不起訴となった後の被疑者の指紋・DNA情報の保管」小畑郁ほか編『ヨーロッパ人権裁判所の判例II』(信山社、2019年)294頁参照。

(2) 井上典之「非嫡出子に対する不利益取扱いと家族生活の尊重」戸波江二ほか編『ヨーロッパ人権裁判所の判例』(信山社、2008年)362頁参照。

(3) 高井裕之「姦生子の相続分を他の婚外子よりも少なくするフランス民法の規定は条約14条に反する」前掲注(1)449頁参照。

（4）建石真公子「婚外子相続分差別に関するヨーロッパ人権裁判所判決」国際人権14号110頁参照。
（5）2010年5月20日。井上亜紀「精神的障がいを理由とする成年被後見人の選挙権否定は人権条約に違反する」前掲注（1）122頁参照。
（6）井上亜紀「成年被後見人の選挙権を一律に制限するハンガリー憲法の規定はヨーロッパ人権条約第1議定書3条に違反すると判断した事例」佐賀大学経済論集44巻6号185頁参照。

【第2部】

第1章

（1）拙著『私の最高裁判所論』（日本評論社、2013年）156頁以下参照。

第2章

（1）判時1564号3頁（神戸高専剣道受講拒否）。
（2）最大判昭和48年12月12日判時724号18頁（三菱樹脂）。
（3）判時485号36頁（離縁請求）。
（4）判時1277号34頁（殉職自衛官合祀）。
（5）集民192号499頁（フライデー幸福の科学）。
（6）判時1710号97頁（信仰による輸血拒否）。
（7）判時1940号122頁（小泉首相靖国参拝）。
（8）判時2284号20頁（再婚禁止期間）。
（9）判時1563号81頁（再婚禁止期間）。
（10）判時17号19頁（皇居外苑使用不許可処分取消請求）。
（11）判時414号8頁（専従休暇不承認処分取消請求）。
（12）判時481号9頁（朝日訴訟）。
（13）裁判所ＨＰ（小泉首相靖国参拝）。
（14）同旨の福岡地判平成16年4月7日判時1859号125頁は、本件参拝の違憲性を判断することは裁判所の責務と考えると述べている。大阪高判平成４年７月30日判時１４３４号38頁（中曽根首相靖国参拝）、仙台高判平成３年１月10日判時１３７０号３頁（岩手靖国）も、同様の考えに立つものである。

（15）判時３３５号11頁（加持祈禱）。
（16）判時１５５５号３頁（オウム真理教解散命令）。
（17）判時８５５号24頁（津地鎮祭）。
（18）芦部信喜『憲法〔第八版〕』（岩波書店、２０２３年）１７２頁。
（19）判時１３６２号41頁（稲荷神社参道補修）。
（20）判時１４４１号57頁（大阪地蔵像）。
（21）判時１６０１号47頁（愛媛玉串料）。
（22）判時１６９６号96頁（箕面遺族会補助金）。
（23）判時１７９９号１０１頁（主基斎田抜穂の儀参列）。
（24）判時１７９９号99頁（大嘗祭参列）。
（25）判時１８９０号41頁（即位礼正殿の儀参列）。
（26）判時２０７０号21頁（空知太神社）。
（27）判時２１４６号49頁（空知太神社第二次上告）。
（28）判時２０７０号41頁（富平神社）。
（29）判時２０８７号26頁（白山ひめ神社大祭奉賛会）。
（30）判時２４８８・２４８９合併号５頁（孔子廟）。
（31）最三小判昭和28年11月17日集民10号４５５頁等。
（32）判時５６９号44頁（慈照寺）。
（33）判時１４１２号１０７頁（教覚寺）。
（34）判時１５４２号64頁（満徳寺）。
（35）判時１００１号９頁（板まんだら）。
（36）判時９５６号55頁（種徳寺）。
（37）判時９７３号85頁（本門寺）。

(38) 判時1329号11頁(蓮華寺)。
(39) 最三小判平成5年7月20日判時1503号3頁(白蓮寺)の佐藤庄市郎・大野正男反対意見。
(40) 最一小判平成5年11月25日判時1503号18頁(小田原教会)の味村治反対意見。
(41) 最三小判平成11年9月28日判時1689号78頁(仏世寺)の元原利文反対意見。
(42) 最三小判平成5年9月7日判時1503号34頁(日蓮正宗管長)の大野正男反対意見。
(43) 前記元原反対意見。
(44) 最二小判平成14年2月22日判時1779号22頁(大経寺)の河合伸一・亀山継夫反対意見。
(45) 判時2058号62頁(玉龍寺)。
(46) 判時2117号2頁(板橋区議会)。
(47) 判時2476号5頁(岩沼市議会)。
(48) 判時2339号20頁(山北村議会)。
(49) 判時843号22頁(富山大学単位授与)。
(50) 判時843号22頁(富山大学専攻科修了認定)。
(51) 判時1307号113頁(共産党袴田)。

第3章

(1) 本稿全般につき、北村泰三「警察取調べにおける弁護人立会権をめぐる人権条約の解釈・適用問題」法学新報120巻9・10号161頁、葛野尋之『未決拘禁法と人権』(現代人文社、2012年)、同「被疑者取調べの適正化と国際人権法」法律時報83巻3号10頁、久岡康成「法律の留保原則・比例原則と接見禁止」立命館法学2015年5・6号599頁、石田倫識「接見交通権と被疑者取調べ」季刊刑事弁護85号115頁等参照。
(2) 欧州人権裁判所判決 Dayanan v. Turkey, No. 7377/2003.
(3) Toshev v. Tajikistan, No. 1499/2006. Lyashkevich v. Uzbekistan, No. 1552/2007.
(4) Shukurova v. Tajikistan, No. 1044/2002.
(5) Gridin v. Russian Federation, No. 770/1997.
(6) 拷問禁止条約に基づく拷問禁止委員会の日本国政府に対する2013年6月28日の総括所見も、「刑事収容施設及び被収容者等の処遇に関する法律の下、警察の捜査機能と留置機能が公式に分離されていることに留意しつつ、委員会は、締約国の条約上の義務順守を弱めることになる代用監獄制度における保護措置の欠如について深刻な懸念を表明する。特に委員会は、この制度上、とりわけ逮捕から初の72時間は弁護士へのアクセスも制限され、被疑者に保釈の可能性がなく、最大で23日間警察の留置施設に収容されうることを遺憾に思う。警察の留置施設における起訴前拘禁について効果的な司法的コントロールが欠如していること、また、独立した効果的な監査及び不服申し立て制度が欠如していることも、深刻な懸念事項である。更に委員会は、かかる起訴前拘禁制度の廃止又は改定が必要ではないという締約国の姿勢に遺憾の意を表明する。」とし、「取調べの全過程において、弁護士に秘密裏にアクセスする権利、逮捕された瞬間から法的支援を受ける権利、自らの事件に関する全ての警察の記録にアクセスする権利、独立した医療支援を受ける権利、そして親族に会う権利を含む、全ての被疑者の起訴前勾留におけるあらゆる基本的な法的保護措置を保障すること」を勧告し、「全ての取調べにおいて、弁護人の立会いが義務付けられていないこと」に懸念を表明している。

（7）United Nations Principles and Guidelines on Access to Legal Aid in Criminal Justice Systems.

（8）久岡康成「法律扶助ＥＵ指令と２０１２年国連総会決議及び法律援助国連原則・指針」香川法学37巻１・２号67頁。

（9）Human Rights Committee General Comment No. 32 “Article 14: Right to equality before courts and tribunals and to a fair trial”.

（10）Salduz v. Turkey, No. 36391/2002.

（11）Dayanan v. Turkey, No. 7377/2003.

（12）Panovits v. Cyprus, No. 4268/2004.

（13）Brusco v. France, No. 1466/2007.

（14）DIRECTIVE 2013/48/EU of 22 October 2013 on the right of access to a lawyer in criminal proceedings and in European arrest warrant proceedings, and on the right to have a third party informed upon deprivation of liberty and to communicate with third persons and with consular authorities while deprived of liberty.

久岡康成「ＥＵ指令２０１３年48号における弁護人に対するアクセス権と第三者及び領事との連絡権」香川法学34巻３・４号１頁。

（15）DIRECTIVE 2016/1919/EU of 26 October 2016 on legal aid for suspects and accused persons in criminal proceedings and for requested persons in European arrest warrant proceedings.

(16) 久岡・前掲注(8)。

(17) Miranda v. Arizona, 384 U. S. 436 (1966)、小早川義則『ミランダと被疑者取調べ』(成文堂、１９９５年)55頁。なお、米連邦議会は、ミランダ判決の判示するミランダルールを廃止しようとして、１９６８年総合犯罪防止・安全市街地法(Omnibus Crime Control and Safe Streets Act)を制定し、被告人がミランダ警告を受けたかどうかに関係なく、自白が自発的に行われた場合には、連邦裁判所判事は、刑事被告人の自白調書を承認する、自白が自発的に行われたかどうかは自白を取り巻くすべての事情を総合的に考慮して決する、と定めた。しかし、Dickerson v. United States, 530 U. S. 428 (2000)は、裁判所が憲法によって要求されない証拠と手続のルールを生み出した場合には、議会はそのルールを廃止ないし変更することができるが、裁判所が憲法を解釈適用する判決をした場合には、議会はその判決を立法で取って代えることはできない、ミランダ判決は憲法を解釈適用して憲法上のルールを述べているものであるから、議会が立法によってそれを覆すことはできないと判示した上で、先例拘束性の原理に従い、我々自身でミランダ判決を覆すことは拒否すると述べた。

(18) Massiah v. United States, 377 U. S. 201 (1964).

(19) Escobedo v. Illinois, 378 U. S. 478 (1964).

(20) 松本和彦『基本権保障の憲法理論』(大阪大学出版会、２００１年)、同「三段階審査論の行方」法律時報83巻5号34頁。小山剛『「憲法上の権利」の作法〔第三版〕』(尚学社、２０１６年)等。

(21) 最一小判平成18年4月20日集民２２０号１６５頁の泉徳治反対意見参照。

(22) Salduz v. Turkey, No. 36391/2002.

(23) 最一小判平成17年12月8日判時１９２３号26頁の横尾和子・泉徳治反対意見参照。

(24) エド・ケープ西イングランド大学名誉教授は、２０１８年11月27日の日弁連シンポジウム「ＥＵ諸国における取調べの可視化と弁護人の立会い」で、日本の起訴前の逮捕勾留の期間が長すぎることを指摘し、ＥＵ諸国では、裁判官の面前への引致までに警察官が被疑者を身柄拘束できる最大期間は、国によって異なるが、一般に短く、24時間という国もあると説明した。

第4章

(1) ①最大判昭和48年4月4日刑集27巻3号２６５頁(尊属殺人重罰規定)、②最大判昭和50年4月30日民集29巻4号５７２頁(薬局開設距離制限規定)、③最大判昭和51年4月14日民集30巻3号２２３頁(衆議院議員定数配分規定)、④最大判昭和60年7月17日民集39巻5号１１００頁(衆議院議員定数配分規定)、⑤最大判昭和62年4月22日民集41巻3号４０８頁(共有森林分割請求権制限規定)、⑥最大判平成14年9月11日民集56巻7号1439頁(郵便法免責規定)、⑦最大判平成17年9月14日民集59巻7号2087頁(在外邦人投票権制限規定)、⑧最大判平成20年6月4日民集62巻6号1367頁(婚外子国籍取得制限規定)、⑨最大決平成25年9月4日民集67巻6号1320頁(婚外子相続分差別規定)、⑩最大判平成27年12月16日民集69巻8号2427頁(再婚禁止期間規定)、⑪最大判令和4年5月25日民集76巻4号711頁(在外邦人国民審査権制限規定)、⑫最大決令和5年10月25日民集77巻7号1792頁(性同一性障害者の性別の取扱いの特例に関する法律3条1項4号)、⑬最大判令和6年7月3日民集78巻3号832頁(優生保護法中のいわゆる優生規定)。

(2) ①最大判昭和23年7月19日刑集2巻8号944頁(不当に長い拘禁後の自白による有罪)、②最大判昭和24年4月6日刑集3巻4号445頁(自白のみによる有罪)、③最大決昭和24年9月19日刑集3巻10号1598頁(正式裁判請求の弁護人への委任の否定)、④最大判昭和25年7月12日刑集4巻7号1298頁(自白のみによる有罪)、⑤最大判昭和27年5月14日刑集6巻5号769頁(不当に長い勾留後の自白による有罪)、⑥最大決昭和35年7月6日民集14巻9号1657頁(訴訟事件につきなされた調停に代わる裁判)、⑦最大判昭和37年11月28日刑集16巻11号1577頁(第三者の所有物の没収)、⑧最大判昭和40年4月28日刑集19巻3号203頁(第三者に対する追徴)、⑨最大判昭和42年7月5日刑集21巻6号748頁(余罪による量刑)、⑩最大判昭和45年11月25日刑集24巻12号1670頁(偽計による自白の証拠採用)、⑪最大判昭和47年12月20日刑集26巻10号631頁(刑事裁判の15年余の審理放棄)、⑫最大判平成9年4月2日民集51巻4号1673頁(公費による玉串料等の奉納)、⑬最大判平成22年1月20日民集64巻1号1頁(市有地の連合町内会に対する神社敷地としての無償提供)、⑭最大判平成29年3月15日刑集71巻3号13頁(令状なしGPS捜査)、⑮最大判令和3年2月24日民集75巻2号29頁(都市公園内に孔子等を祀った施設敷地の使用料免除)。

(3) ①最二小判平成23年5月30日民集65巻4号1780頁、②最一小判平成23年6月6日民集65巻4号1855頁、③最三小判平成23年6月14日民集65巻4号2148頁。

(4) 戒告により次期普通昇給4号給中3号給が減となり、次期勤勉手当も20%減となる。すなわち、戒告は経済的制裁を伴う。

(5) 最一小判平成24年1月16日判時2147号127頁の宮川光治裁判官反対意見参照。

(6) 衆議院地方行政委員会議録昭和44年3月19日。

(7) 衆議院法務委員会議録平成27年3月20日における法務省民事局長答弁。

(8) 最二小判(世田谷事件)の千葉勝美裁判官補足意見は、「基準を定立して自らこれに縛られることなく、柔軟に対処しているのである」と述べ、最大決(婚外子相続分差別規定)(注1の⑨)の伊藤正晴調査官解説(ジュリスト1460号88頁)は、「最高裁が憲法適合性の判断基準につき、事柄の性質に応じた合理的な根拠に基づくか否かという以上に一般論を明確にしないことは、憲法14条1項違反が問題となる事柄の多様性も踏まえた、優れて実務的な発想に基づくものといえよう」と述べている。

(9) 法令違憲裁判13件のうち9件が裁判長である最高裁長官の退官前1年以内のものである。

(10) ①最大判平成23年3月23日民集65巻2号755頁、②最大判平成24年10月17日民集66巻10号3357頁、③最大判平成25年11月20日民集67巻8号1503頁、④最大判平成26年11月26日民集68巻9号1363頁、⑤最大判平成27年11月25日民集69巻7号2035頁。

(11) 東京都議会議員の定数並びに選挙区及び各選挙区における議員の数に関する条例の一部を改正する条例(平成28年6月21日条例89号)。

(12) 参議院法務委員会議録平成25年12月3日における法務省民事局長答弁。

(13) 参議院会議録平成25年12月5日。

(14) 松本和彦『基本権保障の憲法理論』(大阪大学出版会、2001年)、小山剛『「憲法上の権利」の作法〔第三版〕』(尚学社、2016年)等。

(15) 市川正人「最近の『三段階審査』論をめぐって」法律時報83巻5号6頁、高橋和之「『通常審査』の意味と構造」法律時報83巻5号12頁等。

(16) 松本和彦「三段階審査論の行方」法律時報83巻5号34頁等。

(17) 高橋和之『体系憲法訴訟』(岩波書店、2017年)241頁。

(18) 申惠丰『国際人権法〔第二版〕』(信山社、2016年)505頁は、条約規定が司法判断のために適用され得る様々な形態を考慮せずに、「自動執行性のある条約/ない条約」というように一律に自動執行性の有無を予断する考え方には問題があるとし、「自動執行力」に代わり「直接適用可能性」の語を用いて、「条約が国内的効力を有する国で、ある条約の規定が裁判で直接適用できるかという直接適用可能性は、当該事案においてその規定が、裁判官にとって、それに依拠して司法判断を行えるだけ明確と判断されるかどうかによる。換言すれば、条約の規定が、ある事案において、裁判官にとって、それに依拠して司法判断を下すことができる程度に明確なものであるとみなされれば、その条約の規定は直接に適用されうる」とする。

(19) 拙稿「グローバル社会の中の日本の最高裁判所とその課題」国際人権25号13頁参照。

泉　徳治
1939年生まれ．1957年福井県立丹生高等学校卒業．1961年京都大学法学部卒業．
1963年東京地方裁判所判事補，1970年ハーバード・ロー・スクール卒業(LL. M.)，1975年最高裁判所人事局任用課長，1983年最高裁判所調査官，1986年最高裁判所秘書課長兼広報課長，1988年最高裁判所民事局長兼行政局長，1990年最高裁判所人事局長，1994年最高裁判所事務次長，1995年浦和地方裁判所長，1996年最高裁判所事務総長，2000年東京高等裁判所長官，2002年最高裁判所判事，2009年退官．2009年TMI総合法律事務所顧問弁護士就任．
著書：『私の最高裁判所論――憲法の求める司法の役割』(日本評論社，2013年)．
共著：『一歩前へ出る司法――泉徳治元最高裁判事に聞く』(日本評論社，2017年)，須網隆夫編『平成司法改革の研究――理論なき改革はいかに挫折したのか』(岩波書店，2022年)ほか．

最高裁判所と憲法―私が考える司法の役割

2025年4月16日　第1刷発行

著　者　泉《いずみ》　徳治《とくじ》

発行者　坂本政謙

発行所　株式会社　岩波書店
〒101-8002 東京都千代田区一ツ橋2-5-5
電話案内 03-5210-4000
https://www.iwanami.co.jp/

印刷・法令印刷　カバー・半七印刷　製本・松岳社

ISBN 978-4-00-061695-9　　Printed in Japan

平成司法改革の研究 ―理論なき改革はいかに挫折したのか― 須網隆夫 編 A5判三九八頁 定価四九五〇円

憲法 第八版 芦部信喜 高橋和之 補訂 A5判四九二頁 定価三七四〇円

芦部憲法学 ―軌跡と今日的課題― 高橋和之 長谷部恭男 編 A5判七一八頁 定価一〇五六〇円

国家と自由の法理論 ―熟議の民主政の見地から― 毛利透 A5判四一四頁 定価六三八〇円

〈オンデマンド出版〉憲法裁判の可能性 奥平康弘 A5判三一六頁 定価八一四〇円

戦後憲法史と並走して ―学問・大学・環海往還― 樋口陽一 蟻川恒正 聞き手 四六判二八〇頁 定価二五三〇円

―岩波書店刊―

定価は消費税 10% 込です

2025 年 4 月現在